決算書の違和感からはじめる「経営分析」

瀬野正博

日本実業出版社

は じ め に

　決算書は企業の経営活動を数字で表したもので、企業の成績表です。決算書を見れば一会計期間の利益がいくらだったのか、期末時点の現預金や借入金などがいくらあったのか財政状態がわかります。だからこそ、銀行は融資審査において、投資家も投資判断の際に決算書を重視します。

　決算書は資金調達や税務申告、株主への経営報告だけが目的ではありません。決算書を分析すれば経営課題を明らかにし、企業が将来の計画を策定する際の基本情報としても利用することができます。

　私は大学を卒業してから4年間は銀行、その後4年半を税理士事務所で勤務し、有限会社エム・エヌ・コンサルを設立しました。銀行員時代は決算書を分析し、税理士事務所では決算書作成、現在は決算書作成と決算書分析の両方を行なう立場にあります。

　2005年に起業して20年近く、社会人になってから30年近く経ちました。その間、経営者でも決算書の分析どころか見方がよくわからない方が少なくありませんし、また、銀行員でもそのような方はいました。

　そこで、決算書の見方にまだ慣れていない経営者、経営コンサルタント、銀行員などを対象とした本書を執筆しました。加えて、会計学を学ぶ、あるいは金融業界への就職を目指す学生のみなさんにも理解しやすい内容としました。銀行が決算書をどのような視点で見ているかにも触れておりますから、経理業務に従事する方にも参考となる内容です。

　これまで数えきれないほど決算書を見てきましたが、正確な経理処理と税務申告されたものもあれば、あまりにも悪質な粉飾決算にも出会います。ここ最近は粉飾決算が注目されつつあり、その方法の一部も解説しましたので、特に銀行員や投資家には注意してほしい内容です。

　経営分析に関する書籍の多くは、経営指標の解説が中心になるものが多いようです。実務経験がある方はそれでもいいかもしれません。

しかし、まだ慣れていない、これから学んでいく方は、まず決算書全体を見渡し、過年度と比べて、「初めて見た」あるいは「大きく増減している」勘定科目に注目しましょう。決算書は1期だけを見ても正確な分析はできません。過去と比較するためにも2期以上は必要です。

　実際の経営分析においても、数字の変化をチェックしたうえで、企業にどのような変化があるのかを見る必要があります。それによって、決算書の勘定科目残高の増減に違和感を見つけることができ、その分析にふさわしい経営指標の計算式を使います。

　例えば、売上高は減少するより増加したほうが良いイメージを持たれがちですが、経営悪化を知られないよう銀行や投資家を騙すために不正な処理がされることもあります。経営指標の計算結果から、一見すると優良企業に見えて、本当は逆の経営状態になっていることもあります。

　本書では、成長が期待できる企業に見られる勘定科目の動き、倒産に向かいつつある企業でよくある勘定科目の動きについて説明しています。

　勘定科目の数字に注目し、増減したことが良い傾向なのか、悪い傾向なのかを知るため、それに適した経営指標を紹介しています。そして、計算結果は正常なのか異常なのか、どうしてその結果になったのか原因を明らかにすることで、今後の成長可能性があるのか、それとも倒産に向かいつつあるのかを知ることができます。

　決算書はあくまで過去の成績表です。倒産に向かう兆候が見られるのなら、経営者は経営分析の結果からどう改善すればいいのかという改善策を見つける材料になります。そこから成長企業に立て直していくことができるでしょう。銀行員も悪い動きを見つけたら、早期に資金繰りや経営の改善提案をすることで融資先企業を守ることができます。

　本書がみなさんの日常業務や学習でお役に立てると幸いです。

2025年1月　瀬野正博

決算書の違和感からはじめる「経営分析」
——目次——

はじめに

本書の使い方

序章 決算書とは？ ……………………………………………… 16

1 決算書ってなに？ 16

2 どうして決算書を作成するの？ 17

3 企業の動きは特定の数字に反映される 17

4 企業の利益構造を知るには「損益計算書」の
ここだけ見る 17

5 企業の経営戦略を知るには「貸借対照表」の
ここだけ見る 20

6 企業の資金繰りにも注意しよう 23

7 「成長の可能性がある決算書」と「倒産の恐れのある決算書」 24

第1部
成長の可能性を見抜く経営分析

第1章 「売上高」が増加している ………………………………………… 36

STEP1 売上高を前期と当期で比較してみよう　37

STEP2 売上高成長率を確認する　37

STEP3 売上高増加の理由を確認する　38

STEP4 長期間の動きを確認する　40

STEP5 売上高の動きに利益も連動しているか　42

STEP6 異常な増加ではないか　47

STEP7 売上高の予想は実現可能性が高い内容か　49

第2章 「販管費」が増加している ………………………………………… 52

STEP1 販管費が増加していないか　53

STEP2 売上高販管費比率などを確認する　54

STEP3 販管費の強引な削減は経営にマイナス　56

STEP4 損益分岐点を計算　62

第❸章 「人件費」が増加している ················ 65

STEP1 人件費を前期と当期で比較してみよう　66

STEP2 売上高人件費比率及び売上高労務費比率を計算　67

STEP3 人件費増加が前向きに評価できる理由　70

STEP4 役員報酬の増加　72

STEP5 労働分配率　73

STEP6 労働生産性（従業員1人当たりの付加価値額）　78

STEP7 人件費以外に確認したい重要なポイント　80

STEP8 税制面の優遇制度　81

第❹章 「研究開発費」が計上されている ················ 83

STEP1 研究開発費が計上されているか　84

STEP2 売上高研究開発費比率を計算　88

STEP3 中小企業は1％以上を目標にする　89

STEP4 製品ライフサイクル　92

STEP5 試験研究費の税額控除　94

第❺章 「外注費」が増加している ················ 96

STEP1 外注費を前期と当期で比較してみよう　97

STEP2 増加していたら売上高外注費比率を確認する　98

STEP3 外注費の多い業種　98

STEP4 外注費が増加した理由を確認する　101

STEP5 内製化できないか検討する　105

第6章 「営業外収益・費用と特別利益・損失」が計上されている……108

STEP1 営業外収益・費用について　109

STEP2 特別利益・特別損失について　110

STEP3 営業外収益に多額の計上があった　111

STEP4 補助金と助成金の違い　112

STEP5 補助金であれば今後の成長が見込まれる　114

STEP6 経理処理と圧縮記帳について　116

STEP7 保険金の解約返戻金は経営悪化が原因では？　119

STEP8 特別損失で成長が見込まれる例　120

第7章 「売上債権」が減少している……123

STEP1 売上債権を前期と当期で比較してみよう　124

STEP2 売上債権回転期間と売上債権回転率を計算　124

STEP3 短縮化は資金繰りにプラスに働く　127

STEP4 ファクタリングの利用はないか確認する　135

STEP5 長期化は不良債権や粉飾決算などの可能性も　138

STEP6 内訳書から売上債権の内容を確認する　141

STEP7 不良債権発生や取引条件悪化は資金繰りにはマイナス　145

STEP8 不良債権を排除して売上債権回転期間を再度計算　150

第8章 「有形固定資産」が増加している ·················· 152

STEP1 前期と当期で有形固定資産が増加していないか　153

STEP2 固定比率及び長期固定適合率を確認する　156

STEP3 有形固定資産の増加理由　159

STEP4 投資判断は適切か、設備投資計画を確認する　162

STEP5 実在しない粉飾の疑いもあるので要注意　164

STEP6 特別償却がないか注意　165

第9章 「仕入債務」が減少している ·························· 167

STEP1 仕入債務を前期と当期で比較してみよう　168

STEP2 仕入債務回転期間を計算　168

STEP3 短縮化・長期化の原因は？　171

STEP4 粉飾ではないか確認する　177

STEP5 未計上による粉飾の可能性も　180

STEP6 仕入先への支払い遅延は倒産の可能性が高い　182

STEP7 仕入債務の内訳書を確認する　182

第10章 「借入金」が減少している ·························· 186

STEP1 当期の借入金残高を前期と比較してみよう　187

STEP2 借入金月商倍率を確認する　187

STEP3 借入金の返済能力を見よう　189

STEP4 経常運転資金と短期継続融資について　196

CONTENTS

STEP5 手持資金を維持しながらの借入金減少なら
経営は良好　199

STEP6 借入金減少の理由は何かを確認する　201

STEP7 銀行から資金調達ができない可能性も　204

STEP8 返済原資のない借入金増加は要注意　206

STEP9 銀行ごとの融資姿勢も確認しよう　209

第11章 「純資産」が増加している ·······················212

STEP1 純資産を前期と当期で比較してみよう　213

STEP2 増加していたら自己資本比率で安全性の確認を　216

STEP3 目標は30％以上、
10％を切ると実質債務超過の可能性　217

STEP4 自己資本比率は高いほどいいのか？　220

STEP5 債務超過について　222

STEP6 自己資本比率が低いと評価は厳しくなる　227

STEP7 業績改善の見通しを確認する　228

STEP8 資本金と税金の関係を理解する　231

第2部
倒産の恐れを見抜く経営分析

第12章 「現預金」が減少している ································ 236

STEP1 現預金残高を前期と当期で比較してみよう 237

STEP2 現預金の適正な手持水準 237

STEP3 預金残高が多ければ銀行の評価はプラスに 242

STEP4 現金は架空も多い 243

STEP5 現預金減少の理由 245

STEP6 資金繰り管理の重要性 249

第13章 「棚卸資産」が増加している ································ 253

STEP1 棚卸資産を前期と当期で比較してみよう 254

STEP2 棚卸資産回転期間を計算 254

STEP3 棚卸資産回転期間の基準は1か月 256

STEP4 大量の在庫を保有するデメリット 257

STEP5 健全な理由で棚卸資産が増えた場合 260

STEP6 棚卸資産の内訳を確認する 261

STEP7 「架空在庫」の可能性 265

CONTENTS

第14章 「仮払金・貸付金」が発生・増加している 269

STEP1 仮払金・貸付金を前期と当期で比較してみよう　270

STEP2 増加していたら発生理由を確認する　270

STEP3 資産価値の無いものが多い　273

STEP4 内容の実態から流動比率を計算　275

STEP5 資金化できないため資金繰りを悪化させる　276

STEP6 正当な理由なく増加した場合、銀行は今後の融資を控える　277

STEP7 多額の仮払金・貸付金は経営者として失格　278

STEP8 解消方法について　280

第15章 「固定資産」が減少している 282

STEP1 固定資産の前期と当期を確認する　283

STEP2 固定資産が減少する理由　283

STEP3 減価償却終了前の売却や除却は経営悪化のサイン　286

STEP4 固定資産と売上高の関係　289

STEP5 キャッシュフロー計算書を確認する　292

第16章 「繰延資産」が計上されている 297

STEP1 繰延資産には2種類ある　298

STEP2 繰延資産を前期と当期で比較してみよう　301

STEP3 会計上の繰延資産の償却について　301

STEP4	税法上の繰延資産の償却	303
STEP5	金銭的価値はまったく無い	304
STEP6	粉飾決算で使われやすい	305

第17章 「未払費用・未払金」が増加している ……… 311

STEP1	未払金と未払費用を混同して使っていないか？	312
STEP2	未払費用などを前期と当期で比較してみよう	312
STEP3	増加していたら短期支払い能力を計算	313
STEP4	滞納していないか、未払費用などの内訳を確認する	316
STEP5	赤字を隠すため未計上にすることも	320
STEP6	税金の計上をチェックする	321
STEP7	負債で優先順位が低いのは銀行への返済	326

第18章 「役員借入金」が計上されている ……………… 327

STEP1	役員借入金を前期と当期で比較してみよう	328
STEP2	役員借入金の発生理由	328
STEP3	銀行からの借入金と分ける意味	333
STEP4	役員借入金の解消方法	335
STEP5	役員借入金が大きく減少した場合の注意点	338
STEP6	役員借入金を使った粉飾の見抜き方	340

CONTENTS

第 19 章 「役員報酬」が減少している ……………………342

STEP1 役員報酬は税務上の制約を受ける 343

STEP2 前期と当期で役員報酬額を比較してみよう 345

STEP3 儲かっていない企業の役員報酬は減額 346

STEP4 企業より経営者及び一族の儲けが優先される傾向 349

STEP5 役員報酬は高額 351

STEP6 法人と個人と一体で判断 352

STEP7 役員貸付金及び借入金の増減にも注意 353

STEP8 その他役員で注意すべきこと 355

第 20 章 「減価償却費」が少額で計上されている ……357

STEP1 減価償却費について知る 358

STEP2 定額法と定率法、直接法と間接法 360

STEP3 会計と税務で対応が異なる 364

STEP4 減価償却費が未計上・少額計上になっていないか 364

STEP5 別表16や固定資産台帳を確認する 365

STEP6 未計上や少額計上は粉飾によるもの 367

STEP7 返済能力でプラスされる費用 369

STEP8 減価償却費の計上について 372

索引 373

※本書の法規則・税制・その他の情報は、令和6年12月時点に得られた情報を前提としています。このため、その後の法規制・税制の改正やその他情報の変動等には対応していない点、ご注意ください。

※本書では、単に決算書と表記した場合、損益計算書と貸借対照表のことであると理解してください。

※四捨五入等の関係で計算が一致しない場合があります。

※本書でいう「銀行」には、信用金庫、信用組合、日本政策金融公庫など、中小企業向け融資を行なう金融機関を含みます。

※読者のみなさまには、実際の税務上の判断などについては、税理士等の専門家にご相談ください。

カバーデザイン／萩原　睦（志岐デザイン事務所）
本文DTP／一企画

本書の使い方

　本書では各章の冒頭に、「取り扱う勘定科目が決算書のどこに計上されているか」「各勘定科目の簡単な説明」「解説する経営分析の手順」の3点を掲載しています。

　25〜34ページに掲載している、「成長の可能性がある決算書」と「倒産の恐れがある決算書」の数字と照らし合わせて、実践しながら、読み進めてみてください。

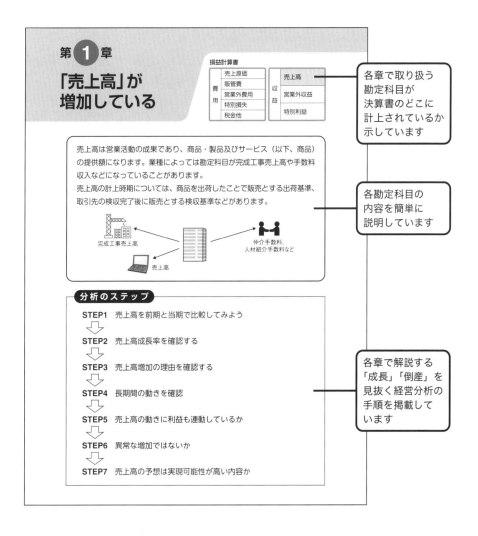

序章 決算書とは？

1 決算書ってなに？

　企業の経営活動は、経営悪化などの問題がなければ継続されます。そのため、廃業するまで経営成績を明らかにすることができません。

　そこで、下のように一定期間（多くの企業が通常は1年間）に発生した仕入や販売、そして売上代金や借入金などの入金、仕入や各費用の支払いなどの取引を集計し、一定期間の経営成績そして一定時点における財政状態を明らかにします。

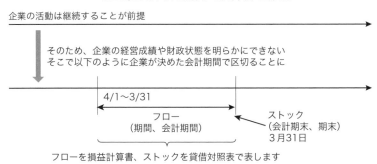

◎企業が決めた期間で決算書を作成

フローを損益計算書、ストックを貸借対照表で表します

　その結果として作成された書類が決算書です。決算書には主に5つの書類があります。このうち、決算書で中心となる書類は、貸借対照表と損益計算書です。

- 貸借対照表：期末時点での財政状態
- 損益計算書：会計期間の経営成績
- キャッシュフロー計算書：会計期間内の現金の流れを表す書類。中小

企業は作成義務なし
- 株主資本等変動計算書：会計期間の純資産の部の変動状況
- 注記表：決算書を見る際の注意事項

2 どうして決算書を作成するの？

　企業が決算書を作成する目的は、内部資料として経営改善に役立てることですが、それだけではありません。株主や投資家への経営状態の報告や説明、銀行からの資金調達、法人税などの税務申告などにも必要です。

3 企業の動きは特定の数字に反映される

　企業は商品を仕入れ、あるいは原材料を加工して製品をつくり、販売することで利益を得ます。小売業や卸売業なら商品を販売した売上高、商品を仕入れた仕入高、それらに必要な人件費及びその他費用が発生します。

　損益計算書は1会計期間の収益から費用を差し引いた利益が計上されます。そして、その各会計期間の利益は貸借対照表の利益剰余金に積み上がっていきます。

　実際には売上や仕入には掛け取引が発生し、その他にも現預金と連動しない取引がいくつもありますから、利益の分だけ現預金が増加するわけではありません。

4 企業の利益構造を知るには「損益計算書」のここだけ見る

　損益計算書とは、一定期間（多くは1年間）の収益と費用の発生、そしていくら儲かったのかを表す企業の成績表です。英語の「Profit & Loss Statement」を略して「P/L（ピーエル）」と呼ばれることが多いです。

1. 損益計算書の仕組み

　損益計算書は、収益から費用を差し引いて利益を計算したものですが、

下の左図表(1)でもわかるように収益そして費用ともに複数あります。

◎損益計算書

(1) 収益・費用ともに複数ある

費用	収益
売上原価 (仕入高、 原材料仕入高)	商品・製品の 販売、サービス の提供 (売上高)
販管費 (給料、 地代家賃、 交際費)	
営業外費用 (支払利息)	営業外収益 (預金利息、 配当金)
特別損失 (固定 資産売却損)	特別利益 (固定資産 売却益)

(2) 損益計算書のひな形

損益計算書
令和xx年4月1日から
令和yy年3月31日まで 　　単位：円

項目	金額	
売上高		
売上原価		
売上総利益		企業の基礎的な利益
販管費		
営業利益		企業の本業から得られた利益
営業外収益		
営業外費用		
経常利益		企業の経常的活動から生じた利益
特別利益		
特別損失		
税引前当期純利益		企業の最終利益 (税引前)
法人税・住民税及び事業税		
税引後当期純利益		企業の最終利益 (税引後)

①収益について

　収益は3つあります。1つめは、企業の主たる営業目的である商品・製品の販売、サービスの提供から発生する売上高です。2つめは、本来の営業活動以外で毎期継続的に発生する営業外収益です。主なものは預金利息や配当金があります。そして3つめは、偶発的・臨時的に発生した収益である特別利益です。例えば、不動産などの固定資産を売却したことで発生する売却益などがあります。

②費用について

　費用には4つあります。1つめの売上原価には売上高の計上に直接かかわった費用である仕入高や材料費などが含まれます。2つめの販売費及び一般管理費 (販管費) は、本業推進のために発生する営業や管理面で必要となる費用です。営業や社内の管理部署で働く従業員の給料、広告宣伝費、地代家賃などが該当します。3つめの営業外費用は、本業に附随して発生する費用で、代表的なものは借入金の利息です。4つめは

特別損失で、偶発的・臨時的に発生した費用です。固定資産の売却損、災害や盗難による損失などが該当します。

2. 5つの利益

損益計算書は各収益から各費用を差し引いて、それぞれの段階でいくらの利益が出ているのかを確認できます。前ページの右図表(2)の損益計算書のひな形を見るとわかるように5つの利益があります。

- 売上総利益（粗利）＝売上高－売上原価
- 営業利益＝売上総利益－販管費及び一般管理費
- 経常利益＝営業利益＋営業外収益－営業外費用
- 税引前当期純利益＝経常利益＋特別利益－特別損失
- 税引後当期純利益＝税引前当期純利益－法人税等

①売上総利益

売上総利益よりも「粗利」ということが多いです。売上原価とは販売した商品（製品、サービス含む）にかかった費用を指します。売上高から売上原価を差し引いた売上総利益は企業の収益力の基本であり、黒字である必要があります。

②営業利益

販売費及び一般管理費（略して販管費といいます）は企業の販売活動や管理などに必要な費用です。売上総利益から販管費を引いた営業利益は、企業本来の営業活動から生じた利益になります。

③経常利益

営業利益から営業外収益及び費用を加減したものが経常利益です。企業の経常的な活動により発生した利益となります。特に、中小企業は銀行から資金調達することが多いので、支払利息を差し引いた経常利益が

黒字であることが求められます。銀行も必ずチェックする利益です。

④税引前当期純利益

経常利益から特別利益・損失を加減した利益です。これをもとに法人税などの税金が算出されます。

⑤税引後当期純利益

税引前当期純利益から法人税、法人住民税、法人事業税を引いた最終利益です。

3. 経常利益まで黒字かをチェック

この5つの利益すべてが黒字であれば問題ありませんが、特に売上総利益、営業利益、経常利益の3つは利益が出ているか確認してください。この3つが黒字なら本業から利益を出せていると判断できるからです。

税引前当期純利益がいくら黒字でも特別利益によるもので、営業利益や経常利益が赤字なら本業で稼いでいないと判断できます。逆に経常利益までは黒字で、特別損失により赤字であれば、赤字は一過性のもので収益力はあると考えられます。ただし、事業で使用する固定資産を売却していれば、資金繰り悪化のため、あるいは事業規模縮小に伴う売却と考えられ注意が必要です。

5 企業の経営戦略を知るには「貸借対照表」のここだけ見る

損益計算書は一定期間の経営成績を表したものでしたが、貸借対照表はある一時点の企業の財政状態を表しています。英語の「Balance Sheet」を略して「B/S（ビーエス）」とも呼ばれています。次ページの図表のように左側に資産、右側に負債と純資産で表示されます。

1. 純資産

右下にある純資産は、株主からの出資（資本金）や企業自身が起業以

来得てきた利益（利益剰余金）を中心に構成されています。したがって、資本金に加え多額の利益剰余金が計上されていれば、それだけ優良な企業です。必ずここは確認してください。次の負債は支払いが必要ですが、純資産はそれがありません。純資産が多いほど経営は安定します。そのため「自己資本」とも呼ばれます。

◎貸借対照表

令和xx年3月31日　現在

単位：円

資産の部		負債の部	
科目	金額	科目	金額
流動資産		流動負債	
現金・預金		買掛金	
受取手形		短期借入金	
売掛金		未払費用	
商品・製品		その他流動負債	
その他の流動資産		固定負債	
固定資産		長期借入金	
建物・構築物		社債	
機械装置		負債の部合計	
工具器具備品		純資産の部	
車両運搬具		資本金	
繰延資産		利益剰余金	
創立費		純資産の部合計	
資産の部合計		負債及び純資産合計	

現金預金、あるいは1年以内に現金化される資産

1年以上の長期間保有する資産

費用のなかでもその効果が1年以上及ぶもの

1年以内に支払う必要のある負債

支払期限が1年を超える負債

資産−負債＝純資産
主に株主から出資された資本金、及び利益の蓄積で構成される

企業が所有する具体的な財産　　　　資産の調達に要した資金の源泉

右（負債、純資産）で資金を集め、左（資産）で運用します

2. 負債

　純資産だけでは経営に必要な資金が足りず、他人から調達しなければならないことがあります。代表的なものが借入金であり、他にも仕入先などへの未払いなどが該当します。支払うべきものをまだ支払っていないのですから、その分だけ現預金が残っていることになります。したがって、負債は資金調達の手段となります。負債は他人資本ともいいます。

①流動負債

　流動負債には1年以内に支払うべき仕入債務（支払手形、買掛金）、

短期借入金などがあります。

②固定負債

　固定負債で代表的なものが長期借入金です。銀行からの借入金は返済期間が1年以上ということが多いと思います。その場合は、ここに計上されます。

3. 資産

　純資産や負債により調達した資金の運用先、使い道に該当するのが資産です。集めた資金で販売するための商品、製品製造に必要な原材料、販売後に発生した売上債権、販売や製造に必要な固定資産などが計上されています。

①流動資産

　現金・預金、そして1年以内に資金化される資産がここに計上されます。現金・預金を除けば、売上債権（受取手形、売掛金）、棚卸資産（商品、製品、原材料など）が中心となります。

②固定資産

　1年以上の長期間保有する資産。土地や建物、機械装置といった売買目的ではなく、それらを使って収益を獲得するために保有する資産が中心になります。

③繰延資産

　費用のなかでも、その支出効果が1年以上にわたって及ぶものを資産計上する場合があります。例えば、法人設立時に発生した費用です。ただ、実務上は計上されている貸借対照表を見ることは少ないと思います。

4. 貸借対照表はここに注意

　このように貸借対照表は、資金をどのように調達し運用しているのかがわかります。どれだけ優良な資産が多くても、その調達の源泉が負債中心では安心できる企業ではありません。純資産がしっかり計上されていることに注意しましょう。

　資産については、利益を獲得するのに必要な内容で構成されているか、経営には不要なものが計上されていないか、そして安全性のためにも現預金を保有しているかに注意しましょう。

6 ｜ 企業の資金繰りにも注意しよう

　損益計算書の利益と資金の増減は一致しません。利益が100万円計上されても、借入金の返済が同額あれば資金の増減はありません。売上代金回収が200万円遅れていれば、利益が出ていたとしても資金繰りは苦しくなります。他にもさまざまな理由から利益と資金の増減は一致しないので日頃から資金繰り表でしっかり管理しなければなりません。

1. 資金繰り表とは

　資金繰り表とは現金収入・支出を項目別に記入したもので、基本的には月単位で実績や予定を記入した書類です。資金繰り表に決まった書式はありません。企業が自由につくって構いませんが、多くは次ページのような書式になります。

2. 資金繰り表の作成例

　次ページの図表は直近３か月の実績と今後３か月の予定が記入されています。この企業は売掛金が２か月後に入金、買掛金は翌月支払い、給与や諸費用は当月支払いです。

　５月の支出その他の多くは納税、６月は設備投資で1,000万円の支出がありました。２割を自己資金で出して銀行から800万円を借り入れました。

7月以降は収支がプラスとなり9月には現預金残高も1,000万円を回復する見通しとわかります。できれば半年程度先までは予定を立てましょう。そうすることで、月末残高がマイナスまたは少額になる月があるなら、早めに資金の手当てを考えることができます。

◎資金繰り表の例

資金繰り表　(千円)

		4月実績	5月実績	6月実績	7月予定	8月予定	9月予定
前月繰越		10,000	11,015	8,080	6,045	7,210	7,945
収入	現金売上	300	250	200	300	300	300
	売掛金回収	15,000	14,500	15,000	14,000	14,000	15,000
	その他収入	100	50	50	150	100	50
	収入計	15,400	14,800	15,250	14,450	14,400	15,350
支出	現金仕入	500	450	400	400	300	400
	買掛金支払	8,000	7,500	7,000	7,000	7,500	5,000
	給与支払い	3,000	3,000	5,000	3,000	2,900	3,000
	諸費用	2,000	2,000	2,000	2,000	2,000	2,000
	支払利息	35	35	35	35	35	35
	設備投資	0	0	10,000	0	0	0
	その他	100	4,000	100	100	100	100
	支出合計	13,635	16,985	24,535	12,535	12,835	10,535
差引過不足		1,765	-2,185	-9,285	1,915	1,565	4,815
財務収支	借入	0	0	8,000	0	0	0
	返済	750	750	750	750	830	830
財務収支計		-750	-750	7,250	-750	-830	-830
翌月繰越		11,015	8,080	6,045	7,210	7,945	11,930

月次損益計算書　(千円)

	4月実績	5月実績	6月実績	7月予定	8月予定	9月予定	
売上高(現金)	300	250	200	300	300	300	
売上高(売掛金)	15,000	14,000	14,000	15,000	10,000	13,000	翌々月入金
仕入高(現金)	500	450	400	400	300	400	
仕入高(買掛金)	7,500	7,000	7,000	7,500	5,000	6,500	翌月支払
給与	3,000	3,000	5,000	3,000	2,900	3,000	当月支払
諸費用	2,000	2,000	2,000	2,000	2,000	2,000	
支払利息	35	35	35	35	35	35	
利益	2,265	1,765	-235	2,365	65	1,365	

7 ｜「成長の可能性がある決算書」と「倒産の恐れのある決算書」

　この本では、「成長の可能性がある決算書」と「倒産の恐れがある決算書」の数値をもとに分析を進めていきます。

　次のページから、2つの会社の決算書を掲載します。ここまで説明してきた知識を踏まえながら、さっそく分析していきましょう。

1. 成長の可能性がある企業

序章

決算書とは？

◎貸借対照表

株式会社 成長の可能性がある

（単位：千円）

科　目	前会計年度末 令和 6年 3月31日 現在		当会計年度末 令和 7年 3月31日 現在		増　減	
	金　額	構成比(%)	金　額	構成比(%)	増減金額	増減率(%)
資　産　の　部						
【流動資産】						
現 金 及 び 預 金	52,490		52,198		-292	-0.6
受 　取 　手 　形	13,300		12,750		-550	-4.1
売 　　掛 　　金	64,044		62,791		-1,253	-2.0
製 　　　　　品	18,463		18,963		500	2.7
原 　　材 　　料	14,830		15,126		296	2.0
仕 　　掛 　　品	9,325		9,397		72	0.8
前 　払 　費 　用	1,299		1,299		0	0.0
流 動 資 産 合 計	173,754	36.4	172,527	35.6	-1,227	-0.7
【固定資産】						
【有形固定資産】						
建 　　　　　物	124,871		120,604		-4,267	-3.4
建 物 附 属 設 備	15,438		12,801		-2,636	-17.1
構 　　築 　　物	3,574		3,201		-372	-10.4
機 　械 　装 　置	40,186		61,190		21,003	52.3
車 両 運 搬 具	8,014		3,754		-4,259	-53.2
工 具 器 具 備 品	1,228		958		-270	-22.0
土 　　　　　地	98,193		98,193		0	0.0
有 形 固 定 資 産 合 計	291,507	61.1	300,704	62.1	9,196	3.2
【無形固定資産】						
ソ フ ト ウ ェ ア	4,833		3,833		-1,000	-20.7
無 形 固 定 資 産 合 計	4,833	1.0	3,833	0.8	-1,000	-20.7
【投資その他の資産】						
投 資 有 価 証 券	2,218		2,218		0	0.0
出 　　資 　　金	370		370		0	0.0
敷 　　　　　金	4,631		4,631		0	0.0
投 資 そ の 他 の 資 産 合 計	7,219	1.5	7,219	1.5	0	0.0
固 定 資 産 合 計	303,560	63.6	311,757	64.4	8,196	2.7
資 産 の 部 合 計	477,315	100.0	484,284	100.0	6,969	1.5

株式会社 成長の可能性がある　　　　　　　　　　　　　　　　　　　　　　　　　　　　（単位：千円）

科　目	前会計年度末 令和 6年 3月31日 現在		当会計年度末 令和 7年 3月31日 現在		増　減	
	金　額	構成比 (%)	金　額	構成比 (%)	増減金額	増減率 (%)
負　債　の　部						
【流動負債】						
買　　掛　　金	57,446		56,512		-934	-1.6
短　期　借　入　金	30,000		30,000		0	0.0
未　　払　　金	1,743		1,880		136	7.8
未　払　費　用	4,919		5,831		912	18.6
未　払　法　人　税　等	3,392		4,384		991	29.2
未　払　消　費　税　等	6,482		5,486		-996	-15.4
預　　り　　金	1,493		1,629		136	9.2
流　動　負　債　合　計	105,477	22.1	105,724	21.8	247	0.2
【固定負債】						
長　期　借　入　金	303,650		301,700		-1,950	-0.6
固　定　負　債　合　計	303,650	63.6	301,700	62.3	-1,950	-0.6
負　債　の　部　合　計	409,127	85.7	407,424	84.1	-1,702	-0.4
純　資　産　の　部						
【株主資本】						
資　　本　　金	10,000		10,000		0	0.0
利　益　剰　余　金						
そ　の　他　利　益　剰　余　金						
繰　越　利　益　剰　余　金	58,187		66,859		8,672	14.9
そ　の　他　利　益　剰　余　金　合　計	58,187	12.2	66,859	13.8	8,672	14.9
利　益　剰　余　金　合　計	58,187	12.2	66,859	13.8	8,672	14.9
株　主　資　本　合　計	68,187	14.3	76,859	15.9	8,672	12.7
純　資　産　の　部　合　計	68,187	14.3	76,859	15.9	8,672	12.7
負　債　及　び　純　資　産　合　計	477,315	100.0	484,284	100.0	6,969	1.5

◎損益計算書

株式会社 成長の可能性がある

(単位：千円)

科　目	前会計年度 自 令和 5年 4月 1日 至 令和 6年 3月31日 金　額	百分比(%)	当会計年度 自 令和 6年 4月 1日 至 令和 7年 3月31日 金　額	百分比(%)	増　減 増減金額	増減率(%)
【売上高】						
売　　上　　高	468,550		510,840		42,290	9.0
売　上　高　合　計	468,550	100.0	510,840	100.0	42,290	9.0
【売上原価】						
期首製品棚卸高	16,785		18,463		1,678	10.0
当期製品製造原価	354,771		376,959		22,188	6.3
合　　　　　計	371,556	79.3	395,423	77.4	23,867	6.4
期末製品棚卸高	18,463		18,963		500	2.7
製品売上原価	353,092	75.4	376,459	73.7	23,367	6.6
売　上　原　価	353,092	75.4	376,459	73.7	23,367	6.6
売上総利益金額	115,457	24.6	134,380	26.3	18,923	16.4
【販売費及び一般管理費】						
役　員　報　酬	16,850		16,850		0	0.0
給　料　手　当	27,085		32,448		5,362	19.8
賞　　　　　与	6,770		8,100		1,330	19.6
法　定　福　利　費	7,735		8,689		953	12.3
福　利　厚　生　費	1,005		1,015		10	1.0
従業員教育費	1,220		1,532		311	25.6
荷　造　運　賃	385		420		34	9.0
広　告　宣　伝　費	4,286		6,545		2,258	52.7
接　待　交　際　費	2,511		3,054		543	21.6
会　　議　　費	495		500		4	0.9
旅　費　交　通　費	4,128		4,299		170	4.1
通　　信　　費	605		611		6	1.1
消　耗　品　費	744		754		9	1.3
水　道　光　熱　費	498		521		23	4.6
新　聞　図　書　費	241		243		1	0.8
支　払　手　数　料	3,068		1,947		-1,120	-36.5
車　　両　　費	840		864		24	2.9
地　代　家　賃	8,246		8,246		0	0.0
リ　ー　ス　料	4,610		3,910		-700	-15.2
保　　険　　料	1,783		1,783		0	0.0
租　税　公　課	415		459		44	10.7
研　究　開　発　費	7,540		9,000		1,460	19.4
減　価　償　却　費	457		2,100		1,642	358.8
雑　　　　　費	52		38		-13	-25.5
販売費及び一般管理費合計	101,579	21.7	113,939	22.3	12,359	12.2

株式会社 成長の可能性がある　　　　　　　　　　　　　　　　　　　　　　　（単位：千円）

科　目	前会計年度 自　令和 5年 4月 1日 至　令和 6年 3月31日		当会計年度 自　令和 6年 4月 1日 至　令和 7年 3月31日		増　減	
	金　額	百分比 (%)	金　額	百分比 (%)	増減金額	増減率 (%)
営 業 利 益 金 額	13,877	3.0	20,441	4.0	6,563	47.3
【営業外収益】						
受 　取 　利 　息	5		7		2	42.0
受 取 配 当 金	4		4		0	0.0
雑 　収 　入	50		5,085		5,035	*****
営 業 外 収 益 合 計	59	0.0	5,096	1.0	5,037	*****
【営業外費用】						
支 　払 　利 　息	3,834		3,732		-102	-2.7
営 業 外 費 用 合 計	3,834	0.8	3,732	0.7	-102	-2.7
経 常 利 益 金 額	10,102	2.2	21,806	4.3	11,703	115.9
【特別損失】						
特 別 減 価 償 却 費	0		3,750		3,750	－
固 定 資 産 圧 縮 損	0		5,000		5,000	－
特 別 損 失 合 計	0	0.0	8,750	1.7	8,750	－
税引前当期純利益金額	10,102	2.2	13,056	2.6	2,953	29.2
法人税、住民税及び事業税	3,392		4,384		991	29.2
当 期 純 利 益 金 額	6,710	1.4	8,672	1.7	1,961	29.2

◎製造原価報告書

株式会社 成長の可能性がある

自 令和 6年 4月 1日 至 令和 7年 3月31日(決算仕訳を含む)　　　(単位:千円)

勘 定 科 目	前 期	対売上比	当 期	対売上比	差 額	増加率
[製]期首材料棚卸高	14,525	3.10	14,830	2.90	305	2.10
[製]材料仕入高	112,137	23.93	120,243	23.54	8,106	7.23
合　　　　計	126,662	27.03	135,073	26.44	8,411	6.64
[製]期末材料棚卸高	14,830	3.17	15,126	2.96	296	2.00
材 料 費 合 計	111,832	23.87	119,947	23.48	8,114	7.26
[製]給料手当	68,554	14.63	73,747	14.44	5,193	7.58
[製]賞　与	17,138	3.66	18,428	3.61	1,290	7.53
[製]法定福利費	12,853	2.74	13,826	2.71	972	7.57
[製]福利厚生費	2,790	0.60	2,836	0.56	46	1.67
労 務 費 合 計	101,336	21.63	108,839	21.31	7,503	7.40
[製]外注加工費	54,171	11.56	58,859	11.52	4,688	8.65
[製]旅費交通費	234	0.05	299	0.06	65	28.08
[製]消耗品費	7,800	1.66	7,887	1.54	87	1.12
[製]車　両　費	267	0.06	331	0.06	64	23.91
[製]修　繕　費	3,872	0.83	3,214	0.63	-657	-16.99
[製]水道光熱費	5,609	1.20	5,878	1.15	268	4.79
[製]新聞図書費	189	0.04	190	0.04	0	0.20
[製]減価償却費	28,804	6.15	29,053	5.69	248	0.86
[製]賃　借　料	32,997	7.04	35,997	7.05	3,000	9.09
[製]租税公課	3,662	0.78	3,762	0.74	100	2.74
[製]保　険　料	622	0.13	770	0.15	148	23.85
[製]雑　費	2,200	0.47	2,000	0.39	-200	-9.13
製 造 経 費 合 計	140,432	29.97	148,245	29.02	7,813	5.56
総 製 造 費 用	353,601	75.47	377,032	73.81	23,431	6.63
[製]期首仕掛品	10,495	2.24	9,325	1.83	-1,170	-11.15
合　　　　計	364,096	77.71	386,357	75.63	22,260	6.11
[製]期末仕掛品	9,325	1.99	9,397	1.84	72	0.77
当 期 製 品 製 造 原 価	354,771	75.72	376,959	73.79	22,188	6.25

2. 倒産の恐れがある企業

◎貸借対照表

株式会社 倒産の恐れがある

(単位：千円)

科　目	前会計年度末 令和 6年 3月31日 現在		当会計年度末 令和 7年 3月31日 現在		増　減	
	金　額	構成比 (%)	金　額	構成比 (%)	増減金額	増減率 (%)
資　産　の　部						
【流動資産】						
現 金 及 び 預 金	40,264		31,316		-8,948	-22.2
売 　掛　 金	55,302		83,244		27,942	50.5
製 　　　品	16,221		24,332		8,110	50.0
原 　材　 料	14,004		15,404		1,400	10.0
仕 　掛　 品	9,253		9,880		626	6.8
前 　払 費　 用	1,099		879		-219	-20.0
短 期 貸 付 金	1,500		10,000		8,500	566.7
仮 　払　 金	500		1,956		1,456	291.2
流 動 資 産 合 計	138,145	43.2	177,013	51.1	38,867	28.1
【固定資産】						
【有形固定資産】						
建 　　　物	84,541		84,020		-520	-0.6
建 物 附 属 設 備	17,586		15,262		-2,323	-13.2
構 　築　 物	3,633		3,300		-333	-9.2
機 　械 装　 置	31,935		25,114		-6,820	-21.4
車 両 運 搬 具	9,542		3,707		-5,835	-61.1
工 具 器 具 備 品	1,350		1,080		-270	-20.0
土 　　　地	24,193		24,193		0	0.0
有 形 固 定 資 産 合 計	172,783	54.0	156,679	45.3	-16,103	-9.3
【無形固定資産】						
ソ フ ト ウ ェ ア	2,400		1,800		-600	-25.0
無 形 固 定 資 産 合 計	2,400	0.7	1,800	0.5	-600	-25.0
【投資その他の資産】						
投 資 有 価 証 券	2,218		2,218		0	0.0
出 　資　 金	370		370		0	0.0
敷 　　　金	3,131		3,131		0	0.0
投 資 そ の 他 の 資 産 合 計	5,719	1.8	5,719	1.7	0	0.0
固 定 資 産 合 計	180,903	56.5	164,199	47.4	-16,703	-9.2
【繰延資産】						
開 　発　 費	1,000		5,000		4,000	400.0
繰 延 資 産 合 計	1,000	0.3	5,000	1.4	4,000	400.0
資 産 の 部 合 計	320,048	100.0	346,213	100.0	26,164	8.2

株式会社 倒産の恐れがある　　　　　　　　　　　　　　　　　　　　　　　　　　（単位：千円）

科　　目	前会計年度末 令和 6年 3月31日 現在		当会計年度末 令和 7年 3月31日 現在		増　減	
	金　額	構成比 (%)	金　額	構成比 (%)	増減金額	増減率 (%)
負　債　の　部						
【流動負債】						
買　　掛　　金	45,627		55,069		9,441	20.7
未　　払　　金	3,094		4,117		1,023	33.1
未　払　費　用	21,776		29,163		7,386	33.9
未 払 法 人 税 等	1,295		70		-1,225	-94.6
未 払 消 費 税 等	6,705		9,069		2,364	35.3
預　　り　　金	1,244		1,368		124	10.0
流 動 負 債 合 計	79,743	24.9	98,858	28.6	19,114	24.0
【固定負債】						
長 期 借 入 金	235,550		240,550		5,000	2.1
役 員 借 入 金	0		5,456		5,456	－
固 定 負 債 合 計	235,550	73.6	246,006	71.1	10,456	4.4
負 債 の 部 合 計	315,293	98.5	344,864	99.6	29,570	9.4
純　資　産　の　部						
【株主資本】						
資　　本　　金	10,000		10,000		0	0.0
利 益 剰 余 金						
そ の 他 利 益 剰 余 金						
繰 越 利 益 剰 余 金	-5,245		-8,651		-3,406	－
そ の 他 利 益 剰 余 金 合 計	-5,245	-1.6	-8,651	-2.5	-3,406	－
利 益 剰 余 金 合 計	-5,245	-1.6	-8,651	-2.5	-3,406	－
株 主 資 本 合 計	4,754	1.5	1,348	0.4	-3,406	-71.6
純 資 産 の 部 合 計	4,754	1.5	1,348	0.4	-3,406	-71.6
負 債 及 び 純 資 産 合 計	320,048	100.0	346,213	100.0	26,164	8.2

◎損益計算書

株式会社 倒産の恐れがある　　　　　　　　　　　　　　　　　　　　　　　（単位：千円）

科　目	前会計年度 自 令和 5年 4月 1日 至 令和 6年 3月31日 金　額	百分比(%)	当会計年度 自 令和 6年 4月 1日 至 令和 7年 3月31日 金　額	百分比(%)	増　減 増減金額	増減率(%)
【売上高】						
売　　上　　高	448,550		358,840		-89,710	-20.0
売　上　高　合　計	448,550	100.0	358,840	100.0	-89,710	-20.0
【売上原価】						
期 首 製 品 棚 卸 高	16,785		16,221		-563	-3.4
当 期 製 品 製 造 原 価	335,900		277,078		-58,822	-17.5
合　　　　　計	352,685	78.6	293,299	81.7	-59,386	-16.8
期 末 製 品 棚 卸 高	16,221		24,332		8,110	50.0
製 品 売 上 原 価	336,464	75.0	268,967	75.0	-67,496	-20.1
売　上　原　価	336,464	75.0	268,967	75.0	-67,496	-20.1
売 上 総 利 益 金 額	112,085	25.0	89,872	25.0	-22,213	-19.8
【販売費及び一般管理費】						
役 員 報 酬	31,050		25,000		-6,050	-19.5
給 料 手 当	33,855		30,469		-3,385	-10.0
法 定 福 利 費	9,735		6,099		-3,635	-37.3
福 利 厚 生 費	1,005		400		-604	-60.2
荷 造 運 賃	385		321		-63	-16.6
広 告 宣 伝 費	4,286		3,502		-783	-18.3
接 待 交 際 費	1,511		1,113		-398	-26.4
会 議 費	495		463		-32	-6.5
旅 費 交 通 費	4,128		3,225		-903	-21.9
通 信 費	605		603		-1	-0.3
消 耗 品 費	744		783		39	5.3
水 道 光 熱 費	498		490		-8	-1.6
新 聞 図 書 費	241		232		-9	-3.8
支 払 手 数 料	5,288		3,702		-1,586	-30.0
車 両 費	840		798		-42	-5.0
地 代 家 賃	5,246		5,246		0	0.0
リ ー ス 料	1,410		1,410		0	0.0
保 険 料	1,783		1,426		-356	-20.0
租 税 公 課	415		249		-166	-40.0
減 価 償 却 費	1,082		600		-482	-44.6
雑 費	52		39		-12	-24.3
販売費及び一般管理費合計	104,664	23.3	86,179	24.0	-18,484	-17.7
営 業 利 益 金 額	7,421	1.7	3,692	1.0	-3,728	-50.2
【営業外収益】						
受 取 利 息	5		3		-2	-41.4

株式会社 倒産の恐れがある　　　　　　　　　　　　　　　　　　　　　　　　　　（単位：千円）

科　　目	前会計年度 自　令和 5年 4月 1日 至　令和 6年 3月31日		当会計年度 自　令和 6年 4月 1日 至　令和 7年 3月31日		増　　減	
	金　　額	百分比 (%)	金　　額	百分比 (%)	増減金額	増減率 (%)
受 取 配 当 金	108		36		-71	-66. 0
営 業 外 収 益 合 計	114	0. 0	40	0. 0	-73	-64. 8
【営業外費用】						
支 払 利 息	3,834		4,669		835	21. 8
営 業 外 費 用 合 計	3,834	0. 9	4,669	1. 3	835	21. 8
経 常 利 益 金 額	3,701	0. 8	-936	-0. 3	-4,637	-
【特別損失】						
固 定 資 産 売 却 損	0		2,400		2,400	-
特 別 損 失 合 計	0	0. 0	2,400	0. 7	2,400	-
税 引 前 当 期 純 利 益 金 額	3,701	0. 8	-3,336	-0. 9	-7,037	-
法人税、住民税及び事業税	1,295		70		-1,225	-94. 6
当 期 純 利 益 金 額	2,405	0. 5	-3,406	-0. 9	-5,812	-

◎製造原価報告書

株式会社 倒産の恐れがある　　自 令和 6年 4月 1日　至 令和 7年 3月31日（決算仕訳を含む）　　　　　　（単位：千円）

勘 定 科 目	前 期	対売上比	当 期	対売上比	差 額	増加率
［製］期首材料棚卸高	14,525	3.24	14,004	3.90	−520	−3.59
［製］材 料 仕 入 高	83,773	18.68	68,179	19.00	−15,594	−18.61
合　　　　　計	98,298	21.91	82,183	22.90	−16,115	−16.39
［製］期末材料棚卸高	14,004	3.12	15,404	4.29	1,400	10.00
材 料 費 合 計	84,294	18.79	66,779	18.61	−17,515	−20.78
［製］給 料 手 当	103,214	23.01	96,894	27.00	−6,319	−6.12
［製］賞　　　与	19,382	4.32	15,396	4.29	−3,985	−20.56
［製］法 定 福 利 費	23,887	5.33	16,617	4.63	−7,270	−30.44
［製］福 利 厚 生 費	2,760	0.62	1,671	0.47	−1,088	−39.43
労 務 費 合 計	149,244	33.27	130,579	36.39	−18,664	−12.51
［製］外 注 加 工 費	8,776	1.96	7,176	2.00	−1,599	−18.23
［製］旅 費 交 通 費	256	0.06	243	0.07	−12	−5.00
［製］消 耗 品 費	9,199	2.05	7,819	2.18	−1,379	−15.00
［製］車 両 費	292	0.07	301	0.08	8	2.96
［製］修 繕 費	3,762	0.84	4,703	1.31	940	25.00
［製］水 道 光 熱 費	5,510	1.23	4,408	1.23	−1,102	−20.00
［製］新 聞 図 書 費	162	0.04	82	0.02	−79	−48.94
［製］減 価 償 却 費	28,650	6.39	12,103	3.37	−16,547	−57.76
［製］賃 借 料	37,836	8.44	37,836	10.54	0	0.00
［製］租 税 公 課	3,759	0.84	3,458	0.96	−300	−8.00
［製］保 険 料	611	0.14	600	0.17	−10	−1.76
［製］雑 費	2,299	0.51	1,609	0.45	−689	−30.00
製 造 経 費 合 計	101,119	22.54	80,345	22.39	−20,773	−20.54
総 製 造 費 用	334,658	74.61	277,705	77.39	−56,953	−17.02
［製］期 首 仕 掛 品	10,495	2.34	9,253	2.58	−1,242	−11.84
合　　　　　計	345,154	76.95	286,958	79.97	−58,195	−16.86
［製］期 末 仕 掛 品	9,253	2.06	9,880	2.75	626	6.77
当 期 製 品 製 造 原 価	335,900	74.89	277,078	77.21	−58,822	−17.51

第1部

成長の可能性を見抜く経営分析

第 1 章　「売上高」が増加
第 2 章　「販管費」が増加
第 3 章　「人件費」が増加
第 4 章　「研究開発費」が計上
第 5 章　「外注費」が増加
第 6 章　「営業外収益・特別損失」が計上
第 7 章　「売上債権」が減少
第 8 章　「有形固定資産」が増加
第 9 章　「仕入債務」が減少
第10章　「借入金」が減少
第11章　「純資産」が増加

ここでは主に、25〜29ページの
「成長の可能性がある決算書」をもとに
分析していきます。

第1章 「売上高」が増加している

損益計算書

費用			収益	
	売上原価			売上高
	販管費			営業外収益
	営業外費用			特別利益
	特別損失			
	税金他			

売上高は営業活動の成果であり、商品・製品及びサービス（以下、商品）の提供額になります。業種によっては勘定科目が完成工事売上高や手数料収入などになっていることがあります。

売上高の計上時期については、商品を出荷したことで販売とする出荷基準、取引先の検収完了後に販売とする検収基準などがあります。

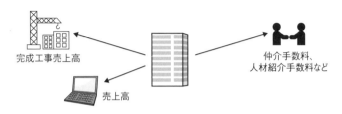

分析のステップ

 STEP1 売上高を前期と当期で比較してみよう

 STEP2 売上高成長率を確認する

 STEP3 売上高増加の理由を確認する

 STEP4 長期間の動きを確認する

 STEP5 売上高の動きに利益も連動しているか

 STEP6 異常な増加ではないか

STEP7 売上高の予想は実現可能性が高い内容か

STEP1 売上高を前期と当期で比較してみよう

　売上高が計上できない限り利益は出ないため、すべての経営者が重視する勘定科目です。企業の成長性を見るうえで売上高の動きは重要です。分析の際は、まず売上高を前期と当期で比較してみましょう。

前期		当期	
売上高	46,855万円	売上高	51,084万円

　比較すると増加していることがわかりました。増加していることがわかったら、次に増加の大きさ（成長性）を見ていきます。

STEP2 売上高成長率を確認する

　成長性を見る指標はいくつかありますが、代表的な指標として、前期と比較して何％増加したかを示す**売上高成長率**があります。

> 売上高成長率＝(当期売上高－前期売上高)÷前期売上高×100（％）

　企業は利益の追求を目的としているため、売上高が増加しているほうがいいのは明らかです。また、売上高が増加傾向にあると、従業員もやる気が出て、社内の雰囲気にもプラスに働きます。

　そのため、売上高の増加は経営者だけでなく、銀行もチェックする重要な勘定科目です。

　この企業の売上高成長率を計算してみると次のようになり、当期の売上成長率が9.0％であることがわかります。

　売上高成長率＝(51,084－46,855)÷46,855×100＝9.0％

STEP3　売上高増加の理由を確認する

　売上高の増加を確認したら、次に「どうして売上高が増加したのか」
理由を考えます。売上高が増加するのには必ず理由があります。
　ここで気をつけるべき点は、売上高が増加していても理由が「前向き」
なものもあれば「後ろ向き」なものもある点です。売上高が増加する主
な理由を、「前向き」「後ろ向き」の分類で紹介します。

1. 前向きな増加理由
　次の理由による売上高増加なら前向きに捉えることができます。

■新規顧客の増加
　どの企業も取引先の廃業や他社への流出は一定数あると考えたほうが
いいので、常に新規顧客を獲得するための営業活動は必要です。
　廃業などで離れた取引先よりも多くの新規顧客を営業活動で獲得でき
れば、売上高は増加します。この場合、営業力があり他社よりも優位な
取扱商品があると考えられるので、今後の成長が期待できるでしょう。
　また、取引先が増えれば特定の企業に売上高を依存しないため、売上
代金の回収不能リスクの影響を小さくできるメリットもあります。

■既存顧客へのフォロー
　新規取引先の獲得は容易ではないため、既存顧客に対し、売った後に
アフターフォローして、購入頻度を高めることも必要です。
　例えば生命保険なら、加入顧客に対してライフイベントに応じた見直
しや新たな商品が提案できます。銀行なら、定期的な訪問を通して、経
営者から経営上の悩みを聞き出し課題解決の提案をしたり、資金繰り表
から早めに次の融資を提案し、経営者が本業に集中できるサポートをし
たりすることが考えられます。

取引先の自社のシェアを高めることも、売上高の増加につながります。

■新商品の開発・販売

　現在取り扱っている商品がこれからも売れ続けるとは限りません。むしろ商品には流行り廃りがあります。売上高の低下が始まる前に顧客が求める商品の取扱いや、新たな商品開発を行なう必要があります。これは第4章の研究開発費で取り扱います。

■自社の強みを打ち出した値上げ

　売上高は「単価×数量」で決まります。「たくさん売れた」「あまり売れなかった」と販売数量の影響を受けるイメージがありますが、販売単価も重要です。しかし、値上げ交渉が苦手な経営者が多いのが実態です。

　原材料や燃料、人件費の上昇などにより費用の上昇を免れないことがあり、対応するには社内努力だけでは限界があります。そこで値上げとなるのですが、競合が多い場合、値上げは容易ではなく、「原価が上がっているので、値上げをお願いします」だけでは、応じてもらえないことが多いでしょう。

　特に下請け企業は値上げの要請がしづらい立場にあります。企業にとって適正な販売価格を獲得するには、他社にはない優位性が必要です。例えば、技術力、短納期、小ロット対応、商品開発力、迅速あるいは丁寧な対応などです。企業の強みを取引先が評価していれば、原価の上昇分の値上げ相談には乗ってくれるでしょう。

　また、原価の上昇を、数字を使って説明するのも有効です。経済産業省が作成した「中小企業・小規模事業者の価格交渉ハンドブック」は、価格交渉に役立つノウハウ・ツールが紹介されているため、交渉に悩んだ際は参考になります。

　値上げ交渉ができる企業は、適正な売上高及び利益が確保でき、事業が継続するでしょうし、一方で安さだけで勝負する企業は利益の確保が困難となります。

2. 後ろ向きな増加理由

売上高が増加する主な理由は「売上単価の引き上げ」「販売数量の増加」の大きく2つですが、このうち「販売数量の増加」に重きを置いている場合は要注意です。

■薄利多売

値上げによって顧客が逃げるのではないかと強い不安を持つ経営者は多いです。売上高は「価格×数量」で求められるため、価格を下げて安さを売りに数量を増加させる薄利多売を考える経営者もいます。

値下げで販売数量が大きく増加し、利益を出せるのなら、薄利多売という選択肢も検討の余地はあります。しかし、資金的、人的な経営資源に限りがある企業にとっては、適切でない戦略です。

また、販売数量が急増し売上高が増加しても、販売数量が増えた分の人件費などの費用が増加し、利益額で見ると悪化することもあります。また、増加した仕入資金の支払いが先行し、売上高の入金が後になる場合であれば、資金繰りを悪化させることになります。

STEP4　長期間の動きを確認する

売上高は、先ほどの計算で前期比9.0％の増加でした。それ自体は評価できることですが、より長期的に増加傾向なのか、それとも一時的なものなのかについても確認しましょう。

1. 5期以上の推移を見ましょう

売上高の趨勢を知るには2期の比較では足りません。

できるだけ長期、最低でも5期以上の売上高推移を確認し、増加あるいは減少にあるのか確認してみます。次ページのグラフは、序章の決算書の前期が9期、当期が10期と同じ金額です。もし8期以前の売上高推移が「増加で推移」「減少で推移」になっていたらどうでしょうか。

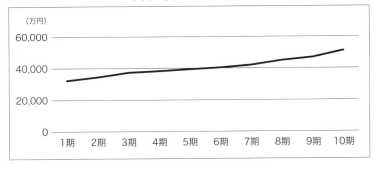

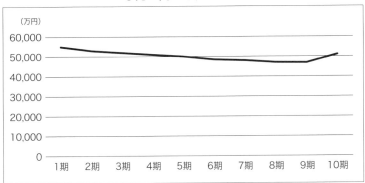

　上のグラフのように「増加で推移」していた場合、これまでずっと順調であり、今後もしばらくはこの傾向が続きそうに見えます。一方で、下のグラフのように「減少で推移」していた場合、当期のみ増加していることになり、これは一時的なものなのか、それともこれから増加に転じるのか決算書だけでははっきりしません。

　減少が増加に転じる変化が見られた時は、具体的な改善策があり効果が出たのか、それは継続するのか、あるいは一時的なものなのか、経営者から説明を受ける必要があります。

　経営者の考えが楽観的な内容であれば、コンサルタントや銀行はより実現可能性の高い売上増加策を採るようサポートが必要です。そして、計画との乖離がないか定期的にモニタリングを実施しましょう。

2. 取引先数は増加しているか

　特に中小企業の場合、売上高の大半を上位数社の取引先で占めることがよくあります。1社に過度な依存をするのは、効率面では良いとしても、経営の安全性や事業継続性に大きな問題があります。

　そのため、取引先数にも注意してください。過度に依存する取引先があると、もし取引解消や売上代金回収不能が発生すれば、一気に倒産するリスクが上昇します。1社減っても事業には影響なく、倒産しても資金繰りは問題ない経営を目標にしましょう。

　売上高が増加傾向にある時は、取引先数の視点が疎かになりがちです。取引先数への注意をプラスすることで経営の安全性は改善されます。

　また、金額が大きい取引先は、売上金額が大きく儲かっているように見えて、実はそうでもないことがあります。優良な取引先だからと余計なコストをかけ利益が少額になる場合があるからです。

　価格交渉が不調に終わっても他社から売上の確保ができればいいですが、そう簡単にはいきません。販路の開拓や他の既存取引先との取引の拡大を進めながら、低採算の取引先との取引を徐々に見直していくようにします。

STEP5　売上高の動きに利益も連動しているか

　成長性の指標で、「成長」と「拡大」を判別することも大切です。

　「成長」と「拡大」は同じような意味に感じるかもしれませんが、売上高の増加以上に利益が伸びている場合が「成長」、売上高は増加していても利益が伸びていない場合が「拡大」という違いがあります。

　売上高の増加は、企業の商品が顧客から受け入れられている、支持されていることを意味します。経営の方向性としては間違っていません。結果が出ているので、今後の営業活動は迷いなく進めていけるでしょう。

　しかし、いくら売上高を増やすことができたとしても、利益が伴っていなければ意味がありません。

1. 利益を伴った売上増加か

　売上高のうち、「適正な利益を伴う売上高」が重要なのであって、利益を無視した売上高の増加では意味がありません。

　そんなの当り前だと思った方もいらっしゃるかもしれません。しかし、経営をしていると、つい損益計算書の売上高がとにかく重要だと思い込み、売上高が増加すれば利益も増えていくはずだと考えがちです。

　そこで、売上高と売上総利益のバランスに異常がないか確認しましょう。このバランスは**売上総利益率**といい、次のように計算できます。

> 売上総利益率＝売上総利益÷売上高×100（％）

前期売上総利益率：11,546÷46,855＝24.6％
当期売上総利益率：13,438÷51,084＝26.3％

　利益率は当期改善されており、前期比で金額は1,892万円、増加率は16.4％のため、順調であることがわかります。

　下のグラフは、順調に成長している企業の売上高と売上総利益、そして利益率を示したもので、目標にすべき数値の推移です。

　一方、次ページのグラフでは、売上高は増加しているものの利益額は減少、利益率が低下しています。商品や原材料などの価格上昇を販売価

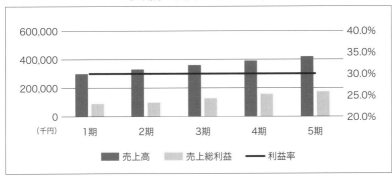
◎順調に成長している企業

格に反映できなかった、売上高の伸び以上に減価償却費や給料などの固定費が負担となった、などの原因が考えられます。

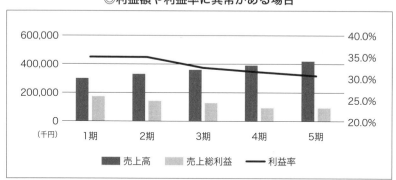

◎利益額や利益率に異常がある場合

2. 店舗別や事業別などの収支を見る

　複数の事業あるいは複数の店舗を経営しているような企業は、全体の売上高だけではなく、事業別、店舗別、商品別に分けて分析することが有効です。ここでは4つの店舗（本店、A店、B店、C店）を構える企業があったとしましょう。

　この企業は本店を含め4つの店舗を経営しています。下の表のように損益計算書の直近3期間は増収増益で推移しており、営業利益率が低かったものの徐々に改善の傾向にあるため、成長性を確認できます。

◎3期間の損益計算書　　　　　　　　（万円）

損益計算書	前々期	前期	当期
売上高	130,000	140,000	145,000
売上原価	40,300	43,400	46,000
売上総利益	89,700	96,600	99,000
販管費	89,500	94,500	96,700
営業利益	200	2,100	2,300
営業利益率	0.2%	1.5%	1.6%

■すべてが順調とは限らない

　店舗ごとの売上高や利益を示したのが下の表です。Ｂ店だけが赤字です。企業全体で見れば業績が好調に見えても、意外とこのようなケースは多いです。

◎店舗ごとの収支 （万円）

	本店	Ａ店	Ｂ店	Ｃ店	全社	合計
売上高	60,000	40,000	25,000	20,000		145,000
売上原価	18,000	12,000	10,000	6,000		46,000
売上総利益	42,000	28,000	15,000	14,000		99,000
販管費	31,800	21,200	17,500	11,200		81,700
営業利益	10,200	6,800	−2,500	2,800		17,300
本社費					15,000	15,000
全体営業利益						2,300

　Ｂ店の赤字は、本店を中心にカバーできていますが、赤字をそのままにするわけにはいきません。そこで、さらに下の表のように、これまでの推移を見ることで、経営者や店長はどのように立て直しをするのか、あるいは閉店を検討するのかなど、今後の見通しと改善策を考えることができます。

◎Ｂ店の過去３期の損益計算書 （万円）

Ｂ店	前々期	前期	当期
売上高	28,000	26,000	25,000
売上原価	11,200	10,400	10,000
売上総利益	16,800	15,600	15,000
販管費	18,000	18,000	17,500
営業利益	−1,200	−2,400	−2,500

　Ｂ店以外では利益が出ているので、今のうちにＢ店の改善策を実行し立て直すことができます。しかし、それでも効果が出なければ店舗を閉鎖し、全体の利益を拡大する選択をすることになります。

■小規模企業では最低限、売上高だけでも個別に把握を

　売上高は事業や店舗、あるいは商品別などに分類して、それぞれどれだけの売上高や利益が発生しているのかを確認しなければなりません。企業全体で利益を出して満足しているのでは不十分です。

　しかし、特に小規模企業では管理面に費用がかけられず、集計が正確にできないことがあるかもしれません。それでも概算を把握できればいいですし、せめて売上高の動きだけでも個別に把握できるようにしましょう。そこから推測することはある程度可能だからです。

3. 利益率よりも利益額重視が必要な場合もある

　利益率は重要ですが、利益額重視が必要な場合があります。

　例えば、鶏卵を扱っている企業では、飲食店や弁当店などに卸しますが、鶏卵の価格は常に変動しますし、鳥インフルエンザが多発すれば非常に大きな影響を受け仕入価格は高騰します。

　下の図のように仕入価格が1.5倍に急上昇したとしましょう。

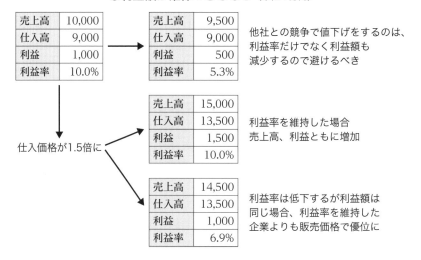

これまでどおり10%の利益率を維持しようとすれば、販売価格はそれに応じて上昇します。しかし、今までどおりの利益額を確保できればいいと考えたら、「利益額＋仕入額」で販売価格を決定することで、仕入価格が落ち着くまで利益率が低下しても経営には影響がありません。

このように、あまり利益率を意識しすぎると価格差で他社に取引先を持っていかれる可能性があります。値下げは原則的に避けるべきですが、これまでどおりの利益額が確保されるなら、「率」にこだわりすぎるのは避けたほうがいい場合もあるのです。

STEP6　異常な増加ではないか

「売上高の増加率が高いほど経営上は良好」と判断できますが、急激な売上高の増加率は注意してください。売上高増加は売上債権や棚卸資産の増加を招き資金繰りを悪化させるだけではなく、次のような可能性があるからです。

1. 無理な販売

経営者が売上高しか見ていないような企業であれば、値下げ販売してでも売上実績をつくろうとしているかもしれません。

あるいは銀行から融資が受けられなければ倒産するとの恐怖心から、例えば、成長している企業を装うため売上高の架空計上をすることがあります。

ただし、粉飾あるいは値下げの結果として売上高が増加をしていれば、利益率低下や売上債権の増加といった異常が表れます。

2. 循環取引の疑い

これは粉飾方法の1つですが、1社ではなく複数企業が協力して循環取引をしていることがあります。次ページの図のように、複数の企業で架空の取引を繰り返し、業績が好調なように装うのです。

◎循環取引の例

```
┌─────────┐   130万円で販売   ┌─────────┐
│  A社    │ ◄─────────────── │  D社    │
└─────────┘                  └─────────┘
     │                            ▲
架空商品を                    120万円で販売
100万円で販売                      │
     ▼                            │
┌─────────┐   110万円で販売   ┌─────────┐
│  B社    │ ───────────────► │  C社    │
└─────────┘                  └─────────┘
```

　Ａ社はＢ社に100万円で販売しますが、Ｄ社から130万円で仕入れ、それをまたＢ社に販売、いずれどこかでストップするまで続けます。

　その結果、架空の売上高と仕入高（あるいは外注費）がどちらも膨らみ、成長拡大している企業に見えるのです。

　特にソフトウェア業は、無形のサービスを提供するため実在性の確認が難しいこともあり、容易に架空取引を偽装できるため頻発しています。

3. 従業員数と売上高の増加に異常はないか

　不正な方法によって売上高を増加させても、利益率の低下や架空の売上債権の発生で異常を見つけることができます。しかし、それをうまく隠した粉飾をしていることもあります。その場合には、従業員数と売上高のバランスを見てください。

　従業員数が一定でも売上高はある程度の規模まで増加を続けることはあるでしょう。しかし、一般的には売上高の増加に伴い従業員数も増えていくものです。人件費が一定なら外注費が増加するはずです。決算書の人件費や外注費が増加せず、企業を訪問しても従業員が増えている様子が見られなければ架空計上が疑われます。

STEP7　売上高の予想は実現可能性が高い内容か

　売上高が増加傾向にある企業は、今後の見通しに大きな不安材料がなければ、これからも成長が期待できると考えられます。ここでは、これから増加すると予想される企業を考えてみます。

　例えば、売上高の減少が続き赤字決算、資金繰りが悪化したため、リスケジュール（返済条件の変更）を銀行に相談するような企業です。

　これから抜本的な経営改善を実施するのですが、いくら無駄な費用を削減し利益を出そうとしても限界があります。経営を立て直して軌道に乗せるためには、売上高の増加がどうしても必要です。

1. 経営者が考える売上計画は疑ってみる

　売上高の減少に悩む企業によくあるのが、何の根拠もなく売上高が急増する計画です。銀行からの評価を気にして作成されることが多いのですが、毎月の返済額から逆算して算出した売上高を、実現不可能な数字であっても計画書に書き入れてしまうのです。

　その結果、下のグラフのような売上予想が作成されます。

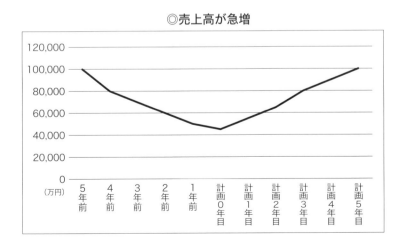

これまで減少が続いてきたにもかかわらず、突然急増を始めています。販路の開拓が成功し取引先が急増したのなら、このような売上の見通しはたしかにあり得るでしょう。

しかし、経営者にヒアリングしてみると根拠の薄い計画であることが非常に多いので、銀行員は企業から経営改善計画書を受け取っても売上計画は疑ってみることが必要です。

2. 実現可能性の高い数値計画で

これから何をすべきか具体的な改善策が明確になっても、行動して結果が出るまでにはある程度の期間を要します。特に銀行員は、下のグラフのように緩やかな回復をするのが保守的であり自然と考えます。

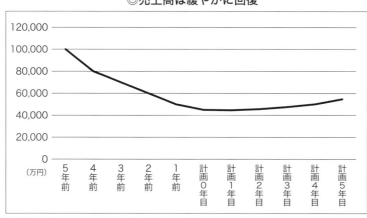

◎売上高は緩やかに回復

販路開拓に成功したなど明確な根拠があれば、売上高が急増する予想を立ててもかまいません。

しかし、コスト削減のように社内だけで進めることができるものとは違い、取引先の影響を受けます。特に経営計画を策定する際、どれだけの売上高を見込めるか容易に計算できないことがあるでしょう。計画と実績に大きな乖離が発生すると計画内容そのものの信用性を失いますか

ら、特に計画0年目(数値計画を作成している進行期)で予想を大きく外すことがないよう実現可能な数字を立てるようにします。

そしてコンサルタントも、数値計画が異常に強気な内容でないか、実現可能性が高いのか、外部の視点からアドバイスをします。

> **まとめ**
> - 売上高は利益の源泉ですから、前期はもちろん前々期など、多くの期間と比較し、右肩上がりであれば、成長性があるといえます。
> - 売上総利益にも注目してください。売上高は増加していても、売上総利益は減少していないか確認し、もしそうであればその理由を確認しましょう。
> - 現時点では売上高の増加により成長性があるように見えても、今後も継続して増加が見込めるのか、経営者や営業責任者などから直接確認することが必要です。
> - 経営が悪化した企業が経営改善計画を策定する際、売上高は実現可能性の低い場合が多いです。銀行員やコンサルタントは保守的な視点で見るようにしてください。

第 2 章
「販管費」が増加している

販管費（販売費及び一般管理費）のうち販売費とは、営業担当者の給与、広告宣伝費、交際費などの営業活動に関係が深い費用のことであり、一般管理費とは、通信費、事務所賃料、水道光熱費、保険料、総務経理の人件費など企業全体にかかわる費用のことを指します。販管費はこれら以外にも役員報酬、法定福利費などがあります。

分析のステップ

STEP1 販管費が増加していないか

⇩

STEP2 売上高販管費比率などを確認する

⇩

STEP3 販管費の強引な削減は経営にマイナス

⇩

STEP4 損益分岐点を計算

STEP1　販管費が増加していないか

　販売費と管理費の違いについて、簡単に説明します。

1. 販売費

　販売費は、営業活動を行なう従業員への給与や出張などの旅費交通費、広告宣伝費、交際費、販売手数料が該当します。これらが増加していたら販売促進活動に力を入れたということです。

　給料手当は営業社員も管理社員も合算されているので、内訳を確認するようにします。

2. 管理費

　管理費とは、役員報酬、管理部門の給与、事務所の賃料、水道光熱費、文具やコピー用紙などの事務用品など販売とは直接的には無関係の費用です。管理費は、直接販売活動には関与しないので少ないほうが経営面でプラスに見えるかもしれません。しかし、従業員や取引先が増えて企業規模が拡大すると、それに比例して管理面の費用も増えていきます。経理、人事、総務部門にも力を入れなければ、企業の経営安定や成長は望めないからです。

　では、前期と当期でいくらあったのか決算書から確認してみましょう。2期を比較したところ1,236万円増加していました。売上総利益から販管費を差し引き、営業利益が求められるので、売上総利益が変わらず、販管費が増加すれば営業利益は減少します。販管費の多くは、売上高に連動せず、固定的に発生するものが多いのが特徴です。

前期		当期	
販管費	10,158万円	販管費	11,394万円

販路開拓や値上げなどの企業努力により売上総利益を改善させること
に成功しても、販管費を無駄に使ってしまえば努力が失われてしまいま
す。したがって、不要な販管費を見つけ、排除に努めながら、極力増や
さない必要があります。

　販管費が減少傾向にあるのなら、無駄な費用の削減や見直しを行ない、
さらに利益を出そうと努力している証ですからプラスに評価できます。

STEP2　売上高販管費比率などを確認する

　販管費が増加した企業は、何も考えずに支出を繰り返していたのでし
ょうか。しかし、何か目的があって販管費を増やしたはずです。まずは
売上高販管費比率を見てみましょう。

1. 売上高販管費比率

　売上高販管費比率は、売上高に占める販売費及び一般管理費の割合を
見る指標です。計算式は次のようになります。

> 売上高販管費比率＝販売費及び一般管理費÷売上高×100（％）

　販管費が少ないほど利益は出やすいので、この指標が低いほど営業利
益を出しやすくなり、売上高営業利益率は好転します。

	売上高販管費比率	10,158÷46,855×100＝21.7%
前期	売上高	46.855万円
	販管費	10,158万円
	売上高販管費比率	11,394÷51,084×100＝22.3%
当期	売上高	51,084万円
	販管費	11,394万円

金額が増加しているだけでなく比率まで高くなっています。比率は低下させたいところですが、人件費や広告宣伝費などの増加が影響し、比率が高くなっています。

　なお、売上高販管費比率の業界平均は業種によって差が大きいです。

　中小企業実態基本調査では、全産業22.2％、建設業19.3％、製造業16.5％、情報通信業42.1％、運輸業22.6％、卸売業12.9％、小売業29.0％、不動産・物品賃貸業33.9％、専門・技術サービス業42.5％、宿泊・飲食サービス業67.6％、生活関連サービス・娯楽業37.3％、その他サービス業37.9％です。

　先ほどの計算結果は、全産業とほぼ同じですが、製造業と比べるとやや高い結果です。

2. 売上高営業利益率

　売上高営業利益率とは、売上高に対する営業利益の割合を示すもので、企業の収益性を計る指標です。計算式は次のとおりです。

> 売上高営業利益率＝営業利益÷売上高×100（％）

　企業が営業活動によって得た利益が営業利益なので、この指標はプラスになる必要があり、高いほど本業での収益力が高いといえます。分子の利益を何にするかで売上総利益率、売上高経常利益率が計算できます。

	売上高営業利益率	1,388÷46,855×100＝3.0%
前期	売上高	46,855万円
	営業利益	1,388万円
	売上高営業利益率	2,044÷51,084×100＝4.0%
当期	売上高	51,084万円
	営業利益	2,044万円

売上高営業利益率は、どの業種もあってもプラスかつ3％台以上が理想です。

財務総合政策研究所によれば、2023年度の売上高営業利益率は全産業・全規模で4.6％、製造業は5.1％、非製造業は4.5％です。こちらも販管費ほどではありませんが、業種による差はあります。

なお、日本政策金融公庫の小企業の経営指標調査（黒字かつ自己資本プラス企業平均値）では、製造業4.9％、建設業4.4％、飲食・宿泊業6.0％、卸売・小売業3.2％、運輸業3.0％、情報通信業8.3％でした。

計算結果は製造業の平均と比べやや低いですが、営業利益はプラスですし利益率は上昇しています。売上高販管費比率は販管費自体が増加したことで上昇しましたが、売上総利益が金額及び対売上比で大きく改善されたため、営業利益率は好転したと考えられます。

設備投資を実施したこと、そしてこの後出てきます戦略的費用を効果的に使ったこともプラスに影響したのでしょう。

STEP3　販管費の強引な削減は経営にマイナス

販管費は主に固定的な費用が継続して発生するため、抑えることで利益を出しやすくなります。そのため通常であれば、削減したほうがいいということになります。

しかし、販管費を抑えすぎると経営に弊害が生じることがあります。営業活動を円滑に進めるために、広告宣伝費だけでなく、交際費や販売促進費がある程度は必要です。

1. 販管費は3つに分類する

販管費は大きく3つに分けることができます。販管費は多少の変動はあっても固定的性格が強いものが多く、仕入高のような変動費とは異なりますから削減は容易ではありません。それだけに、企業全体で無駄の排除に努めれば大きな利益改善をもたらします。

①管理面で必要な費用

　店舗や事務所の賃料、電話代、水道光熱費など、これは絶対に必要なものです。とはいえ、経営環境や企業規模の変化に応じて見直すことは大切です。例えば、従業員数の減少やリモートでの業務の増加があれば、事務所賃料の削減ができないか、営業車の削減で駐車場を減らせないかなどが考えられます。

②戦略的費用

　戦略的費用（広告宣伝費、販売促進費、研究開発費、交際費、人件費など）は、現在及び将来の売上高獲得のために欠かせない、投資の性格を持つ費用です。費用対効果を考え支出しなければなりません。業績悪化で真っ先に削減する企業が多いですが慎重に判断すべきです。

　戦略的費用はそもそも売上高の獲得を目標に使う費用です。しかし、業績悪化時には真っ先に削減され、回復してくると増加する傾向があります。

③無駄な費用

　真っ先に削減すべきなのが、この無駄な費用です。例えば、明らかに効果のない過度な交際費、効果がないと確認できた広告宣伝費などです。経営者が個人的に使ったような支出もあてはまります。

2. 増加するのは必ず目的がある

　販管費が増加した理由が先ほどの②戦略的費用であれば、今後の成長が期待できます。経営者が細かい勘定科目まで把握できなくても問題ありませんが、戦略的費用は売上高拡大を目指す目的で使う費用が中心になるため、どのような狙いで使ったのかは、ある程度は明確に把握する必要があります。

　決算書では主に、給料手当（第3章）、広告宣伝費、交際費、研究開発費（第4章）が増加していました。ここでは他の章で触れていない広

告宣伝費と交際費、そして手数料についてもう少し説明を加えます。

■広告宣伝費

「広告宣伝」にはテレビ、新聞、ラジオ、チラシ、インターネットなどさまざまな種類があります。

広告宣伝費が増加した場合、従来よりも費用をかけて、ネット広告を強化した、新聞やチラシ広告の回数を増やした、これまでとは違う宣伝媒体の利用を開始したということになります。新商品の販売が開始されたタイミングや、既存商品のテコ入れを試みた可能性もあります。

いずれの理由でも、広告宣伝費の増加は営業に力を入れて売上高を増加させようという積極的な姿勢がうかがえます。それ自体は良いことですし、問題はありません。

しかし、単に積極的な姿勢を示しただけでなく、どのような広告宣伝を、どのような目的で行なったのか、さらにはそれに見合った効果が出ているのかを担当者や経営者が把握しているかが大切です。

もし効果が出ていれば売上高の増加につながり、数字には表れなくても問い合わせが増えたなどの動きが見られます。

広告宣伝費でよくある一番の問題点は、効果を検証せず、資金を垂れ流しているだけになることです。広告宣伝費をかけたおかげで契約が増えたのか、新しい顧客はどの広告媒体から来たのか、確認する必要があります。検証の結果、効果が出ていなければ、広告内容の文言やデザインがターゲット層にうまく訴求できているものであるかも、再度検証しなければなりません。

とはいえ、広告宣伝費がどれほど貢献しているか、効果を検証するのは難しく、さらには費用を削減するのは不安もあります。そのため実態として、費用対効果を検証せずに使い続けているケースは、特に中小企業では多いです。

例えば次ページの表のように、広告宣伝費と売上高、その他費用、そして利益の金額の推移を確認することで効果を検証することもできます。

①のケースでは広告宣伝費の支出に連動して売上高が増加、利益も増えています。しかし、②は、増やしてはいますが、それに見合った売上は得られず、利益は0やマイナスです。この場合、広告費のおかげで売上高が維持されているのかもしれません。広告の仕方を見直す必要がありますが、削減したとたん、③のようになる可能性もあります。

◎広告宣伝費の効果を検証

①理想のケース　　　　　　　　　　　　　　　　　　　　　（千円）

売上高	13,000	15,000	16,000	18,000	19,000
広告宣伝費	500	1,000	1,000	1,500	1,500
その他費用	12,000	13,000	13,000	14,000	14,000
利益	500	1,000	2,000	2,500	3,500

> 広告宣伝費と売上高の増加が一致している
> それに伴い利益も増加している

②効果があまり見られないケース　　　　　　　　　　　　　（千円）

売上高	13,000	13,000	13,500	14,000	14,500
広告宣伝費	500	1,000	1,000	1,500	1,500
その他費用	12,000	13,000	13,000	13,000	13,000
利益	500	−1,000	−500	−500	0

> 広告宣伝費は増加しているが、売上高はそれほど伸びていない
> はっきりとした効果は見られないが、広告宣伝費の増加で売上高は何とか維持されている可能性もある
> 広告宣伝の内容を見直すことで理想のケースに向かうようにする

③最悪のケース　　　　　　　　　　　　　　　　　　　　　（千円）

売上高	13,000	13,000	13,000	12,000	11,000
広告宣伝費	500	1,000	500	0	0
その他費用	12,000	13,000	13,000	13,000	13,000
利益	500	−1,000	−500	−1,000	−2,000

> 業績悪化を理由に広告宣伝費を削減したところ、売上高は減少し赤字が拡大

■交際費

交際費が非常に大きい割合を占めている企業は多いです。交際費は新規取引開拓に加え既存取引先との円滑な取引を継続するために不可欠な費用です。

理想は、自社の商品やサービスが他社よりも優れている、ブランド力があるなどによって他社と差別化ができ、売上高が増加することですが、実際には取引先との関係強化、あるいは新規取引先の開拓のためにも交際費を使いたいと考える傾向があるでしょう。したがって、交際費は販売促進の費用として広告宣伝費同様に重要です。

　交際費の動きに比例して売上高や取引先も増加していれば、一定の効果が出ていると考えられます。「多額の利益をもたらしてくれる優良顧客との関係を維持するため」「取引開始が期待できるため」なら交際費を使うことにはまったく問題ありません。

　しかし、交際費も広告宣伝費と同様に多ければいいものではなく、あくまで効果が出ていることが重要です。取引をほのめかしながら何度も接待をさせようとする企業や、頻繁に接待を求められるがそれに見合った利益が得られていない企業との交際費の使い方は見直しが必要です。

　支出した交際費に見合った利益をもたらしてくれるのか、相手の反応も見ながら効率よく使っていく必要があります。無論、経営者自身が飲食を楽しんで満足しているような使い方は論外です。

　なお、交際費は法人税法で規制がかけられています。中小企業においては交際費課税の特例措置（800万円まで損金算入可）と、交際費のうち接待飲食費の50％までを損金算入できる特例措置を選択できます。また、これまで一定の飲食費に係る金額基準が1人当たり5000円以下だったのですが、令和6年税制改正から1万円以下に引き上げられました。1万円以下なら交際費の範囲から除外されるということです。

■**販売手数料・支払手数料**

　ECサイトや宿泊予約サイトのようなサービスは、売上高が発生すると利用料を徴収されます。人気のサイトに掲載すれば、アクセス数は多いため、売上高自体の増加は見込めます。しかし、サイト内での同業者間の競争が発生するため、売上高自体が増加しても、思うような利益が確保できないことがあります。

私の知り合いの食料品を取り扱う企業は、もともと薄利多売なうえに、手数料以外にも毎月の利用管理費がかかり、それに対応する人件費及び発送料なども含めると利益が出ていませんでした。

　サービスの利用自体は無駄ではありませんが、とりあえず売上高は増加するので経営者が営業活動をそればかりに依存する傾向があります。売上高から仕入高や手数料を差し引くだけでなく、他の費用も含めて利益が出ているか、必ず確認してください。その結果、売上高は増加しても利益がマイナスであれば撤退する決断も必要です。

　これらの手数料については、企業によって使う勘定科目は異なるでしょうが、販売手数料あるいは支払手数料で計上されることが多いです。

3. 削減は慎重に

　業績が悪化し、銀行に返済を一時的にストップしてもらわなければならないような経営状態の時、利益を出すために支出を削減しなければなりません。無駄な支出は抑えなければなりませんが、戦略的費用を大きく抑えることは避けましょう。経営改善に必要な武器を取り上げるようなものです。かえって業績を悪化させかねません。

　以前は、とにかく削減するようアドバイスをしてくる銀行員が多かったのですが、近年は減ってきたように思います。多くのコンサルタントや銀行員は、営業活動のために交際費などは必要で、むやみに削減すべきではないと考えているのです。とはいえ、多額となるとあまりいい評価を得られないこともあります。そもそも多額の広告宣伝費や交際費が販路開拓や取引深耕に本当に貢献しているのかわかりにくく、特に交際費に至っては、経営者の家族や知人などとの飲食が含まれているのではと疑われることもあります。

　交際費を使ってどれだけの成果が出たのかをよく確認し、支援をしてくれている銀行に対しては、どれほどの新規顧客獲得につながったか、など経営者も効果を説明すべきです。

STEP4　損益分岐点を計算

　利益が０円になる売上高を**損益分岐点売上高**といいます。損益分岐点売上高を上回れば黒字になり、下回れば赤字になります。自社はいくら必要か、販管費が増加したら赤字にならないためには最低限いくらの売上高が必要か、経営者なら知っておく必要があります。

1. 損益分岐点分析
　新商品の販売を機に、さらなる事業拡大を目指す企業があったとします。営業力強化のために、営業社員の雇用、広告宣伝費の増額、出張による旅費交通費の増加、より広い事務所への移転など、固定費が大きく増加します。利益を確保するには、売上高も増加しなければなりません。
　この時に必要となる考え方が**損益分岐点分析**です。損益分岐点とは、収益と費用が一致する売上高、つまり採算点の売上高を指します。

2. 費用を変動費と固定費に分ける
　損益分岐点となる売上高を計算するには、まず費用を固定費と変動費に分ける必要があります。固定費は売上高の増減に影響せず発生する費用、変動費は増減の影響を受ける費用です。具体的には次ページの表のように分けられます。ただし、すべての費用をきれいに分けることができるわけではありません。例えば従業員の給料は固定給ですが残業代は変動費になります。アルバイト代もそうでしょう。
　変動費と固定費に分けるといいましたが、あまり悩みすぎないでください。きれいに分けないと気が済まない人がいますが、細かいところまでは必要ありません。実務上は実態に即して区分することが多いでしょう。

◎変動費と固定費の例

区分	勘定科目	変動費	固定費
売上原価	仕入高	○	
	材料費	○	
	外注加工費	○	
	給料手当		○
	法定福利費		○
	燃料費	○	
	動力費	○	
	減価償却費		○
販管費	給料手当		○
	役員報酬		○
	法定福利費		○
	地代家賃		○
	広告宣伝費		○
	賃借料		○
	販売手数料	○	
	荷造運賃	○	
営業外費用	支払利息		○

これが絶対ではありません。企業によって異なります。

3. 限界利益

　2つに分けたら、次は限界利益を求めます。難しい言葉が出てきましたが、計算式で示すと「売上高－変動費＝限界利益」です。

　この限界利益が売上高に占める割合である限界利益率（限界利益÷売上高×100）と、固定費を用いて**損益分岐点売上高**を求めることができます。

> 損益分岐点売上高＝固定費÷限界利益率

　また、目標とする利益を達成するのに必要な売上高を求める際は、分子は「固定費＋目標利益」にした次の式で計算できます。

> 目標利益達成売上高＝(固定費＋目標利益)÷限界利益率

損益分岐点をグラフで表すと下のようになります。ここでは、損益分岐点売上高が、黒字になるか赤字になるかの境目の売上高であることを押さえてもらい、計算式へ数字を当てはめて計算してみてください。

◎損益分岐点を図にした場合

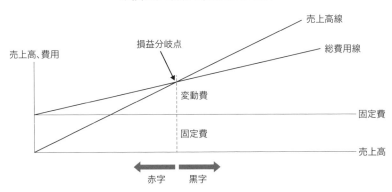

まとめ

- 販売費及び一般管理費（販管費）は削減したほうが利益は出ますが、過度な削減は営業力の低下や管理能力低下によりかえって経営を悪化させる懸念があります。
- 交際費、広告宣伝費、販売手数料、研究開発費は現在及び将来の収益獲得に必要ですから削減は慎重に行ないます。
- 広告宣伝費や交際費は支出効果が出ているかを確認する必要があります。中小企業においては効果を検証することなく垂れ流しになっていることが多いため注意が必要です。
- 特に赤字の企業は自社が少なくともいくらの売上高が必要なのか、損益分岐点売上高を把握するようにしましょう。

第 3 章
「人件費」が増加している

損益計算書

費用	
	売上原価
	販管費
	営業外費用
	特別損失
	税金他

収益	
	売上高
	営業外収益
	特別利益

人件費と聞くと給料、役員報酬、雑給だけをイメージされるかもしれません。たしかにそれだけを指す場合もありますが、他にも法定福利費（社会保険料や労働保険の企業負担分）、福利厚生費、賞与、従業員教育費なども人件費に含まれます。企業経営において欠かせない費用であり、かつ金額も大きいため適切な管理が必要です。

従業員

分析のステップ

STEP1 人件費を前期と当期で比較してみよう

STEP2 売上高人件費比率及び売上高労務費比率を計算

STEP3 人件費増加が前向きに評価できる理由

STEP4 役員報酬の増加

STEP5 労働分配率

STEP6 労働生産性（従業員一人当たりの付加価値額）

STEP7 人件費以外に確認したい重要なポイント

STEP8 税制面の優遇制度

STEP1 人件費を前期と当期で比較してみよう

　決算書を前期と当期で比較してみたところ、人件費は次のような結果で、トータルでは1,548万円の増加でした。

前期		当期	
・販管費		・販管費	
役員報酬	1,685万円	役員報酬	1,685万円
給料手当	2,709万円	給料手当	3,245万円
賞与	677万円	賞与	810万円
法定福利費	774万円	法定福利費	869万円
福利厚生費	101万円	福利厚生費	102万円
従業員教育費	122万円	従業員教育費	153万円
・製造原価		・製造原価	
給料手当	6,855万円	給料手当	7,375万円
賞与	1,714万円	賞与	1,843万円
法定福利費	1,285万円	法定福利費	1,383万円
福利厚生費	279万円	福利厚生費	284万円

　上の表にも出てくる人件費を構成している勘定科目について、もう少し詳しく説明します。

■給料手当

　販管費に計上される給料手当は、本社や支店にて勤務する従業員（営業、人事、総務、経理など）に対して支給される給料や手当をいいます。

　製造原価に計上される給料手当は、製品やサービスの生産に関係する従業員の給料や手当が該当します。製造業なら工場で製造に携わる従業員、建設業なら建設現場で働く従業員、運輸業ならドライバーの給料・手当をいいます。

■賞与

役員を除く従業員に対して臨時的に支給される賃金です。中小企業では役員報酬が月ごとに変動したり、賞与を支給したりする場合は税務上制限があるため、賞与は支給しないことが多いです。

■役員報酬

取締役や監査役の職務執行の対価として支給されます。

■雑給

正社員と区別して管理する場合、アルバイトやパート従業員に支給する分は、雑給という勘定科目を使います。

■法定福利費

社会保険（健康保険、厚生年金）や労働保険は法律で義務づけられている福利厚生です。社会保険は、法人であれば経営者1人でも加入義務があります。

■福利厚生費

福利厚生費とは、従業員の福利厚生を目的に支出される費用であり、給与以外の面で従業員のモチベーションを引き上げる効果があります。

■退職金

従業員が退職した際に支給される退職金は、製造原価や販管費に計上されますが、役員の退職金については特別損失に計上されることが多いです。それは従業員とは異なり臨時的なものが多いからです。

STEP2　売上高人件費比率及び売上高労務費比率を計算

販管費には役員報酬、総務や経理などの管理部門、そして営業部門の

人件費が計上されています。売上高との比較から見ていきましょう。

1. 売上高人件費比率

売上高人件費比率では、販管費のなかでも多額の費用となる人件費が売上高に対してどれだけの割合になっているかがわかります。

> 売上高人件費比率＝人件費（販管費）÷売上高×100（％）

人件費の割合が高いほど利益が減ることになるので、この比率は低いほど経営は安定します。計算してみると、当期は金額で増加し比率も前期比で上昇する結果になりました。

前期	売上高人件費比率	6,068÷46,855×100＝13.0%	
	売上高	46,855万円	
	人件費（販管費）	6,068万円	
当期	売上高人件費比率	6,864÷51,084×100＝13.4%	
	売上高	51,084万円	
	人件費（販管費）	6,864万円	

2. 売上高労務費比率

製造業や建設業などのような業種であれば、決算書には**製造原価報告書**があります。この報告書からは、製造原価のなかの労務費を売上高と対比させた割合、**売上高労務費比率**が計算できます。ここでの労務費は、製造原価に含まれる給料、賞与、社会保険料などを指します。

> 売上高労務費比率＝労務費（製造原価）÷売上高×100（％）

計算してみると次のようになり、こちらは金額では増加しましたが、比率では低下しました。

前期＝10,133÷46,855×100＝21.6％

当期＝10,885÷51,084×100＝21.3％

労務費は増加したものの対売上高比で低下しているため、利益を出しやすい体質に向かっています。しかし、人件費は比率でやや悪化したため、収益力の面だけを見ればマイナスです。

3. 業界平均を見る

どの業界でもある程度の目安はあります。中小企業実態基本調査、令和5年度確報（令和4年度決算実績）で計算すると、業界平均としては次のとおりです。

	人件費比率	労務費比率
全産業	9.7％	6.4％
建設業	8.9％	7.8％
製造業	7.2％	12.1％
情報通信業	19.3％	11.4＆
運輸業	9.7％	20.2％
卸売業	5.9％	0.5％
小売業	12.2％	0.7％
不動産・物品賃貸業	10.7％	0.9％
専門・技術サービス業	22.1％	2.0％
宿泊・飲食サービス業	29.2％	2.5％
生活関連サービス業・娯楽業	13.7％	2.0％
その他サービス業	20.6％	21.7％

この企業は製造原価報告書があります。製造業で比較すればこの比率はやや高い結果です。ただ、製造業といっても取り扱う製品は多様で、

材料を無償で支給され加工を依頼されるような企業は労務費の割合が高くなります。業界平均と比較する際は、単に数字が高い、低いで判断せずに、受注してから納品するまでの工程についても把握し、冷静に判断する必要があります。

4. 製造原価の給料が販管費に入っている場合も

　製造にかかわる従業員に支払われる給料は、製造原価に含まれるべきですが、販管費に計上されていることがあります。その理由として、少しでも売上総利益を多く見せたい経営者の考えがあります。また、家族経営のような規模の企業は、申告納税のために決算書を作成する際、複雑な分別が面倒で、すべて販管費に含めたいという理由もあるでしょう。

　製造原価に給料がまったく計上されていない、あるいは明らかに少額な計上であれば、組織図をチェックしたり各従業員が何を担当しているのかをヒアリングし、実際の比率を求めなければ、売上総利益の額や利益率が実際とは大きく変わってしまいます。

5. 人件費・労務費が低い場合の問題点

　人件費・労務費が低ければ、利益が出やすいため、経営的には低いほうが望ましいといえます。製品やサービスの価格も低く抑えられ、他社との価格競争にも優位に立てます。

　しかし、あまりに金額が低い場合は、従業員の不満が発生しますし退職も増えるでしょう。長期的には経営を悪化させることにもなりかねません。

STEP3　人件費増加が前向きに評価できる理由

　人件費の増加は利益を減少させます。費用のなかに占める人件費の割合は非常に大きいため、費用削減に苦労する経営者は、人件費増加にマイナスイメージを持つことも多いです。

1人雇用すれば年間給与で数百万円、加えて企業は社会保険料なども負担しなければなりません。法定福利費や福利厚生費などを含めれば、年間給与支給額の2割程度のコストが追加されます。仮に年間給与額が450万円であるなら、企業の負担は540万円にもなります。

　このような費用負担が増加するにもかかわらず、社員を採用するのには次のような理由が考えられます。

1. 事業拡大が見込まれる

　人件費の負担が増えてでも採用するのは、売上高の増加が大きく見込まれる、積極的な経営をする機会だと経営者が判断したということです。

　すでに売上高が増加している場合もありますが、増加する前に雇用する場合もあります。それは、即戦力として期待される人材であっても研修期間も必要ですし、早めに確保する必要があるからです。いずれにしても、基本的に人件費の増加は事業拡大のサインと見ることができます。

■製造能力の強化

　製造原価の労務費が増加していれば、受注増加に伴う生産力強化に対応するための人員補充か、これからそれが実現すると考えられます。

■営業力及び管理能力の強化

　販管費であれば、営業力強化のために営業担当社員を採用した、または規模拡大に伴い管理面の強化をしたと考えられます。

2. 雇用確保や人手不足解消

　人手不足の問題、従業員の待遇改善、そのための給与体系の見直しも理由の1つです。

　経営が悪化した企業では、まずは昇給見送りや賞与不支給、福利厚生費の削減から実施され、そこから退職者が発生します。しかし、後任を採用しないため（採用できないため）残った従業員の負担が増え、さら

なる退職が増える悪循環に陥る可能性があります。そうなる前に給与引き上げが必要です。

中小企業では低賃金で働いている従業員が多く、経営者でも返済や支払いに追われ、事実上無給の方がいます。しかし、そのような企業では退職者は出ても、入社したいと思う人は少ないでしょう。雇用確保のためには他社に劣らない賃金水準が不可欠です。

決算書は1会計期間の合計額のため、人件費が増加したといってもその理由は従業員数が増加したのか、賃上げによるものかはわかりません。

経営者に確認することもできますし、税務申告の際に提出する「法人事業概況説明書」の裏面右下に月ごとの従事員数、当期及び前期の人件費合計額を記入する欄でも確認できます。

安定した雇用確保のためとはいえ、社員を増やしても売上高に変化がなければ資金繰りを悪化させるだけです。1人当たりの稼ぐ力を引き上げることに経営者は取り組まなければなりません。

STEP4　役員報酬の増加

中小企業の多くは、経営者やその一族が株式を保有する同族経営の企業です。このような企業が、利益調整を目的とした恣意的な役員報酬を設定することを制限するため、法人税法では規制をかけています。

下の3つの支払方法のうち「定期同額給与」を採用している企業がもっとも多いですが、この支払方法は、事業年度開始の日より3か月以内の改定が必要です（第19章）。

◎税務上、損金として認められる役員報酬の支払方法

支給方法	特徴
定期同額給与	毎月同額で支給される役員報酬。税務署への届け出は不要
事前確定届出給与	あらかじめ税務署に届け出たとおりの金額を支給できる。所定の時期に増額することが可能
業績連動給与	利益に応じて支払われる役員報酬。しかし、株式を公開していない非上場企業では適用不可

※損金とは税務上の費用と理解してください

今期は経営が順調でこのままだと相当利益が出そうだからと、期中に引き上げることは法人税法上認められません。3月決算の企業の場合、下のグラフのように6月からの増額は問題ありませんが、11月から引き上げた分については損金（税務上の費用）として認められませんから注意が必要です。

◎定期同額給与（3月決算の企業の場合）

　経営者が期首に今期の数値計画を策定し、そこから役員報酬を算出すべきなのですが、中小企業では意外と深く考えずに前期と同額にしていることがあります。もし役員報酬が前期よりも増額され、それに連動して売上高も増加していれば、数値計画から役員報酬を決定している可能性があります。

　経営者との対話のなかで、役員報酬はどのように決定しているか聞いてみましょう。期首に今期の数値目標を立て決定しているとの回答があれば、経営能力があると考えられますし、業績の良い企業が多いと思います。その際は計画書を見せてもらうといいでしょう。

STEP5　労働分配率

　事業活動から生み出された付加価値から、人件費にどれだけ分配されたのかを表す指標が**労働分配率**です。

つまり、経営のことだけを考えれば労働分配率は低いほうがいいですが、それでは従業員のモチベーションに影響を及ぼします。逆に労働分配率が高ければ従業員は喜びますが、企業の蓄えが増えず、経営は安定しません。さらに、設備投資など将来のために使う資金も増えないので企業にはマイナスです。

　従業員から不満が起きないよう多く支払いたい一方で、経営の安定を考えれば抑えたい、この狭間で悩む経営者は多いでしょう。

1. 労働分配率の計算式

　労働分配率は次の計算式で求めることができます。

> 労働分配率＝人件費÷付加価値×100（％）

　分子の人件費は給料、賞与、退職金、役員報酬、法定福利費（社会保険料や労働保険料の企業負担分）、福利厚生費、研修教育費の合計が一般的です。

　付加価値とは名前のとおり、企業が新たに生み出した価値のことです。

　製造業や建設業は原材料などを購入し、それを加工して製品にしてから販売します。卸売業や小売業では商品を仕入れて販売します。その一連の経営活動を通じて、新たな付加価値を生み出します。

　労働分配率は、その付加価値からどれだけ人件費に振り分けられたかがわかる指標です。

　付加価値の計算式は、主に次の2つがあります。

> ① 中小企業庁方式（控除法）
> 　売上高から外部購入額を差し引いて計算します。
> 　付加価値＝売上高－外部購入額
> ※外部購入額：材料費、外注加工費、商品仕入、製造経費など。

② 日銀方式（加算法）

付加価値＝人件費＋金融費用＋減価償却費

＋賃借料＋租税公課＋経常利益

※減価償却費を含める場合の数値を「粗付加価値」、含めない場合は「純付加価値」といいます。

　付加価値の計算式は、民間企業や公的機関の公表は②加算法が多いですが、減価償却費や支払利息を含めないものや、「営業利益＋人件費＋減価償却費」だけのものなど、さまざまです。したがって、みなさんが計算する場合は、どの計算式か確認してください。

2. 労働分配率を計算してみましょう

　付加価値額の計算式は先ほどと若干異なりますが、中小企業実態基本調査の付加価値額計算式を使って労働分配率を計算してみます。

労働分配率＝（労務費＋販管費の人件費）÷付加価値×100（％）
付加価値額＝
　売上原価（うち労務費、動産・不動産賃借料、減価償却費）＋
　販管費（うち人件費、動産・不動産賃借料、減価償却費、租税公課）
　＋営業外費用（うち支払利息・割引料）
　＋経常利益＋能力開発費（従業員教育費）

前期	労働分配率	16,201÷25,148×100＝64.4％
	売上原価	労務費10,133＋賃借料3,300＋減価償却費2,880＝16,313万円
	販管費	人件費5,946＋地代家賃825＋リース料461＋減価償却費46＋租税公課42＝7,320万円
	前期付加価値額	売上原価16,313＋販管費7,320＋支払利息383＋経常利益1,010＋教育費122＝25,148万円
	前期人件費	労務費10,133＋人件費5,946＋教育費122＝16,201万円

当期	労働分配率	17,749÷27,780×100＝63.9%
	売上原価	労務費10,885＋賃借料3,600＋減価償却費2,905＝17,390万円
	販管費	人件費6,711＋地代家賃825＋リース料391＋減価償却費210＋租税公課46＝8,183万円
	当期付加価値額	売上原価17,390＋販管費8,183＋支払利息373＋経常利益1,681[※]＋教育費153＝27,780万円
	当期人件費	労務費10,885＋人件費6,711＋教育費153＝17,749万円

※経常利益は2,181万円ですが、当期だけ発生した雑収入500万円（補助金）を除外しています。

■業種別・企業規模別の労働分配率と比較する

まず、業種別の平均値と比較してみます。中小企業実態基本調査から計算した業種別労働分配率の平均は次の表のとおりです。

業種別で見るとほぼ同じ結果でしたし、人件費は増加しながらも分配率は低下していますから、経営上は良い結果だったといえます。

◎中小企業実態基本調査、令和5年確報（令和4年度決算実績）から計算した業種別労働分配率

全産業	61.7%
建設業	64.1%
製造業	65.3%
情報通信業	71.6%
運輸業・郵便業	72.3%
卸売業	58.7%
小売業	65.0%
不動産業・物品賃貸業	25.6%
専門技術サービス業	66.6%
宿泊業、飲食サービス業	69.1%
生活関連サービス業、娯楽業	56.2%
その他サービス業	81.3%

次に、中小企業白書で紹介されている企業規模別の労働分配率と比較してみます。大企業と中小企業では明らかに差があることがわかります。

◎企業規模別に見た労働分配率の推移　中小企業白書2022年及び2023年より（%）

	2015年	2016年	2017年	2018年	2019年	2020年	2021年
大企業	52.8	53.7	51.7	51.3	54.9	57.6	52.4
中規模企業	75.3	74.3	74.2	76.0	77.1	80.0	78.8
小規模企業	82.3	83.4	80.3	78.5	82.3	86.5	91.0

大企業：資本金10億円以上、中規模企業：資本金1千万円以上1億円未満、小規模企業：資本金1千万円未満
労働分配率＝人件費／付加価値×100（%）
付加価値額＝営業純益（営業利益―支払利息等）＋人件費（役員給与＋役員賞与＋従業員給与＋従業員賞与＋福利厚生費）＋支払利息等＋動産・不動産賃借料＋租税公課

　また下の表は、経済産業省企業活動基本調査の結果です。こちらは従業員50人以上かつ資本金3,000万円以上の企業を対象としており、小規模企業は含まれていないので注意してください。

◎企業活動基本調査から計算した労働分配率　2022年度実績

産業分類	労働分配率
鉱業、採石業、砂利採取業	14.9%
製造業	46.6%
電気・ガス業	28.7%
情報通信業	53.9%
卸売業	44.0%
小売業	49.2%
クレジットカード業、割賦金融業	29.4%
物品賃貸業	22.8%
学術研究、専門・技術サービス業	59.1%
飲食サービス業	68.7%
生活関連サービス業、娯楽業	47.3%
個人教授所	66.3%
サービス業（その他のサービス業を除く）	68.2%
サービス業（その他のサービス業）	33.3%

付加価値＝営業利益＋減価償却費＋給与総額＋福利厚生費＋動産・不動産賃借料＋租税公課
労働分配率＝給与総額÷付加価値額×100
経済産業省「企業活動基本調査確報（2022年度実績）」調査結果の概要より

3. 適正な労働分配率は？

　計算した結果としては、付加価値は増加したものの、当期は前期よりも労働分配率は低下しています。

　では適正な労働分配率はどの程度なのでしょうか。上の3つの結果か

らもわかるように、業種や企業規模によって異なり統一した基準はありません。ただ、業種や規模を参考にあまりかけ離れていないこと、そして自社の過年度と比較して大きく増減がないかには注意が必要でしょう。

4. 対応策を考える

　企業側から見れば、労働分配率を下げたいでしょうから、分子の人件費を下げる、あるいは分母の付加価値を上げることしかありません。

　人件費を下げれば従業員からの不満が出てきて、かえって業績を悪化させるため、正しい方法とはいえません。

　基本的には営業利益や経常利益を増やす施策が必要です。そのためには従業員への教育や設備投資に力を入れることなどが必要です。

STEP6　労働生産性(従業員１人当たりの付加価値額)

　労働生産性（あるいは従業員１人当たりの付加価値額） とは、従業員１人当たり、どれだけの付加価値を生み出したかを数値化したものです。

　従業員１人ひとりがこれまで以上の高い結果を出せば労働生産性は上がります。一般的に大企業ほど労働生産性は高く、中小企業ほど低い結果になります。各従業員の生産性が向上されることを目標にするべきです。

1. 財務総合政策研究所の計算式

　財務総合政策研究所が公表している計算式は次のとおりです。

労働生産性＝付加価値額÷従業員数（円）
　　　付加価値額＝人件費※＋支払利息等＋動産・不動産賃借料＋
　　　　　　　　　租税公課＋営業純益※※

※人件費＝役員給与＋役員賞与＋従業員給与＋従業員賞与＋福利厚生費
※※営業純益＝営業利益－支払利息等

2023年度の労働生産性（全産業・全規模）は773万円、製造業（全規模）947万円、非製造業（全規模）728万円でした。中小企業白書2023では大企業製造業1,460万円、大企業非製造業1,305万円、中小企業製造業542万円、中小企業非製造業524万円です。

小規模企業の実態に近い結果が日本政策金融公庫の小企業の経営指標調査で公表されています。

2. 日本政策金融公庫の計算式
日本政策金融公庫が公表している計算式は次のとおりです。

労働生産性＝粗付加価値額※÷従業者数
※粗付加価値額＝人件費＋減価償却費＋支払利息＋税引前当期純利益額

日本政策金融公庫が公表する「小企業の経営指標調査」によると、主な業種では次のとおりです。なお、黒字かつ自己資本プラス企業の平均値です。

製造業521万円、建設業586万円、飲食店・宿泊業363万円、卸売・小売業527万円、運輸業503万円、情報通信業593万円です。中小企業であれば、こちらを参考にしたほうがより実態に近いでしょう。

規模や業種により大きな差がありますから、このような結果と自社を比較することも大切ですが、それ以上に労働生産性が悪化していないかにも注意しましょう。

3. 労働生産性を計算
では決算書から労働生産性を計算してみましょう。ここでは日本政策金融公庫の計算式を使います。

前期付加価値：人件費(6,068＋10,133)＋減価償却費(46＋2,880)＋
支払利息383＋税引前当期純利益1,010＝20,520万円

当期付加価値：人件費（6,864＋10,885）＋減価償却費（210＋2,905）＋
支払利息373＋税引前当期純利益1,306万円＝
22,543万円

なお、特別償却375万円がなければ税引前当期純利益1,681万円、当期
付加価値額は22,918万円です。従業員数は前期31、当期33人とした時、
前期と当期の労働生産性は下のようになります。

前期労働生産性＝20,520÷31＝662万円
当期労働生産性＝22,543÷33＝683万円

当期は特別償却がなければ22,918÷33＝694万円となります。
　このように、この企業の労働生産性は増加していましたし、白書や公
庫の調査結果との比較では上回っており好調な結果です。

STEP7　人件費以外に確認したい重要なポイント

　1人当たりの付加価値の増加や従業員にどれだけ分配しているかは非
常に重要ですが、それ以外にも次のような点に注意してください。

1. 年齢構成
　年齢構成が偏るのは問題があります。高い年代に偏れば経験豊富な従
業員が多いため、安定した経営ができるでしょう。しかし、事業存続の
面では問題です。ノウハウが引き継がれませんし、現状維持の思考が強
く組織の活性化が損なわれやすいです。
　逆に若者が多く、ベテランが極端に少なければ活気はありますが、マ
ネジメント能力を有する人材が不足し、問題発生時の対応力に問題があ
ったり、不祥事が発生するリスクがあったりします。そのため、若手か
らベテランまでバランスのよい年齢構成が必要です。

2. 離職率

　厚生労働省の令和5年上半期雇用動向調査結果内にある「産業別の入職と離職」によると、令和5年上半期の離職率は8.7％でした。また業種で大きな差があり、生活関連サービス業、娯楽業が15.0％、宿泊業・飲食サービス業は14.8％でした。

　また新規学卒者の離職状況によると、入社3年以内の離職率は中卒約5割、高卒4割弱、大卒約3割です。

　離職率が高いということは、人事評価が正しく行なわれていない、長時間労働、人間関係が悪いなどの要因があるはずです。従業員が働きやすい環境を整えるのが経営者の仕事であり、業績にも影響します。

　離職率が高い企業は成長性が高くはありません。それに労働問題から一気に経営が悪化するリスクが高いですから注意が必要です。

3. 注意すべき経営者の考え方

　費用のなかで大きな割合を占めているのが人件費です。1人増えるだけで数百万円も増加します。その費用をこれからの投資と考えられるのか否か、経営者の考え方も大切です。従業員の成長をサポートすることで企業にも利益をもたらします。

　従業員のことを能力がないと不満を口にする経営者が意外といます。それでは両者が不幸になるだけですし、経営者も自身の能力に問題があることを自覚すべきです。経営者がどう考えているのかぜひ聞いてみるといいでしょう。

STEP8　税制面の優遇制度

　政府は以前から給与面の待遇改善を促しており、達成できた企業には税額控除のメリットを与えています。賃上げ促進税制は、前年度より給与等の支給額を増加させた場合、その増加額の一部を法人税から税額控除できる制度です。

令和6年度税制改正で賃上げ促進税制が改善されました。これまでは納税額が発生している黒字企業しかメリットはありませんでしたが、今回の税制改正により中小企業の場合、赤字企業にも賃上げのインセンティブとなるよう5年間の繰越控除制度が設けられました。法人税申告書内に別表6（24）と付表があればこの制度を利用しています。

　賃上げ税制を利用しているなら間違いなく優良企業です。法人税を抑えながら給与待遇を改善しており、それは優秀な人材の流出防止や獲得にもメリットがあります。

　銀行員やコンサルタントのみなさんは申告書を作成するわけではありませんが、各別表が税額計算にどのような影響を与えているのかは理解しておくといいでしょう。

まとめ

- 人件費が増加している企業は、従業員数が増加したのであればこれから販売や製造を強化するため、または従業員の雇用を安定化させるため給与引き上げを行なっています。基本的には今後の成長が期待できる動きといえます。しかし、それに見合った結果が出ているか今後の決算書にも注意が必要です。
- 企業の成長そして従業員の生活向上のためにも、従業員1人当たりの稼ぐ能力、労働生産性の改善が必要です。
- 労働分配率が低いということは、企業が生み出した付加価値から支払われた人件費が低いということを意味します。企業側にはプラスでも労働意欲の低下や退職者の増加により長期的にはマイナスに作用します。

第 4 章
「研究開発費」が計上されている

損益計算書

費用	売上原価
	販管費
	営業外費用
	特別損失
	税金他

収益	売上高
	営業外収益
	特別利益

研究開発費とは、企業が研究開発を行なった際に使用する勘定科目です。新製品や新技術の発明などに必要な人件費、原材料費、設備費、減価償却費など、研究開発にかかわったすべての費用が含まれます。

分析のステップ

STEP1　研究開発費が計上されているか
⇩
STEP2　売上高研究開発費比率を計算
⇩
STEP3　中小企業は1％以上を目標にする
⇩
STEP4　製品ライフサイクル
⇩
STEP5　試験研究費の税額控除

STEP1 研究開発費が計上されているか

　研究開発費は、企業が研究開発を行なった際に発生する勘定科目であり、研究と開発は会計基準において次のように定義され、具体的には下の表のようなものがあります。

研究：新しい知識の発見を目的とした計画的な調査及び探求

開発：新しい製品・サービス・生産方法についての計画もしくは設計または既存の製品等を著しく改良するための計画もしくは設計として、研究の成果その他の知識を具体化すること

◎研究開発の典型例　研究開発費等意見書２項

従来にはない製品、サービスに関する発想を導き出すための調査・探求
新しい知識の調査・探求の結果を受け、製品化、業務化等を行うための活動
従来の製品に比較して著しい違いを作り出す製造方法の具体化
従来と異なる原材料の使用方法または部品の製造方法の具体化
既存の製品、部品に係る従来と異なる使用方法の具体化
工具、治具、金型等について、従来と異なる使用方法の具体化
新製品の試作品の設計・製作及び実験
商業生産化するために行うパイロットプラントの設計、建設等の計画
取得した特許を基にして販売可能な製品を製造するための技術的活動

※出典：研究開発費及びソフトウェアの会計処理に関する実務指針（日本公認会計士協会）

◎研究開発に含まれない典型例　研究開発費等実務指針26項

製品を量産化するための試作
品質管理活動や完成品の製品検査に関する活動
仕損品の手直し、再加工など
製品の品質改良、製造工程における改善活動
既存製品の不具合などの修正に係る設計変更及び仕様変更
客先の要望等による設計変更や仕様変更
通常の製造工程の維持活動
機械設備の移転や製造ラインの変更
特許権や実用新案権の出願などの費用
外国などからの技術導入により製品を製造することに関する活動

※出典：研究開発費及びソフトウェアの会計処理に関する実務指針（日本公認会計士協会）

前ページの具体例からわかることは、「著しい改良」「まったく新しいものを生み出す」場合が研究開発費に該当し、単なる改良や改善は含まれないことです。

1. 研究開発費は将来への必要な費用

　企業の成長性を見る代表的な指標としては売上高や利益の伸び率があります。例えば、第1章で紹介した**売上高成長率**などです。

　売上は企業活動の基本のため、売上高が伸びていれば成長企業といえます。これは、いまある商品（製品、サービスを含む、以下同じ）が顧客から支持されているという結果を表しています。つまり、これまで作り上げてきたものによる成長性を評価しているのです。

　これまでの成長性を評価することも大切ですが、企業がどれだけ将来に向けて投資しているかを見ることはより重要です。そこで登場するのが、研究開発費にどれだけ使っているか、売上高に対する研究開発費の比率です。

2. 前期と当期を確認してみます

　前期と当期を確認しましょう。損益計算書を見ると研究開発費が2期とも販管費に計上されていることがわかります。

前期		当期	
研究開発費	754万円	研究開発費	900万円

　研究開発費と聞くと、研究開発に必要な原材料や消耗品をイメージするかもしれませんが、他にも人件費、固定資産の減価償却費など、研究開発のために使われたものはすべて含まれます。

　企業のなかには、研究開発に関与した従業員の人件費を給与に、材料費を原材料仕入高に誤って計上していることもあります。研究開発をしている場合、誤って経理処理していないか確認しておきましょう。

3. 資産計上それとも費用計上？

研究開発費をどう処理するのかですが、研究開発費に関連する支出は、原則として発生時の費用として処理し、決算書の販管費に計上されます。

◎発生した時点で費用計上　こちらの処理が原則

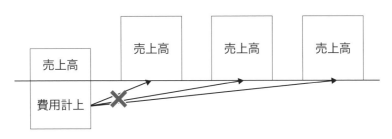

研究開発目的で資金を使ったとしても、研究開発をしている間は失敗する可能性も秘めているため、将来の売上を獲得できるかかが不明です。それゆえ、一般的に原価性はないと考えて販管費のなかに計上するのです。新製品の開発中に試作品が完成して、販売できた場合には原価性が生じるので売上原価に振り替えます。

また例外として、製造現場において研究開発が行なわれ、それに要した費用を一括して製造現場の原価に含めて計上している場合は、製造費用に含めて処理することが認められています。

■**資産計上が適切？**

研究開発費の計上について、次の図のような考えを持つ方もいます。

「研究開発費を使って新たな製品を生み出し、成功したら自社の収益に貢献することが予想されます。それなら、結果が出るまで費用ではなく資産として処理しておき、新製品の販売開始の期から、資産で計上していた金額を徐々に償却したほうが、費用と収益の対応を考えると適切で、もし失敗してもその時に一括して費用計上すれば済むのではないですか」

たしかに、この考え方も完全に間違いではないと私は思います。

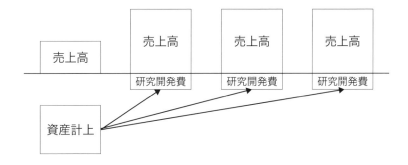

◎資産計上し成果が出てから費用計上

　実際に、研究開発費はかつて繰延資産（第16章）の１つに含まれており、５年以内に定額で償却するとされていました。平成10年３月の「研究開発費等に係る会計基準」で、研究開発費は発生時に費用処理するに至っており、まだその歴史は浅いのです。

　しかし、歴史は浅いといっても、現行の会計基準では原則として発生時の費用として処理し、資産計上することはできません。

　理由としては、「支出時の費用処理」「資産計上して将来の収益に対応させる処理」の選択肢が生じてしまうと、企業間で比較ができなくなってしまうからです。

　加えて研究開発は、成功するか失敗するかを判断するには相当の期間を要することが多いです。研究開発の活動中に将来の収益獲得が期待できる可能性が出てきても成功するとは限らず、製品化されるかは不透明です。資産性があるのかどうか曖昧なものを資産計上して、将来費用化することは適切ではないと考えられます。

　したがって、企業会計においては原則的に発生時の費用処理がなされるようになりました。

■**資産計上している中小企業はある**

　ただ、実際には資産計上している中小企業はあります。

　経営者としては結果が出てから費用処理したい、そして費用と収益を

対応させるべきだとの考えもあるでしょうし、銀行を意識して少しでも利益を出したいから資産として処理するのです。

特に中小企業は、銀行と税務署を意識した決算書を作成します。

費用をわざわざ資産計上するのですから、それだけ利益が増え納税も発生するため、銀行からはプラスの評価が得られ、税務署も税金をわざわざ納めてくれるその行為を否定することはありません。

貸借対照表の繰延資産にそれに該当する内容が資産として処理されていないかにも注意しましょう。もし資産計上されていれば、費用に振り替えて決算書を分析する必要がありますし、資産計上するやむを得ない事情があるのかも確認するといいでしょう。

STEP2　売上高研究開発費比率を計算

売上高研究開発費比率とは、研究開発費が売上高のどれくらいを占めているのかがわかる指標です。研究開発費の割合が高ければ、それだけ将来の売上高に結びつく新製品や新技術の開発に力を入れているという評価ができる判断材料となります。計算式をもとに計算してみましょう。

売上高研究開発費比率＝研究開発費÷売上高×100（%）

前期	売上高研究開発費比率	$754 \div 46{,}855 \times 100 = 1.6\%$
	売上高	46,855万円
	研究開発費	754万円
当期	売上高研究開発費比率	$900 \div 51{,}084 \times 100 = 1.8\%$
	売上高	51,084万円
	研究開発費	900万円

今回は2期の比較ですが、金額及び割合ともに前期より伸びていることがわかりました。

STEP3　中小企業は1％以上を目標にする

　各企業の経営判断が異なるため、計算結果が正常なのかどうか、適正な目標あるいは基準は存在しません。そのため、公的機関が公表している資料などをもとに、適正な目標や基準を見つけていくしかありません。

　研究開発費の妥当性の検証は難しいですが、下の図のように研究開発費をかけて新たな売上高を獲得し成長することが重要です。

◎企業が成長するには研究開発費が不可欠

1. 公的な参考資料

　売上高に対する研究開発費の比率は、公的機関が公表している情報が参考になります。

　総務省が令和5年12月15日に公表した2023年科学技術研究調査結果の概要では、売上高に対する研究開発費の比率は2.90％、上位3業種は医薬品製造業9.73％、業務用機械器具製造業7.24％、情報通信機械器具製造業6.67％となっていました。この数値には大企業が含まれているので、中小企業にはやや高めの参考基準になります。

　中小企業の参考として、中小企業白書には売上高研究開発費比率の推移が紹介されています。2024年の白書では、2021年度は大企業2.7％、中小企業0.5％とあるのに加え、2020年以前は製造業・非製造業で分か

れています。大企業と中小企業とでは明らかに差があること、さらに大企業は伸びていますが、中小企業はほぼ横ばいであることがわかります。

やや古い資料にはなりますが、平成10年の商工業実態基本調査があります。中小企業製造業における売上高研究開発費比率は製造業平均1.6％、化学工業や精密機械器具は2.9％とやや高いものの、他は1～1.5％程度です。金額だけでなく比率でも大企業とは大きな差があります。

これらの同業種の数値を参考に、予想される売上高から研究開発費予算を組み、業種に限らず0は避けて研究開発を行なうべきです。そして、企業規模にかかわらず、1％以上を目標にすべきでしょう。

資金繰りにゆとりがなく、日々の営業や製造活動があるなか、それらを抑えてまで無理に研究開発することはできない企業が多いです。そのなかで研究開発費が発生しているということは、人材、資金そして設備が整っている企業の証になります。

売上高研究開発費比率が高ければ積極的に研究開発をしている前向きな企業と評価できるのです。

2. 長期的に取り組んでいるか

　売上高研究開発費比率を、時系列で見ることで、これまでの研究開発費の支出から今後の金額がおおまかに予測できます。

　また、研究開発は1年内の短期で結果が出るとは限らず、長期にわたっての取り組みが重要です。そのため、時系列での比較が必要になってきます。2期だけでなく5期程度の推移を見たほうがいいでしょう。

3. 利益の出ている企業

　研究開発費は費用のため、売上高研究開発費比率が高いとそれだけ利益を失うことになります。利益を優先するならば、研究開発費は抑えたほうがいいとも考えられますが、費用といっても新技術や新製品など、将来の売上高獲得を目指した研究に費やされるものです。短期的な利益のために支出を渋れば後々の売上拡大の機会を失うことになります。

　現状では経営が良好であっても、研究開発費が計上されていない決算書の企業は将来性に不安が残ることにも注意が必要です。また毎期、研究開発費が計上されていると、それだけ資金的に余裕があると考えられ、経営者が予算を組んで意識的に研究開発に取り組んでいる結果と捉えることができます。

　売上拡大につながる費用として、広告宣伝費や交際費が代表的ですが、企業の経営を支える新たな製品を開発し、他社よりも優位に立たなければ将来はありません。新製品や技術開発が成功し、それを見込み客に認知してもらうために広告宣伝費や交際費を使えば、より効果的でしょう。

　研究開発に成功し、新製品を販売すると売上高が増加しますし、それに応じて利益が出てきます。

4. 研究開発費が減少している場合

　研究開発費が減少している、あるいは計上が見られない場合、業績悪化による予算の削減、あるいは研究開発における人材不足、その他費用で計上されていることが考えられます。

　ただ、一番の原因は資金的余裕がないためと考えてほぼ間違いありません。過去何期にもわたって確認できないとすれば、それは成果に結びつくかよくわからないことに資金を使えないほど苦しいと考えられます。

　赤字が続いている、手持資金に余裕がない、借入金が多い、税金や社会保険料の未納がある、そのような企業では、まずそれらの問題解決が優先され、研究開発費は優先順位の高い削減対象費用でしょう。

　すでにこれまで研究開発費をかけて製品化の目処が立ったので支出が一段落したのであれば、減少したとしても問題はありません。それならば減少したことを経営者にヒアリングすれば喜んで説明してくれるでしょう。そして、販売に必要な費用が増加すると見込まれます。

STEP4　製品ライフサイクル

　どんなに今は健全な経営状態にあったとしても、時代の変化に乗り遅れてしまえば企業の安全性は低下します。消費者のニーズは時代とともに変化するので、今は売上高が順調でも数年後もそうとは限りません。

　私が以前に担当した企業のなかに、写真の現像液を製造して大手企業と取引をしている優良企業がありました。しかし今となっては、写真はデジカメやスマートフォンで簡単に誰でも撮影ができ、写真店に行くことはほとんどなくなりました。

　その企業はこれまで培った技術から新たな製品を生み出し、以前のように優良企業の立場にいます。もし、何の対策も行なっていなければその企業は存在していないかもしれません。現状に甘んじることなく研究開発にも資金を使って新たな製品を開発しなければ将来はないのです。

1. 製品ライフサイクル

企業の取扱製品やサービスには、誕生から衰退までのライフサイクルがあります。一般に導入期、成長期、成熟期、衰退期のステージを経て終了するというものです。

製品企画から製品が完成し、発売される導入期は、売上高は増加せず利益も獲得できません。顧客に認知されるようになる成長期、市場に浸透して売上高がピークを迎える成熟期に、売上高・利益は最大になりますが、その後、衰退期を迎え売上高・利益も減少します。

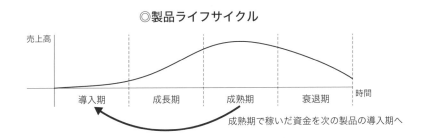

◎製品ライフサイクル

成熟期で稼いだ資金を次の製品の導入期へ

■導入期

導入期の製品はまだ認知度が低いため、あまり需要はありません。徐々に売上高が伸びていく期間です。市場に製品を投入するために多額の費用が発生し、赤字になるか、赤字でなくとも利益はあまり出ません。

■成長期

成長期の製品は市場で受け入れられるようになり、売上高・利益ともに増加していきます。しかし、新たに参入する企業も多いのでシェア拡大のためにもまだ費用が発生します。大きな利益を得るには至りません。

■成熟期

成熟期にある製品は、売上高の増加は落ち着き徐々に逓減に向かっていきます。シェアや競合相手は固定化されるため、売上高は落ち着くも

のの費用が減少するため、大きな利益を生むことになります。

■衰退期

　衰退期にある製品は、売上高そして利益ともに減少していく期間です。ここではシェア獲得よりも、撤退のタイミングが重要になります。しかし、顧客へのメンテナンス・サポートを継続することで、新製品の顧客になってもらうことが重要です。

2. 継続の必要性

　製品ライフサイクルにより、何も手を打たなければ、売上高の増加は止まり、徐々に減少傾向に入ります。新たな柱となる新製品を出せない、出さない企業は廃業に進んでいくしかありません。

　そこで、成熟期にある主力製品から得た資金を、次に育てる製品のために使う必要があるのです。研究開発費が前期・当期と計上されているような企業であれば、それを継続しているということです。

　衰退期に入ってから慌てて研究開発も始めても早期に成果が出るとは限りません。意外とそういう企業に出会うのですが、それでは「製品の寿命＝企業の寿命」になってしまいます。

　そのため、研究開発費が継続して計上されている企業は、これからの成長が大いに期待できます。もちろん、どの企業もすべてうまくいくとは限りませんが、試行錯誤を繰り返しながら成果に結びつけるために、利益の一部を継続して研究開発費に使っていく必要があるのです。

▌STEP5　試験研究費の税額控除

　民間企業の試験研究を促進し、技術開発力強化を図る目的で、支出した研究開発費のうち一定額を法人税額から控除する制度が設けられています。ちなみに、税務上は「試験研究費」という用語が使われます。

　詳しい制度内容の説明は避けますが、法人税の申告書類のなかに別表

6（9）〜別表6（12）の「試験研究費に関する明細書」が含まれていたら、この税額控除の制度を利用しています。

　経営者は節税を意識して自身の役員報酬増額、給料や賞与の増額などをまず考える人が多いですが、その時こそ研究開発費を使うべきなのです。早いうちから次の新製品に向け動き出し節税をしていくのです。

　業績が好調で研究開発に資金を投入でき、かつ節税もできるということであれば、今後も好調かつ今後の成長が大いに期待できる企業とみなすことができます。研究開発税制の詳細については、税務署や税理士に確認してください。

> **まとめ**
>
> ● 研究開発費の経理処理について、かつては資産計上が原則でしたが、現在は費用計上が原則です。
> ● 売上高研究開発費比率などを用いて、企業がどれだけ研究開発に取り組んでいるのか時系列そして同業種比較をしましょう。売上高成長率は現在の成長性を見る指標であり、研究開発費は将来の成長可能性を見るために重要な指標です。
> ● 研究開発は短期間で結果が出るものではありません。長期的に取り組んでいるか、そしてどんな時でも一定割合の研究開発費を確保しているかが重要です。
> ● 利益が出て資金繰りに余裕がある企業は、研究開発費を計上し節税をしながら将来の収益の柱をつくろうとしています。したがって、将来性を期待できる企業と見ることができます。

第 5 章
「外注費」が増加している

外注費あるいは外注加工費とは、業務の一部を外部の法人や個人に委託することで発生する費用です。製造業なら製造工程（あるいはその一部）を外部へ委託します。販管費の外注費は、管理部門や営業支援の委託などで使われます。ただ、税理士、経営コンサルタントなどへの支払いは支払手数料や支払報酬を使うことが多いです。

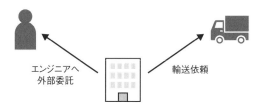

分析のステップ

STEP1 外注費を前期と当期で比較してみよう

STEP2 増加していたら売上高外注費比率を確認する

STEP3 外注費の多い業種

STEP4 外注費が増加した理由を確認する

STEP5 内製化できないか検討する

STEP1　外注費を前期と当期で比較してみよう

　外注費は販管費と製造原価のどちらでも発生することがありますが、前期そして当期の決算書のうち、製造原価報告書のなかに外注加工費が確認できます。

前期		当期	
外注加工費	5,417万円	外注加工費	5,886万円

1. 販管費に計上される外注費

　外注する内容としては、経理、総務、営業の業務を代行するサービスの利用、他にもホームページ制作や改修、翻訳やデザインなどさまざまです。これらの業務は本業でない限り、雇用するより外注化したほうが安く済みます。また、社内で育成せず外部の優秀な能力を社内に取り込むことができ、メリットは大きいです。経理業務代行や給与計算など管理面の代行業者も増加しており、外注できる業務も多様化しています。

　税理士に申告書作成を依頼したり、社会保険労務士に労働関係の書類作成を依頼したりするのも外注の1つですが、士業に依頼する費用を外注費ではなく支払手数料や支払報酬に計上しているケースも多いです。

2. 製造原価に計上される外注加工費

　製造原価中に外注加工費が発生する場合は次のものが考えられます。

- 自社の能力を超えた受注があった
- 自社には技術あるいは必要設備がない
- 自社よりも外注先のほうがコストが安い
- 分業体制が確立されている

特に、設備や人員の面で対応が難しい場合、外注先を活用することでより多くの利益を獲得できます。また、自社の能力を超えた場合なら外注先の活用は非常に有効です。外注先の利用が多い業種としては建設業、情報通信業、運輸業があります。

STEP2　増加していたら売上高外注費比率を確認する

外注費は前期よりも当期のほうが多いことがわかりました。では、対売上高の割合（**売上高外注費比率**）はどうでしょうか。

> 売上高外注費比率＝外注費÷売上高×100（％）

前期	**売上高外注費比率**	5,417万円÷46,855万円×100＝11.6％
	売上高	46,855万円
	外注加工費	5,417万円
当期	**売上高外注費比率**	5,886÷51,084×100＝11.5％
	売上高	51,084万円
	外注加工費	5,886万円

売上高の増加に伴い外注加工費も増加しましたが、比率で見ると若干低下しています。

中小企業実態基本調査（令和5年確報〈令和4年決算実績〉）によると、売上原価のうち変動費の性格が強い外注費の割合は、建設業35.6％、製造業8.0％、情報通信業15.8％、運輸業・郵便業23.9％と高いことがわかります。また、計算結果は製造業の平均とほぼ同じです。

STEP3　外注費の多い業種

できれば外注せず社内で製造したり、サービスを提供したりできれば

いいのですが、現実にはそうはいかない業種もあります。むしろ競合他社との連携が必要な場合が多いです。

1. 多額の外注費が発生する業種

多額の外注費が発生する業種の筆頭が建設業です。他も運輸業、情報通信業（システム開発など）は売上高外注費比率の高いことが多いです。

①建設業

建設業は複雑かつ多層的な構造をしているため、必ず外注費が発生します。元請け会社は下請けの専門工事会社に専門業務を委託し、さらに孫請け会社に業務を委託するなど、建設業界は複数社が関与して成り立っています。

すべて自社だけで賄うのは困難で、外部業者の協力を得ることが多くなります。各専門分野を持った外注先を活用することで自社の不足部分を補えますし、人手不足も解消できます。

◎建設業界の構造

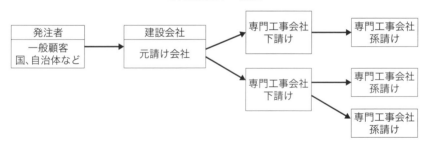

②情報通信業

情報通信業とは、「情報の伝達を行う事業者、情報の処理や提供などのサービスを行う事業者、インターネットに附随したサービスを提供する事業者、及び伝達することを目的として情報の加工を行う事業者」と定義され、日本標準産業分類では、次の5種類に分類されています。

日本標準産業分類・5分類		事業の内容
情報通信業	通信業	固定電話業、携帯電話業、など
	放送業	テレビ放送、ラジオ放送、衛星放送
	情報サービス業	【ソフトウェア業】 ソフトウェア開発、など
		【情報処理・提供サービス業】 システム等管理運営受託業務、データベース業務、など
	インターネット付随サービス業	ウェブ検索サービス、ウェブコンテンツ提供業、など
	映像・音声・文字情報制作業	映画、ビデオ、テレビ番組の制作・配信、出版業、など

　情報通信業のなかでもソフトウェア業は、労働集約型のビジネスであり、元請け企業から下請け企業へ発注する多層の下請け構造になっている点は建設業に類似しています。システム開発の案件も数か月、長ければ年単位のものもあり外注先の協力が不可欠です。

◎ソフトウェア業の分類

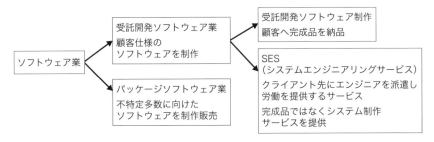

　決算書には給料と外注費が大きな割合を占め、基本的に材料費はありませんから、売上総利益率は高い傾向にあります。
　一般社団法人情報サービス産業協会が令和6年4月に公表した「2023年版、情報サービス産業　基本統計調査」によると、情報サービス業の売上高外注費比率の平均値は29.77％でした。

③運輸業
　ここでは運輸業のうちトラック運輸業について説明します。トラック

を保有しドライバーを雇用していますが、取り扱う荷物量は月によって変動します。そこで、自社のドライバーだけでは対応できない状況が発生した際に、協力会社に輸送を依頼することが頻繁に行なわれています。

運輸業界では外注費のことを傭車（庸車とも書きます）という言葉を用いることが一般的です（ここでは外注費とします）。

例えば、埼玉県から福島県まで運ぶ荷物の依頼があった場合、福島県まで運んだ帰りはコンテナが空になってしまいます。儲からず無駄な燃料代や高速代などがかからないよう、福島県の運送会社で対応できない荷物を引き受けて、利益が確保できるようにしています。このようなやりとりを運送会社同士で行なっているのです。

また、自社のトラックだけでは対応ができないほどの荷主からの輸送依頼が生じた際も、外注先への依頼が発生します。自社便で輸送するより割高になっても、たとえわずかでも、売上高と外注費の差額で利益が出ます。こうしたケースは成長企業によく見られます。これからも自社の輸送能力を超える仕事が安定して受注できるのであれば、トラックの購入やドライバーの雇用を検討するのもいいでしょう。

STEP4　外注費が増加した理由を確認する

外注費はどの業種でも発生します。これからは外注先を活用して自社の事業を拡大させることは珍しくありません。外注費が増加した理由としては次のようなケースがあります。

1. 外注費が増加する理由

①事業拡大

業務量の増加に自社の設備や人員だけでは対応できない場合があります。次ページの表は、損益計算書のうち売上高から売上総利益までを抜粋したものです。

◎売上高に応じて外注費が増加 （千円）

		前々期	前期	当期
	売上高	200,000	250,000	300,000
製造原価	原材料	50,000	62,500	75,000
	給与	60,000	66,000	66,000
	消耗品費	20,000	25,000	30,000
	水道光熱費	10,000	12,500	15,000
	外注加工費	20,000	30,000	45,000
	その他	10,000	10,000	10,000
	製造原価	170,000	206,000	241,000
	売上総利益	30,000	44,000	59,000
対売上高比		10.0%	12.0%	15.0%

　製造原価の給与は若干の増加ですが、外注加工費は売上高に連動して増加しています。つまり、現時点の体制で対応可能な範囲を超えた分を外注先に応じてもらっていることがわかります。

　また、冒頭で外注加工費を計算した決算書の企業は、事業拡大に伴い設備投資、そして従業員を雇用していました。それでも外注加工費が増加したということは、製造工程の重要な部分を自社でそれ以外を外注先に依頼したと考えられ、あるいは特定の月だけスポットでの依頼により売上高が急増するような場合も外注費が発生するでしょう。どちらも前向きな発生のため、決算書の企業は問題がない外注費の増加といえます。

②保有設備や技術力において自社よりも外注先のほうが優れている

　特に中小企業では設備投資に慎重になります。投資判断を誤れば一気に資金繰りを悪化させ最悪は倒産に至ります。受注量が大きく増加していることでもなければ、ライバル企業が新たな機械を導入したとしても、将来の資金繰りの不安から設備は現状のままとなっている中小企業は多いでしょう。

　それならば、設備を保有している企業の協力を得ることで経営上のメリットがあります。相手企業の利益が上乗せになるので外注費は割高になりますが、大きな経営リスクはありません。

③従業員の確保が困難

　従業員を雇用したいが人が集まらない、ようやく採用できたとしても思ったような働きをしない、採用してもすぐに退職してしまう、そのような悩みを持つ経営者は多いです。外注先を活用することで人員不足をカバーできますが、労働条件に不満があり退職する、求人募集を出しても応募してもらえない場合に、外注費でその状況をカバーしてしまうと、給与以上の負担となり利益の面ではマイナスになります。

　例えば、運輸業でもドライバーの入退社は激しく、突然退職するドライバーもいますし、入社しても育成に時間を要します。このような人手不足が原因で外注先を利用してしまうと、自社のトラックは稼働していないうえに、無駄な人件費、採用関係の宣伝費も負担することになり、経営にはマイナスとなるのです。

　この場合は、自社でも雇用し対応できるよう体制を整えながら、それを超える部分については外注先の協力を得てドライバーの人件費を中心に固定費を抑えたほうがいいのです。無駄に返済やリース料を支払っているトラックを遊ばせることは避けるべきです。

　業務量の変動幅が大きい場合は外注費を支払ってでも人員を確保するのは良いですが、下のように従業員不足で外注先を利用するのはやや問題でしょう。

◎従業員不足（給与は減少）を外注費でカバー　　（千円）

		前々期	前期	当期
売上高		200,000	250,000	300,000
製造原価	原材料	50,000	62,500	75,000
	給与	60,000	50,000	40,000
	消耗品費	20,000	25,000	30,000
	水道光熱費	10,000	12,500	15,000
	外注加工費	20,000	46,000	71,000
	その他	10,000	10,000	10,000
	製造原価	170,000	206,000	241,000
売上総利益		30,000	44,000	59,000
対売上比率		10.0%	18.4%	23.7%

たとえ売上高は増加しても、給料が減少傾向にあり、それを外注費でカバーしている場合は、退職者の増加、入退社が頻発し社内体制が安定しない、といった、社内に問題（特に労務面）を抱えている可能性があります。

④雇用する場合の問題点

従業員を採用はしたものの思ったような人でなかったり、何か問題が発生し解雇することになった場合でも、不当な解雇と訴えられるなど、最近は雇用関連のリスクが上昇しています。

さらに、企業が負担する社会保険料は非常に高いです。どんなに黒字でも赤字でも従業員への給料のなかから徴収するだけでなく、企業も約15％は負担して支払わなければなりません。

これは経営に大きな負担です。経営が順調な時はそれほど負担には感じないのですが、一度でも調子が悪くなればすぐに社会保険料は滞納し始めます。今後発生する社会保険料に加えて分割で納付する必要が出てきます。経験したことのある経営者はその苦しみがよくわかるでしょう。

それらを考えると雇用するよりも外注のほうが、メリットが大きいと考える経営者が多いのは当然といえます。

2. 外注により固定費が変動費に

固定費（第2章）とは、売上高の金額にかかわらず発生する費用のことです。役員報酬や従業員の給与、社会保険料、事務所や駐車場などの地代家賃などが該当します。

固定的な性格を持つ費用を変動費に転換する「固定費の変動費化」は、売上高の変化に応じた費用負担への収益構造の転換を可能にします。つまり、固定費が減少するほど利益が出やすい収益構造になるのです。

従業員を雇用すると、毎月の給料と社会保険料が固定費として発生します。一方で外注先は、仕事を依頼しない限り支払いは発生しません。

つまり売上高が発生しなければ支払いも発生せず、固定費は小さくな

り、費用の多くを変動費化すれば売上高の増減に対応しやすくなるのです。

STEP5　内製化できないか検討する

　ここまで外注費のメリットを多くお伝えしてきましたが、外注費にはデメリットもあります。

1. 外注費のデメリット

　外注先に任せていた業務について、社内に人材や設備、そしてノウハウがないため、いざ内製化したいと考えてもすぐに実行できないことです。また、外注先は原価に利益も含めて請求してきますから、外注先に依頼する企業は原価率が上昇します。

　加えて、次の２つのようなリスクもあります。原価率の上昇はやむを得ないとしても、①や②のリスクを考えて外注先の複線化を図ることが必要です。

①外注先が案件を抱えて多忙で、対応してもらえない可能性
②事業承継の問題などの理由から外注先が廃業する可能性

2. 内製化の検討

　経営者であれば外注に出さず、これからは内製化してより利益を追求したい、そう考えるのは当然のことです。内製化のメリットとデメリットは次のとおりです。

■内製化のメリット

①コストの引き下げが可能

　外注先に利益を含めた支払いをしないで済みますから、一般的には製造コストを引き下げることが可能です。

②経験・知識が蓄積される

　社内に経験や知識、技術力などが蓄積されます。それは企業の強みとして社内の無形の経営資源となります。

③情報漏洩を防止

　近年、情報漏洩が問題になります。どの企業でもそのリスクはありますが、外注する取引先が多ければそれだけ漏洩のリスクは高まります。内製化によりそのリスクを軽減できます。

■内製化のデメリット

　内製化のデメリットは何といってもリスクが大きいことです。すでに社内に外注している作業のノウハウや設備を保有しているのなら内製化を検討できますが、そうでない場合の内製化は問題です。

　今後も安定した受注が見込まれ売上高増加が確実なら、内製化に向けて設備投資や従業員の確保を検討してもいいですが、変化の激しい世の中でうまくいくとは限りません。従業員そして設備を確保しても、当初見通しのようにいかなければ経営は一気に悪化します。

　今後の見通しを考えることが難しければ、内製化よりもややコストが必要でも、経営の安全性を考え、外注先を利用する選択が正しいこともあります。

　次ページの図表は、システム開発業を営む企業の損益計算書の一部です。思うように採用ができないため外注先を利用してきましたが、順調に売上高も増加したので、雇用を強化し外注を見直す計画を立てました。

　しかし、31期で予想外の売上減少があり、26期の水準まで落ち込んだとします。やや極端な例に思われるかもしれませんが、この減少幅は過去にリーマンショックや東日本大震災発生時に実際にあった数字の範囲です。Aは従業員数の変化がなく、外注費を削減することで利益が出ます。しかし、Bの場合は赤字が生じてしまいます。

　先ほど、費用は固定でなく変動費にしたほうがいいとお伝えしました。

雇用して毎月給料や社会保険料が発生し、さらに設備が必要であればリース料や減価償却費が発生しますから慎重に判断したほうがいいでしょう。

◎システム開発企業の損益計算書の一部

（千円）

		26期	27期	28期	29期	30期
売上高		30,000	35,000	60,000	140,000	240,000
製造原価	給料	12,600	10,500	11,600	12,000	16,000
	外注費	4,000	8,000	25,000	75,000	155,000
	その他	6,000	5,000	4,000	4,000	4,000
売上原価		22,600	23,500	40,600	91,000	175,000
売上総利益		7,400	11,500	19,400	49,000	65,000

A 従業員は増やさない状態で売上高が26期の水準まで急減

（千円）

	31期
	30,000
	16,000
	4,000
	4,000
	24,000
	6,000

外注費の削減で黒字を確保

31期は従業員を増やし外注費を削減し利益増加を目指した場合

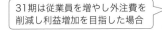

（千円）

	31期計画
売上高	240,000
給料	40,000
外注費	120,000
その他	4,000
売上原価	164,000
売上総利益	76,000

B 従業員を増やした後売上高が26期の水準まで急減

（千円）

	31期
売上高	30,000
給料	40,000
外注費	0
その他	4,000
売上原価	44,000
売上総利益	−14,000

増加した給料の影響で赤字に

まとめ

- 外注費のメリットは自社に欠けた能力を補うことができることです。他社の高度な技術や能力、そして設備を活用できますからメリットがあります。
- 外注費のデメリットとしては、外注先の利益も含めた報酬額となりますから、コストがやや高くなります。そして外部に業務を依頼するので社内にスキルが蓄積されにくいことです。
- 外注費を活用すると人件費を固定費から変動費にすることができますので、売上高の増減に応じて変動費として扱うことができます。経済危機や自然災害などの外部環境の影響による業績悪化時にも対応しやすい体質だといえます。

第 6 章
「営業外収益・費用と特別利益・損失」が計上されている

営業外収益と営業外費用とは、本業以外での経常的に発生した収益及び費用をいいます。例えば、受取利息や支払利息です。そして、特別利益と特別損失とは、突発的や臨時的に発生した収益や費用が該当します。例えば、固定資産売却益や売却損が該当します。また、災害などによる損害は特別損失に計上されます。

受取利息など　支払利息など　固定資産売却益など　固定資産売却損、災害による損失など
営業外収益　**営業外費用**　**特別利益**　**特別損失**

分析のステップ

- **STEP1** 営業外収益・費用について
- **STEP2** 特別利益・特別損失について
- **STEP3** 営業外収益に多額の計上があった
- **STEP4** 補助金と助成金の違い
- **STEP5** 補助金であれば今後の成長が見込まれる
- **STEP6** 経理処理と圧縮記帳について
- **STEP7** 保険金の解約返戻金は経営悪化が原因では？
- **STEP8** 特別損失で成長が見込まれる例

STEP1　営業外収益・費用について

　まずは営業外収益及び営業外費用に数字が計上されているかを確認していきます。

1. 営業外収益とは

　本業での営業活動以外から発生した収益が計上されます。営業外収益に計上される代表的な勘定科目として受取利息、受取配当金、雑収入があります。

　受取利息や受取配当金は会計ソフトにも初期登録されているため、そのままの名称で決算書に使われることが多いですが、他の理由で発生したものは雑収入で処理されることが多くあります。その場合、勘定科目内訳明細書の雑益等の内訳書で内容を確認することができます。

勘定科目	内容
①受取利息	銀行などの預貯金の利子。
②受取配当金	株式や出資金からの配当金。株式投資をしていなくても、信用金庫や信用組合と融資取引をしている企業なら、出資金に対する配当金を受け取っているはずです。
③雑収入	■不動産賃貸収入 企業が不動産を所有している場合、これを貸し出して収入を得ていることがあります。定款に「不動産賃貸業」として目的を追加すると、営業外収益から売上高に含めて処理することが可能となります。営業利益を増やすために、定款の目的に追加せず売上高として計上している企業もあるので注意が必要です。 ■保険金の解約返戻金 経営者や従業員の万が一に備えて保険料を支払っている企業は多いです。保険を解約した場合、保険料の経理処理によっては「返戻金」を収益として計上する必要があります。返戻金は営業外収益として処理します。なお、返戻金は毎年発生するものではないため、経常利益や税引後当期純利益を使って分析をする際は控除したほうがいいでしょう。 ■その他 外貨取引があれば「為替差益」、制度融資を利用していれば「利子補給」なども営業外収益として計上されます。

2. 営業外費用

　本業以外の経常的費用は営業外費用として処理します。代表的なものは、「支払利息・割引料」、海外取引があれば「為替差損」です。

▎STEP2　特別利益・特別損失について

　経常利益の下に計上される特別利益と特別損失について説明します。どちらも突発的あるいは臨時的な要因で発生した収益や費用がここで計上されます。

1. 特別利益

　特別利益に計上される勘定科目としては次の例があります。

　特別利益が発生する理由は前向きなものというよりは、どちらかというと経営悪化に苦しむ企業で発生することが多いです。

勘定科目	内容
①債務免除益	経営者が企業に資金を貸し付けることがあります。企業から見れば借入金です。この返済の見込みがまったくない場合、経営者は貸付金を放棄することがあります。企業は借入金の返済義務が消滅しますから、それを収入として処理します。それが債務免除益です。詳しくは第18章で解説します。
②固定資産売却益	固定資産はそれ自体を長期にわたって事業に使用するものであり、はじめから売却が目的で購入することはありません。固定資産を売却する理由は、業績悪化により不要となった資産を売却し手持資金を増やす、借入金を返済するためです。1,000万円の固定資産を1,200万円で売却すれば同額の資金を得られますし、200万円を売却益として計上することができます。やはり、これも毎年発生するものではありません。したがって、当期純利益がいくらプラスであっても、経常利益から上の各利益がプラスになっていることが重要です。経常利益がマイナスで特別利益のおかげで税引後当期純利益が黒字であったとしても、特殊な収益によるもので評価はできません。

②の固定資産売却益はそう珍しいことではありませんが、①の債務免除益が発生するのは稀なケースです。

なお、債務免除益の場合は、法人税が発生しないように赤字あるいは**繰越欠損金**の範囲内で計上することになるのが一般的です。

◎繰越欠損金とは (千円)

	1期	2期	3期	4期	5期
利益	−1,000	−1,000	−1,000	−1,000	4,000
繰越欠損金	−1,000	−2,000	−3,000	−4,000	0
法人税	0	0	0	0	0

※繰越欠損金とは、過去の赤字である欠損金から当期の黒字を相殺できる制度です。
※繰り越せる期間は10年です。
この例では4期連続で100万円の赤字が発生したため、400万円の繰越欠損金が発生。5期は400万円の利益を計上しましたが、同額の繰越欠損金があるため税金の計算上は利益が0円となり法人税も発生しないことになります。

2. 特別損失

特別損失とは、臨時的に発生する一過性の損失のことをいいます。特別損失にて計上される損失の例としては、固定資産の売却損や除却損があります。

固定資産売却益と同じく手持資金確保のために固定資産を売却したが、帳簿上は1,000万円であっても、600万円でしか売れず、400万円の損失が出てしまったような場合です。あるいは、自然災害で建物などが損壊し除却した場合も特別損失に計上されます。他にも商品や現金の盗難による被害も特別損失として処理します。

特別利益と同じで、経営上マイナスな理由で発生することが多いです。

STEP3 営業外収益に多額の計上があった

営業外収益は預金利息程度で少額計上されていることが多いですが、多額の営業外収益が計上されていれば内容を確認しましょう。まず考えられるのが保険を解約した収入、もう1つは助成金や補助金を受けてい

る場合です。では損益計算書から営業外収益を確認しましょう。

前期		当期	
雑収入	5万円	雑収入	509万円

　当期の雑収入が非常に大きいことがわかります。そこで、決算書のなかにある勘定科目内訳明細書を確認すると、固定資産を取得するための補助金収入が500万円あることがわかりました。

◎多額の営業外収益が計上されていたら

	営業利益	
営業外収益	受取利息	
	雑収入	5,085
	営業外収益合計	
営業外費用	支払利息	
	営業外費用合計	
	経常利益	

内訳書を確認する ➡

雑益・雑損失等の内訳書　　　（単位：千円）

科目	取引の内容	相手先		金額
		名称（氏名）	所在地（住所）	
雑収入	補助金	経済産業省	東京都千代田区	5,000
雑収入	利子補給	中央区	東京都中央区	85

STEP4　補助金と助成金の違い

　補助金・助成金どちらも、国や地方公共団体から支給され、どちらも「お金がもらえる制度」という認識で混同している方も多いかもしれません。公的資金が財源ですから申請や審査が必要であり、誰でも受給できるわけではありません。なお、助成金や補助金でいくつか具体的な制度をご紹介しますが、現時点で募集が行なわれているとは限りません。

1. 助成金

助成金は要件を満たせば受給できる可能性が高いものになります。主な助成金といえば、雇用調整助成金（厚生労働省）でしょう。経営環境の悪化により事業存続が危ぶまれる企業で、労働者の雇用維持を図る目的で人件費の助成を受けた企業は多いでしょう。助成金は要件を満たしていれば申請することで原則給付されます。

2. 補助金

助成金とは異なり**補助金**は申請したら必ず受給できるものではありません。公募期間中に必要書類をそろえ申請し、審査を経たのち採択されなければなりません。他の応募者よりも書類で補助金の必要性をアピールできなければ、優れた内容であっても採択されません。

中小企業においては、優れたアイデアを持ってはいても、それに必要な資金を自己資金から捻出するのは容易ではありません。

本業は安定しており利益も計上できているが、これ以上の成長は望めない、かといって新たな事業をスタートさせたいが、軌道に乗せるための資金的及び人的余裕がない、成功するか不安な経営者としてはあきらめざるを得ません。しかし、補助金によって国がリスクの一部を引き受けてくれるためチャレンジしやすくなります。

①よく知られた補助金

よく知られている代表的な補助金として、例えば次のものがあります。

代表的な補助金	内容
①事業再構築補助金	新分野展開、業態転換、事業転換、業種転換、または事業再編という思いきった事業再構築に意欲を有する中小企業者の挑戦を支援
②ものづくり補助金	生産性向上を実現するための革新的なサービス開発、生産プロセスの改善に必要な設備投資を支援

このように生産性向上や新規事業進出といったものがよく知られていますが、それだけではありません。例えば、業務用設備の脱炭素促進補助金による環境への配慮、IT導入補助金なら中小企業の業務効率化の推進が目的の補助金もあります。

STEP5　補助金であれば今後の成長が見込まれる

補助金を受給している場合、それとわかる勘定科目が計上されていることもありますが、営業外収益は利息や配当金以外はすべて雑収入で処理している可能性があります。その場合でも、勘定科目内訳明細書に内訳が書かれています。

高額な収入が計上されていれば、通常とは異なる収入が発生したわけです。内訳書を確認したところ補助金であり、事業再構築やものづくりのような場合は今後の成長が見込まれると期待できます。

補助金は銀行からの借入金とは異なり、返済義務がありませんから経営に負担がかかりませんし、投資リスクを抑えながら設備投資や新規事業を行なうことができます。

1. 補助金は企業の成長を後押しする

代表的な2つの制度は、新しい分野や事業への進出、業種業態の転換、あるいは生産性を向上させるために必要な支援をするものです。

補助金は投資リスクを軽減するといいました。今までとは違う事業に挑戦したい、その事業計画内容は実現可能性の高いものであり、補助することで企業が成長し、雇用を生み、納税が増えることを期待しています。そのような内容であれば採択される可能性は高いでしょう。

つまり採択された企業は、それだけ今後の成長の可能性が大いに期待できるわけです。そして必要な社内体制もできているのです。公的なお墨付きがあるからといってすべて信用できるわけではありませんが、銀行や投資家にとっては注目すべき企業ではあります。

114

しかし、補助金は次のようなケースでは採択されません。製造業を営む企業が保有する機械が老朽化してきたため、3,000万円の新しい機械を購入したいとします。補助率が2分の1の補助金だとすれば1,500万円の負担で済むので申請しました。しかし、これは今の事業を継続しているだけですから対象外です。

2. 融資で資金繰り支援

補助金のほとんどは企業が計画に沿って事業に取り組み、実績を報告し認められてから支払われます。したがって、それまで企業は自己資金で事業を行なう必要があります。それが難しい企業は、補助金利用の検討段階から取引銀行に相談しましょう。

決算書に補助金収入が計上されているのであれば、主にメインバンクが関与しています。

しかし、補助金の申請段階なら、どの銀行でも融資獲得のチャンスがあるかもしれません。

弊社顧問先の取引先であったのですが、事業再構築補助金を申請し、採択されました。当初はメインバンクが資金支援を表明していたのですが、人事異動があり新しい支店長は「新事業に金を使うぐらいなら経費削減で利益を出せ」と前任者の判断を否定しました。こんなケースは稀でしょうが、銀行員は補助金の話が聞かれたら申請や資金面について聞いてみましょう。まだチャンスがあるかもしれません。

過去に申請実績があれば再度チャレンジすることがよくありますし、まだ一度も補助金申請をしていない企業なら提案することも必要です。

3. 事業計画書の内容と進捗をチェック

決算書を確認したところ、補助金収入が確認できれば、銀行は補助金申請書類の提出をお願いしましょう。計画どおりに事業が進めば運転資金が増加し貢献できるからです。

補助金を活用するということは、何らかの経営課題を抱えています。

補助金によっては事業計画、将来の実現可能性が高い収支計画などが必要です。すでに採択された内容であっても自行の立場で資金繰りに限らず、計画を達成するための支援ができないかを把握するためにも補助金申請時の計画書が必要です。

そして、採択されたのであれば今後の成長の可能性が期待できるところですが、必ずしも計画どおりに進むとは限りません。申請時の書類内容のとおりに進んでいるか、試算表やヒアリングで確認をします。もし計画内容との乖離があれば銀行は融資以外での支援も検討できるでしょう。

このような姿勢で支援に取り組めば、今回は何もできなかったとしても、今後の補助金申請について相談を受けることが期待できます。

4. 注意点

すでに取り組みたい事業などはあるけれども資金面で無理はできない、その資金を補うために補助金を利用するというのが本来の使い方です。しかし、「補助金でお金がもらえるのだから何か事業を始めよう」、このように事業を成功させるより補助金を受け取るのが目的になっているような場合、採択される可能性は低くなり多くは失敗しています。

補助金がなくても事業を遂行する意志があるのか、現実には失敗したら自己負担が大きく損失も大きくなりますから断念せざるを得なくても、もらえなければやらない程度の覚悟なら支援は控えるほうがいいでしょう。

STEP6　経理処理と圧縮記帳について

圧縮記帳とは、補助金などを利用して固定資産を取得した場合、補助金などの収益を固定資産の取得額から減額し、取得年度の法人税負担を軽減する方法です。

例えば3,000万円の機械購入を検討している企業があるとします。国

から半分の1,500万円が補助されたとしましょう。

　半分の資金負担で購入できたことになりますが、この場合、営業外収益に補助金収入1,500万円と計上すればその分だけ利益は増加します。

　それでも赤字、あるいは利益以上の繰越欠損金があれば法人税に影響はありませんが、仮に利益が1,500万円かつ繰越欠損金がなければ、地方税も含めて約35％の税率が課せられ、この例なら525万円もの法人税が発生します。

　このお金の動きがおかしいと感じた方もいらっしゃるかもしれません。先ほどの例では、3,000万円の機械を購入する目的で得た補助金から税金を納めて、資金が減っています。補助金を使って事業を拡大してほしいと国が資金を出したのに、一部を税金で還流したせいで、再び525万円を補助金で出すことになりかねません。これでは補助金本来の目的が達成できなくなります。

　そこで対策として、圧縮記帳という税務上の制度があります。補助金が課税される問題点を解決するため、「固定資産圧縮損」という勘定科目で同額の費用を計上し、補助金で得た資金の全額を機械購入に充てることを可能にしているのです。

　計上した期には、企業は納税する税金の金額が得したようになります。しかし、圧縮記帳しない場合は3,000万円そのまま減価償却できますが、圧縮記帳する場合は減価償却できるのは1,500万円です。したがって、今後計上される減価償却費が減るため、将来の法人税が増えることになります。「補助金の分は税金を取らないから機械を購入してください。でも後で取りますよ」という税金の繰延制度なのです。

①補助金を受け取る前の決算書

貸借対照表　　　　　　　　（千円）　　　損益計算書

現預金	40,000	借入金	30,000
		純資産	10,000

なし

②補助金収入や機械購入を反映させた後の決算書

貸借対照表　　　　　　　　（千円）

現預金	19,750	借入金	30,000
機械装置	30,000	純資産	19,750

損益計算書　　　（千円）

補助金収入	15,000
利益	15,000
法人税等	5,250
税引後利益	9,750

この利益から法人税が発生
35％と仮定
半額補助されたことにならない

③固定資産圧縮損を計上した後の決算書

収入を相殺する仕訳
（借方）固定資産圧縮損 15,000（貸方）機械装置 15,000

貸借対照表　　　　　　　　（千円）

現預金	25,000	借入金	30,000
機械装置	15,000	純資産	10,000

損益計算書　　　（千円）

営業利益	0
補助金収入	15,000
固定資産圧縮損	15,000
利益	0

◎圧縮記帳をしても最終的な税額は同じ

■圧縮記帳をしないケース（機械の耐用年数は5年と仮定）　　　　　　（千円）

3,000万

	1年目	2年目	3年目	4年目	5年目	合計
利益（補助金収入を含む）	60,000	60,000	60,000	60,000	60,000	300,000
減価償却費	6,000	6,000	6,000	6,000	6,000	30,000
税引前利益	54,000	54,000	54,000	54,000	54,000	270,000
法人税	18,900	18,900	18,900	18,900	18,900	94,500
税引後利益	35,100	35,100	35,100	35,100	35,100	175,500

■圧縮記帳をするケース（機械の耐用年数は5年と仮定）　　　　　　（千円）

1,500万

	1年目	2年目	3年目	4年目	5年目	合計
利益（補助金収入を含む）	60,000	60,000	60,000	60,000	60,000	300,000
減価償却費・圧縮記帳損	18,000	3,000	3,000	3,000	3,000	30,000
税引前利益	42,000	57,000	57,000	57,000	57,000	270,000
法人税	14,700	19,950	19,950	19,950	19,950	94,500
税引後利益	27,300	37,050	37,050	37,050	37,050	175,500

圧縮記帳15,000千円を含む

　決算書が赤字や、これまでの繰越欠損金が多額にあるような企業であれば、補助金収入だけを計上するでしょうが、そうでない逆に財務内容が良好な企業なら、圧縮記帳を利用して税額負担を繰り延べる方法を選

択するでしょう。

決算書の当期を見ると、営業外収益には雑収入で補助金500万円がありました。そして特別損失には固定資産圧縮損が同額計上されているのが確認できます。

前期	当期	
なし	固定資産圧縮損	500万円

STEP7　保険金の解約返戻金は経営悪化が原因では？

企業ではさまざまなリスクに備え保険に加入しています。

例えば、経営者や役員が病気や死亡すれば業務への影響は大きいため、少しでも影響を軽減するために手持資金を確保する必要があります。

企業の経営安定を目的とした契約内容になっているでしょうし、従業員の保障を目的にした内容で契約していることも多いでしょう。

保険金の解約が営業外収益にある場合、「現預金／雑収入」といった仕訳が発生します。

特に理由もなく保険が解約され営業外収益に計上されていたら、下のように赤字が続いていることが原因で利益を出そうとした可能性があります。つまり、経営悪化によるものでしょう。

◎保険料の返戻金が計上されたケース　　（千円）

営業利益	−1,000
雑収入	1,500
営業外収益合計	1,500
支払利息	100
営業外費用合計	100
経常利益	400

営業利益は赤字だが、
保険金の解約返戻金が雑収入に計上され
経常利益はプラスになっている。

前期も赤字なら2期連続赤字を避けたことが予測される

営業利益はマイナスでも経常利益以下の利益はプラスにしたいという

経営者の判断です。また、その場合は、すでに保険料の支払いが負担に
なっている可能性があります。黒字決算そして資金繰り改善の効果を狙
っているといえます。もしかしたら前期も赤字で何とか黒字にしたいの
かもしれません。

STEP8　特別損失で成長が見込まれる例

　特別損失は、災害や盗難による被害、経営悪化や事業縮小による固定
資産の売却、このようにあまり発生してほしくない理由によるところが
多いです。そんな特別損失にも企業の成長性が期待できる勘定科目が計
上されているかもしれません。

　当期は特別損失に「特別減価償却費」という科目で375万円が計上さ
れていました。

前期		当期	
なし		特別減価償却費	375万円

1. 特別償却の発生

　固定資産は耐用年数に応じた期間で減価償却を行ない費用化していき
ます（第8章）。1,000万円の固定資産が耐用年数5年であれば、毎期
200万円（定額法）の減価償却費を発生させ費用計上します。これを**普
通償却**といいます。この普通償却とは別に、一定の条件をクリアすれば
一気に全額費用計上できる**特別償却**が認められる制度があります。

2. 特別償却が適用される主な制度

　特別償却が適用される主な制度としては、まず「中小企業経営強化税
制」があります。これは特別償却限度額が100％です。そして「中小企
業投資促進税制」、こちらの償却限度額は30％です。

　設備投資意欲の強い企業で毎期多額の利益が発生している場合、耐用

年数で減価償却することに不満を持っています。購入し使用を開始した期に全額費用計上できると、法人税を大幅に減らせますから理想的です。経営者も設備投資に動きやすくなります。したがって、それらの税制を利用して特別償却がある決算書の内容は相当良好かと思います。

なお、中小企業経営強化税制を利用するには、経営力向上計画を事業所管大臣に申請し認定されることが必要になります。

3. 経理処理

特別償却は減価償却の一種ですから、特別償却したら通常の減価償却費と同様に販管費あるいは製造原価に計上してかまいません。そのように処理している企業もあります。

しかし、銀行からの評価を考えると、もう少し処理を工夫したほうがいいでしょう。特別償却は毎年発生するものではない臨時的な損失なのですから、販管費などではなく特別損失として処理するのがいいでしょう。

◎特別償却費は特別損失へ

(千円)

売上高	100,000
材料	15,000
給与	30,000
減価償却費	15,000
製造原価	60,000
売上総利益	40,000
販管費	30,000
営業利益	10,000
支払利息	1,000
経常利益	9,000
特別償却費	0
税引前利益	9,000

→ うち10,000千円が特別償却

(千円)

売上高	100,000
材料	15,000
給与	30,000
減価償却費	5,000
製造原価	50,000
売上総利益	50,000
販管費	30,000
営業利益	20,000
支払利息	1,000
経常利益	19,000
特別償却費	10,000
税引前利益	9,000

製造原価や販管費に臨時的発生の特別償却を計上すれば、まず営業利益が大きく減少します。ということは経常利益もそうです。どちらも銀

行が重視する利益です。しかし、特別損失として処理すればどちらの利益にも影響を与えずきれいなままです。どこに特別償却を計上しようが最終利益は一緒です。

なお、このように特別償却費などの勘定科目で費用計上することが実務上は多いと思われます。しかし、損益計算書に特別償却費を計上しない方法もあります。

まとめ

- 営業外収益や費用、特別利益や損失は、売上高や営業利益に比べると軽視しがちですが、そのなかにも成長が期待できる情報が隠れている場合があります。
- 事業再構築補助金などの補助金が営業外収益に計上されていたら、その企業は今後の事業拡大が期待されます。
- 特別損失は臨時的な発生であり、業績悪化による固定資産の売却、災害や事故による損失、事業等の撤退費用などマイナスの理由によるものが多いです。しかし、固定資産購入による特別償却もあります。多額の特別損失が発生したということは、特別償却だけでなく、不採算部門からの撤退、不要となった固定資産の売却で財務内容を改善しているポジティブな面もあります。

第 7 章
「売上債権」が減少している

貸借対照表

資産	流動資産		負債	流動負債
	固定資産	有形固定資産		固定負債
		無形固定資産	純資産	株主資本
		投資その他の資産		株主資本以外
	繰延資産			

売上債権とは、取引先との商品・製品の販売、サービスの提供といった営業活動により発生した債権です。一般的な勘定科目としては受取手形や売掛金のことを指します。取引先が企業の場合、売上代金は後日決済される掛取引が一般的なため売上債権が発生します。業種によっては特殊な勘定科目を使っていることもあります。

分析のステップ

STEP1 売上債権を前期と当期で比較してみよう
⇩
STEP2 売上債権回転期間と売上債権回転率を計算
⇩
STEP3 短縮化は資金繰りにプラスに働く
⇩
STEP4 ファクタリングの利用はないか確認する
⇩
STEP5 長期化は不良債権や粉飾決算などの可能性も
⇩
STEP6 内訳書から売上債権の内容を確認する
⇩
STEP7 不良債権発生や取引条件悪化は資金繰りにはマイナス
⇩
STEP8 不良債権を排除して売上債権回転期間を再度計算

STEP1　売上債権を前期と当期で比較してみよう

　売上債権は、業種によっては異なる勘定科目を使っていることがあります。例えば建設業では、完成工事未収入金といった科目を使うことが一般的です。一部企業にはその他の勘定科目で管理している場合があるため、科目名に囚われないようにしましょう。

　売上債権は数か月以内に入金されるため流動資産に計上されます。では貸借対照表を確認してみましょう。

前期		当期	
受取手形	1,330万円	受取手形	1,275万円
売掛金	6,404万円	売掛金	6,279万円
売上債権合計	7,734万円	売上債権合計	7,554万円

　第1章で計算したように、当期は売上高が前期比9.0％増加であったにもかかわらず、売上債権残高は減少していることがわかりました。

STEP2　売上債権回転期間と売上債権回転率を計算

　売上債権が月商の何か月分あるのか、売上が発生してから何か月（何日）で回収できるのかがわかる指標として売上債権回転期間があります。**売上債権回転期間**の計算式はこちらです。

売上債権回転期間＝
　　　　　　　　売上債権（受取手形、売掛金）÷月商（売上高÷12）
※割引手形や裏書譲渡手形の未決済分があれば受取手形に含める

　この計算式では、決算書の売上高から平均月商を算出しています。もし月商の変動が大きい企業なら、決算月直前の数か月の平均月商を用い

たほうがより正確な回転期間を算出できます。

◎売上金額の変動が大きい場合（３月決算）

（千円）

	4月	5月	6月	7月	8月	9月	10月	11月	12月	1月	2月	3月	合計
売上高	1,000	1,000	1,000	1,000	1,000	1,000	1,000	1,000	2,000	1,000	5,000	10,000	26,000
売掛金	2,000	2,000	2,000	2,000	2,000	2,000	2,000	2,000	3,000	3,000	6,000	15,000	15,000

> 2、3月の平均は7,500千円
> （5,000＋10,000）÷2

平均月商	1,000	1,000	1,000	1,000	1,000	1,000	1,000	1,500	1,500	3,000	7,500		
回転期間	2	2	2	2	2	2	2	2	2	2	2		

※売上高の合計26,000千円をもとに平均月商を求めると2,167千円（26,000千円÷12か月）
※月商2,167千円と、売掛金期末残高15,000千円で回転期間を計算すると6.9か月と実態からかけ離れた数字になってしまう

　売上債権の期首と期末の平均を用いる計算式もあります。また、分母は÷365にすれば何日分あるかがわかります。

　売上債権回転期間で計算された結果は、売上計上から回収されるまで何か月（あるいは何日）かかるかを示しています。したがって、この日数が短ければ短いほど、資金繰りには余裕が生まれます。逆に長いほどなかなか資金が回収できず、資金繰りは悪化します。

　理想的には売上高を計上する前に代金を受け取り、受け取った資金をもとに仕入れなどの支払いをする流れですが、現実的には難しいため、せめて回転期間はできるだけ短縮化するよう努めるべきです。

　下の計算から、0.2か月短縮されていることがわかります。

前期	**売上債権回転期間**	**7,734÷46,855÷12＝2.0か月**
	売上高	46,855万円
	売上債権	7,734万円
当期	**売上債権回転期間**	**7,554÷51,084÷12＝1.8か月**
	売上高	51,084万円
	売上債権	7,554万円

125

■売上債権回転率について

　売上債権には月商の何か月分かを表す「回転期間」に加えて、売上債権を回収する速さを表す「回転率」という考え方もあります。**売上債権回転率**の計算式は次のとおりです。

> 売上債権回転率＝売上高÷売上債権（回）

　先ほどの回転期間とは逆で売上債権が分母に来ています。この回転率は、値が大きいほど効率的な回収がなされていることを示し、低いほど回収に期間を要していることになります。こちらも計算してみましょう。

　　前期：売上債権回転率＝46,855÷7,734＝6.1回
　　当期：売上債権回転率＝51,084÷7,554＝6.8回

　回転率は上昇、回転期間は短縮化していることがわかります。

　「回転期間」も「回転率」も売上債権の回収に関する分析に使用する指標です。「回転率が○回転」という表現はなじみが薄い人も多く、「回転期間」を採用したほうが、社内の多くの人にとってわかりやすいかもしれません。

　「回転期間」と「回転率」の計算結果は平均よりも良いのか悪いのか、見ていきましょう。

　財務総合政策研究所が公表している売上債権回転期間（月）は、2023年度の全産業では1.91か月、製造業は2.31か月、非製造業は1.75か月です。「月末締め翌々月入金」の商売をしている企業が多いことがわかります。また、中小企業実態基本調査の売上債権回転期間（月）では、全産業では1.5か月、製造業でも2.0か月です。

　つまり、全産業で見ると2か月以内というのが1つの目安になります。当然業種によっても差があるので、同業種と比較して大きな差がないかを確認してください。さらに過年度と比較して長期化していないかにも

注意が必要です。長期化が見られるのは、STEP5で説明するように経営に何かしらの問題が発生している可能性が高いのです。

◎各業種別売上債権回転期間及び回転率

業種	回転期間（月）	回転期間（日）	回転率
全産業	1.5	46.4	7.9
建設業	1.3	38.8	9.4
製造業	2.0	61.8	5.9
情報通信業	1.7	51.2	7.1
運輸業・郵便業	1.4	44.0	8.3
卸売業	1.9	56.4	6.5
小売業	1.0	29.9	12.2
不動産業、物品賃貸業	0.5	16.5	22.1
学術研究、専門・技術サービス業	1.8	56.2	6.5
宿泊業、飲食サービス業	0.5	15.0	24.4
生活関連サービス業、娯楽業	0.8	24.6	14.9
その他サービス業	1.3	39.9	9.1

STEP3　短縮化は資金繰りにプラスに働く

　2023年度の全産業では1.91か月でした。全体としては「月末締めの翌々月末には入金」されています。

　他にも中小企業実態基本調査令和5年確報（4年度決算実績）では、全産業では1.5か月でした。製造業でも2.0か月ですから、やはりこちらでも2か月以内が目安となります。

　もちろん業種によって、企業が扱うものによって差が出るため、同業種との比較に加えて企業の過年度と比較することも必要です。

　先ほどの計算結果では、前期よりも当期のほうが早期に回収できており、いい傾向といえます。

1. 資金繰りがラクになる

　各月の貸借対照表と損益計算書のうち、単純化のため勘定科目は売上高、仕入高、給与だけと仮定したものが下の表です。

◎月次損益計算書 (千円)

損益計算書	4月	5月	6月	7月	8月	9月	10月
売上高	10,000	13,000	15,000	12,000	11,000	9,000	10,000
仕入高	8,000	10,400	12,000	9,600	8,800	7,200	8,000
給与	1,500	1,500	1,500	1,500	1,500	1,500	1,500
利益	500	1,100	1,500	900	700	300	500

月次貸借対照表 (千円)

貸借対照表	4月	5月	6月	7月	8月	9月	10月
売掛金	10,000	23,000	28,000	27,000	23,000	20,000	19,000
買掛金	8,000	10,400	12,000	9,600	8,800	7,200	8,000
未払給与	1,500	1,500	1,500	1,500	1,500	1,500	1,500

　入金と支払いの条件は次のように仮定します。そして、先ほどの月次損益計算書と条件をもとに、月次資金繰り表を作成します。

①売上高：月末締めの翌々月末に「売掛金」入金
②仕入高：月末締めの翌月末に「買掛金」支払い
③給　与：月末締め翌月15日に「給与」支払い

◎月次資金繰り表 (千円)

資金繰り表	4月	5月	6月	7月	8月	9月	10月
売掛金入金		0	10,000	13,000	15,000	12,000	11,000
買掛金支払		8,000	10,400	12,000	9,600	8,800	7,200
給与支払い		1,500	1,500	1,500	1,500	1,500	1,500
収支	0	−9,500	−1,900	−500	3,900	1,700	2,300
月初預金残高		13,000	3,500	1,600	1,100	5,000	6,700
月末預金残高		3,500	1,600	1,100	5,000	6,700	9,000

128

この資金繰り表を見ると、5月の月初に預金残高が1,300万円あります。月末の預金残高もプラスで、問題はなさそうです。

次に、この資金繰り表を「1日〜15日」と「16日〜月末」の2つの期間に分けた資金繰り表を作成してみます。

◎半月ごとの資金繰り表

(千円)

資金繰り表	5/1~5/15	5/16~5/31	6/1~6/15	6/16~6/30	7/1~7/15	7/16~7/31	8/1~8/15	8/16~8/31	9/1~9/15	9/16~9/30	10/1~10/15	10/16~10/31
売掛金入金				10,000		13,000		15,000		12,000		11,000
買掛金支払	0	8,000	0	10,400	0	12,000	0	9,600	0	8,800		7,200
給与支払い	1,500	0	1,500	0	1,500	0	1,500	0	1,500	0	1,500	0
収支	−1,500	−8,000	−1,500	−400	−1,500	1,000	−1,500	5,400	−1,500	3,200	−1,500	3,800
月初預金残高	13,000	11,500	3,500	2,000	1,600	100	1,100	−400	5,000	3,500	6,700	5,200
月末預金残高	11,500	3,500	2,000	1,600	100	1,100	−400	5,000	3,500	6,700	5,200	9,000

☐ 各月の上旬は資金繰りが苦しい

月の途中では、マイナスあるいは預金残高が大きく減少する日があります。ここから月末残高には問題がなくても、月末の売上代金入金までの資金繰りで苦しんでいることがわかります。マイナスを補うために銀行から融資を受けたり、経営者が一時的に資金を貸し付けたりしなければなりません。

そこで、取引先と交渉し、売上債権の入金を半月早めて「月末締めの翌々月15日に売掛金の入金」の条件になったとします。その時の資金繰り表は売上債権回転期間が短縮化され、次ページのようになります。これならば資金繰りを安定させることができます。経営の安定にもつながりますし、余裕資金でより多くの商品を仕入れるなど前向きな経営ができます。

◎売掛金の入金が半月早くなった場合

（千円）

資金繰り表	5/1~5/15	5/16~5/31	6/1~6/15	6/16~6/30	7/1~7/15	7/16~7/31	8/1~8/15	8/16~8/31	9/1~9/15	9/16~9/30	10/1~10/15	10/16~10/31
売掛金入金			10,000		13,000		15,000		12,000		11,000	
買掛金支払		8,000		10,400		12,000		9,600		8,800		7,200
給与支払い	1,500	0	1,500	0	1,500	0	1,500	0	1,500	0	1,500	0
収支	−1,500	−8,000	8,500	−10,400	11,500	−12,000	13,500	−9,600	10,500	−8,800	9,500	−7,200
月初預金残高	13,000	11,500	3,500	12,000	1,600	13,100	1,100	14,600	5,000	15,500	6,700	16,200
月末預金残高	11,500	3,500	12,000	1,600	13,100	1,100	14,600	5,000	15,500	6,700	16,200	9,000

2. 回収リスクを軽減する

　売上債権は、回収が長期化すると、回収するまでの間に取引先の経営が悪化し、回収が困難となるリスクも増大します。

　もっとも発生させてはならない費用は貸倒損失（後ほど詳しく解説）です。販売した商品には、仕入代金だけでなく給料などの費用も含まれています。売上代金を回収できなければそれらがすべて無駄になります。経営を悪化させますし、回収不能の金額によっては一気に倒産に陥ります。

　回収を早くすることで、多少なりとも回収不能リスクも抑えることができるのです。

　売上高に連動して売上債権も増加するのは通常のことです。一方で、回転期間が短縮化し、売上高が増加あるいは横ばいなのに、売上債権が減少していたら、資金繰りはラクになり、さらに貸し倒れの発生リスクを抑えることができ、経営には非常にプラスといえます。

　売上債権が減少する理由は「Ａ：売上高の減少」「Ｂ：売上債権の回収サイトの短縮化」「Ｃ：回収不能債権を貸倒損失で処理」の３つが考えられます。

　Ａの売上高の減少は、販売不振による悪い影響によるものもあれば、採算の取れない取引先との取引を解消したり、不採算部門を廃止したりする良い影響によるものもあります。良い影響によるものであれば、売上高は減少しても売上総利益は改善されていることが確認できます。

Bの回収サイトの短縮化は、決められている取引条件が変更になった場合です。回収サイト（売上債権回転期間）は、特殊なことがない限りほぼ一定のはずです。売上高がどんなに増減しても、契約書に「当月末締めの翌々月末支払い」と書かれていれば、支払ってくれるのは一貫して２か月後です。それでも回転期間が短縮化する、健全な理由と不健全な理由をそれぞれお伝えします。

3. 健全な理由
①新規の取引先との取引開始
　既存の取引先に「２か月後のお支払いを１か月後にしてくれませんか」と依頼するのは、相手は支払いが早まるので資金繰りにはマイナスに影響します。基本的には受け入れたくはないでしょう。

　それでも相談をしてきたということは、資金繰りが相当苦しいのではないかと疑われる原因にもなります。その結果、他の仕入先に乗り換えられてしまうリスクさえあります。何より、弱みを見せたくない経営者も多いです。

　しかし、これから新規で取引を検討している顧客には、自社の希望する条件を出して交渉できます。もちろん相手の条件もあるため、すべてが成功するとは限りませんが、日々の積み重ねにより徐々に回転期間は短縮化することが期待できます。

②既存顧客への取引条件変更
　①で既存顧客への条件変更依頼はリスクがあるとお伝えしましたが、実行している企業もあります。私の顧問先の経営者は、入金までのサイトが業界平均よりもやや長い取引先には堂々と「自社は資金繰りがラクではない」と伝えて交渉しています。

　このように、回収サイトが他社と比較して長い取引先に対して、他社あるいは業界内での平均にしてもらう相談は、まだしやすいでしょう。

　営業力のある企業なら、応じてもらえなければ、回収サイトが長い取

引先との取引を徐々に縮小しながら、より良い条件の取引先にシフトすることで、売上債権回転期間は短縮化することができます。

　先ほどの顧問先の企業は、起業時は入金まで2か月だった回収サイトが、好条件の取引先を開拓したことで、今ではほぼ1か月まで短縮化に成功しています。

　平均回転期間よりもやや長い取引条件の取引先でも、他社よりも利益率が良く、経営が安定していて回収不能リスクはほぼなく、しかも自社も資金繰り的に体力があるといった状況であれば、入金まで多少待つメリットはあるかもしれません。

③売上債権の管理強化

　売上債権の管理は非常に重要です。しかし、小規模企業には経理担当者がいないことや、ある程度規模の大きな企業でも取引先が増えると、管理が不十分になってくることがあります。その結果、売上債権が増加し回転期間が長期化します。

　経理担当者は必ず売上債権の回収状況を管理しなければなりません。そして、回収状況を営業担当者にも共有します。遅れが発生した場合はただちに上司や営業担当者に報告が必要です。

　また、売上債権の大きい企業については、「大口取引先でお世話になっている」と考えがちですが、大口であるほど回収不能リスクは大きくなります。売上債権の大きい取引先こそ、相手の経営状況を定期的に確認しなければなりません。

　その企業の経営者や担当者の言動、他の取引先からの情報、場合によっては信用調査会社の利用も含めて注視することが必要です。

④経営力のある企業の証

　企業がやるべきことは条件交渉だけではありません。他社よりも優れた商品やサービスの開発が必要となりますし、常に新たな取引先を開拓する営業努力も必要です。それらを実践している企業は、収益力そして

資金繰りが改善され、さらに経営はより良くなっていくのです。

　短縮化が進んでいるのは企業に交渉力、営業力がある証ともいえますから、今後の成長力が見込めます。新規取引先の増加が理由なら営業力のある証でもあります。

　最初から「取引先には自社の商品を買ってもらっているから交渉なんてできない」と決めつけてあきらめてはいけません。入金条件だけではなく、仕入価格の上昇、人件費の増加などによって、以前の価格では利益が出なくなることもあります。売上高減少を恐れて交渉をいい出せない企業では将来はありません。

4. 不健全な理由

　売上債権の回収は早ければ早いほど自社の資金繰りにはプラスになります。売上債権回転期間が過去から短縮化しているのはいい傾向です。

　しかし、短期間で大きく好転した、同業よりも明らかに良すぎるとすれば、次の３つを疑い、注意する必要があります。

①債務を売上高に振り替え

　支払いや返済が遅れ、債務が増加している場合、それを売上高として処理するケースです。売上債権には変化がなく売上高だけが増加するので、売上債権回転期間は好転します。しかし、その粉飾は利益率に変化が現われます。

◎負債を売上高に振り替え

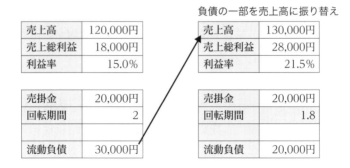

②売上債権と負債の相殺

業績悪化企業が銀行からの資金調達に支障が出ないよう、架空売上を計上する方法があります。架空売上を計上すること自体は簡単にできてしまうのですが、入金される見込みのない売上債権を発生させるため、売上債権回転期間を悪化させることになります。

◎売上債権と負債の相殺

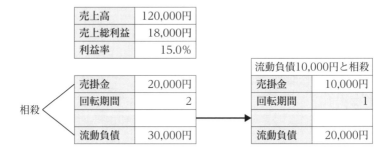

経営悪化企業では架空、回収遅れや不能になっている売上債権が計上されたままになっていることがよくあります。売上債権回転期間が長期化すれば、売上債権の内容に問題があると疑われますから、それを隠すために負債と相殺して正常な売上債権残高にするのです。

③貸倒損失の発生

　取引先の倒産によって売上債権が回収できなくなる場合があります。その場合、資産価値の無い売上債権をそのまま残すわけにはいきませんので、貸倒損失として費用処理します。

◎貸倒損失の発生

売上高	120,000円
売上総利益	18,000円
利益率	15.0%

売掛金	20,000円
回転期間	2

売上高	120,000円
売上総利益	18,000円
貸倒損失	5,000円
利益	13,000円
売掛金	15,000円
回転期間	1.5

　しかし、貸倒損失が発生することで赤字になる場合、売上債権にしたままにしていることが多々あります。売上債権の勘定科目内訳明細書にいつまでも同額で残ったものがないか必ず確認が必要です。

◎売掛金内訳書に同額の残高が計上されたままの取引先はないか

(円)

科目名	社名	所在地	前期末残高	当期末残高
売掛金	A社	東京都中央区	32,500,000	33,256,300
売掛金	B社	宮城県仙台市	29,365,000	31,600,500
売掛金	C社	群馬県高崎市	5,500,000	5,500,000

2期が同額なのは疑ってみる

STEP4　ファクタリングの利用はないか確認する

　ファクタリングとは、売上債権を売却し早期に資金化する方法です。企業が取引先の承諾を得て、ファクタリング会社に売上債権を売却し、期日に取引先企業はファクタリング会社に支払いをする流れになります。

◎ファクタリングの流れ

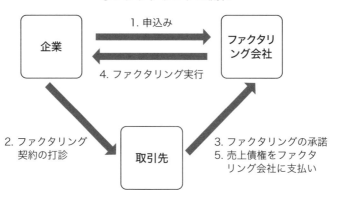

1. ファクタリングのメリット

まず、この資金調達方法は違法なものではありません。融資ではありませんから負債は増加しませんし、売上債権を即時に資金化することができます。貸借対照表の見た目を良くすることができますし、融資よりも実行までは短期間、税金の未納があっても可能です。

2. 3者間ファクタリング

3者間ファクタリングとは、「利用する企業」「ファクタリング会社」「取引先」の3者間で、上の図のようにやりとりをするファクタリングです。

利用企業はファクタリング会社に申込みをし、取引先にファクタリング利用を打診します。取引先がファクタリングの利用を承諾すれば、買取手数料を引かれて入金されます。そして、のちに売上債権が取引先からファクタリング会社に支払われます。

3. 2者間ファクタリング

取引先に「弊社はファクタリングを利用するので、代金はファクタリング会社に支払ってください」と依頼すると、「銀行から融資が受けら

れないため、そんな方法を使うのでは」と思われてしまうリスクがあります。

そこで、最近は取引先に通知せずに済むファクタリングが急増しています。利用企業とファクタリング会社だけで取引が成立する「2者間ファクタリング」と呼ばれるものです。

◎2者間ファクタリングの流れ

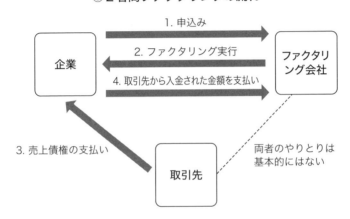

4．2者間ファクタリングのデメリット

2者間ファクタリングのデメリットは、手数料が非常に高いことです。ホームページには買取手数料が「1％～」と書かれていても、実際は10％近くになることもあります。仮に5％で買い取ってくれて、売上代金回収まで30日、1,000万円の売掛金があったとします。その場合は、50万円を手数料として引かれた950万円が入金されます。そして1か月後に1,000万円が振り込まれたらファクタリング会社へ支払うのです。

ファクタリング会社は資金が支払われない相応のリスクを負っているため、買取手数料を高く設定せざるを得ないという事情もあります。

損益計算書にはファクタリングの利用手数料は、支払利息・割引料、支払手数料、売上債権売却損、雑損失などが用いられ、企業によって異なります。融資と同じ感覚で支払利息にしていることも考えられます。

どれを使うにしても売上債権回転期間の短縮化が見られます。これらの勘定科目の残高が急増したら注意しましょう。営業利益を少しでも良く見せたいため、営業外費用に計上されている可能性が高いです。

STEP5　長期化は不良債権や粉飾決算などの可能性も

　取扱商品や取引先のシェアなどに変化がなければ、通常は売上債権回転期間が大きく変化することはありません。

　つまり、回転期間の変化には何か原因があります。特に、回転期間が長期化しつつあれば大きな問題が隠れている可能性が高いのです。

　問題となり得る6つの理由を簡単に説明します。

1. 売上高増加策のために価格や回収条件で譲歩した

　損益計算書の売上高や利益に目を向けがちな経営者は多いです。売上高が増加すれば利益も増え、資金繰りが改善されると誤った認識を持つ方もいます。この誤った認識が生じた際、売上高の増加を狙って、取引先に価格や回収条件を譲歩することがあります。これは確実に資金繰りが悪化し、回収不能のリスクも上昇するため注意が必要です。

2. 取引先の資金繰り支援

　取引先と長年の取引をしていた場合、担当者や経営者が個人的にも親しい関係になることも多いです。そこで親しい取引先から「資金繰りで苦しんでいる」と相談を受けると、協力要請に断りきれないことがあります。しかし、通常は資金繰りが苦しくなれば、まずは銀行への返済相談や税金・社会保険料で調整するのが妥当です。そのため、仕入先にまで相談するようでは、かなりの経営悪化が想像できます。相当悪化した財務内容で、経営は末期状態かもしれません。この理由で売上債権が増加した分は将来、回収不能になるリスクは極めて高いです。

3. 取引条件の見直しを求められた

　取引先から「支払期間を延ばしたい」と取引条件の見直しを求められることがあります。この見直しに応じると、売上債権は増加、企業は資金繰りの悪化につながります。条件変更を求める行為は、資金繰りに窮しているイメージを持たれることから、慎重になる企業が多いですが、それでも求めてくるほど資金にゆとりがない可能性もあります。しかし、新たな取引先を開拓することが容易でないことも多く、力関係で弱い立場にある企業であれば受け入れざるを得ないかもしれません。

4. 債権管理が杜撰

　経営者・営業担当者の目標が「売上獲得まで」で終わってしまい、売上が計上できたら満足して債権管理が杜撰な企業があります。特に、小規模企業では管理部門に満足な人員を配置できないこともあり、取引先が多数にわたると売上債権の管理が疎かになることがあります。

　請求書に「○○日以内にお振り込みください」と明記していなかったり、期日までに振り込まれなくても相手に気をつかいすぎて速やかに連絡しない、そもそも振込予定日を確認しなかったりする企業はあるものです。

　支払う側は、何度もしつこく催促してくる企業から先に支払います。催促もせず「当社を優先して支払ってくれるだろう」「もう少しで入金されるだろう」と悠長に待っていては、他社への支払いを優先し、結局は倒産して回収できない事態になりかねません。

5. 回収不能が発生

　取引先が経営悪化により倒産、または1年以上も売上債権が回収できない事態が発生したら、本来は「貸倒損失」で費用処理するべきです。

　しかし、特に中小企業では売上を数社に大きく依存していることが多く、1社のみの回収不能額も多額になる可能性が高いです。多額の回収不能額を「貸倒損失」で費用計上すれば、多額の赤字が生じ、場合によ

っては債務超過など財務内容を大きく毀損することになります。

　銀行の審査は過去の財務内容だけでなく、企業の将来性にも目を向け始めていますが、とはいえ、決算書重視の姿勢も見られます。したがって、今後の融資への影響を恐れた経営者が、回収不能額を費用処理せず資産計上のままにすることがあります。銀行対策以外にも、売上債権の回収ができない場合、貸倒損失として損金処理するのは税務上の問題になるケースがあります。税務調査で貸倒損失処理が認められない可能性があるなら、資産のままにしておこうとの考えになるのです。

6. 売上高の架空計上

　連続して赤字が続くと、いずれは銀行の対応は慎重になることが懸念されます。本来は新商品の開発や営業強化で売上の増加を図り、黒字化させるべきですが、すぐに効果が出るとは限りません。そこで「架空売上」を計上し、手っ取り早く黒字に転じたように見せる、粉飾決算がよく起こります。

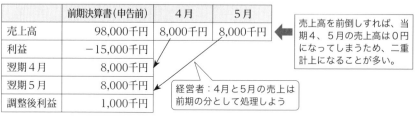

◎赤字決算を避けるため売上高を前倒し計上

	前期決算書(申告前)	4月	5月
売上高	98,000千円	8,000千円	8,000千円
利益	−15,000千円		
翌期4月	8,000千円		
翌期5月	8,000千円		
調整後利益	1,000千円		

売上高を前倒しすれば、当期4、5月の売上高は0円になってしまうため、二重計上になることが多い。

経営者：4月と5月の売上は前期の分として処理しよう

　例えば、上の図のように、3月決算の企業が税務申告のために決算書を作成し、売上高は9,800万円、利益は1,500万円の赤字だったとします。3月決算企業は原則5月末までに申告納税が必要なため、5月中旬までに作成するケースが多く、だとすれば、翌期4月の売上は確定、5月の売上もある程度の金額は確定しています。「架空売上」は、この場合、4月と5月の2か月分（1,600万円）を前期3月の売上に含めてしまう

のです。架空売上を前倒しで計上し、100万円の黒字になっています。

　黒字にはなりますが、粉飾の程度によっては利益率が明らかにおかしくなり、さらに、存在しない売上債権が計上されます。また、前倒しした売上高を、4月5月ともに改めて計上してしまうと、前期の架空計上分はずっと残ったままになり、その結果、回転期間は悪化します。

STEP6　内訳書から売上債権の内容を確認する

　決算書の付属書類として勘定科目内訳明細書があります。

　資産などの内容が詳細に記載された書類です。そのなかで、売上債権のページには、下のように相手先、所在地、期末時点での残高などが記載されています。この内訳明細書に注目することで不良債権（回収不能や架空計上分）を見つけることができるかもしれません。

◎売掛金（未収入金）の内訳

本来の売掛金内訳

科目	相手先		期末現在高	比率
	名称(氏名)	所在地(住所)		
売掛金	A社	東京都千代田区	3,500(千円)	43.8%
売掛金	B社	東京都文京区	1,800(千円)	22.5%
売掛金	C社	大阪府大阪市	1,200(千円)	15.0%
売掛金	D社	愛知県名古屋市	800(千円)	10.0%
売掛金	E社	北海道札幌市	700(千円)	8.8%
計			8,000(千円)	100.0%

内訳書に比率はありませんが、ここではわかりやすくするために加えてあります。

　経営者や経理責任者は、それらの存在を銀行など資金の出し手に見破られないようにしていますが、注視することでおかしな箇所が出てくるものです。なお、回収不能分が発生した場合、実際の相手先でそのまま計上されていることが多いのですが、残高が一定のままでは銀行から怪しまれるため、1～2に示すような方法で架空計上と同様に隠すこともあります。

1. 架空売上分

■「その他」と記載し、まとめて計上

架空計上された売上債権を「その他」として記載する方法です。これがもっとも多いと思います。通常は具体的な社名や所在地などを記載しますが、架空では実在する企業名は書けないので「その他」で処理してしまうのです。「その他」の残高が数万、数十万円程度なら少額の取引先をまとめたとも考えられますが、金額が大きい場合は要注意です。

また、「その他」ではなく架空の企業名にしている場合もあります。これまで見たこともない企業名であれば、必ずどのような取引先そして内容なのか、経営者には必ずヒアリングする必要があります。

◎その他で計上　　　　　　(千円)

科目	相手先		期末現在高	比率
	名称(氏名)	所在地(住所)		
売掛金	A社	東京都千代田区	3,500	14.6%
売掛金	B社	東京都文京区	1,800	7.5%
売掛金	C社	大阪府大阪市	1,200	5.0%
売掛金	D社	愛知県名古屋市	800	3.3%
売掛金	E社	北海道札幌市	700	2.9%
売掛金	その他		16,000	66.7%
計			24,000	100.0%

あるいはまったく見たことがない企業名と所在地が入っていることも

■一番売上高の多い企業に含める

売上高がもっとも多い取引先は、金額も取引数も多いため、粉飾したことが見つかりにくいと考え、一番の取引先の残高に含めてしまう方法もあります。しかし、メインの取引先の動きは、銀行員やコンサルタントはそもそも月の売上高や取引条件は詳しく把握するべきですし、その後の入金状況もよく確認するようにします。

◎一番の取引先に含める　　(千円)

科目	相手先		期末現在高	比率
	名称(氏名)	所在地(住所)		
売掛金	A社	東京都千代田区	19,500	81.3%
売掛金	B社	東京都文京区	1,800	7.5%
売掛金	C社	大阪府大阪市	1,200	5.0%
売掛金	D社	愛知県名古屋市	800	3.3%
売掛金	E社	北海道札幌市	700	2.9%
計			24,000	100.0%

■残高の比率に応じて分散

　これは一番手が込んでおり、見極めも難しい方法です。売上債権の期末残高比率に応じて架空分を振り分けるのです。業種にもよりますが、売上債権に占める取引先のシェアはそう大きく変動しないため、もっとも発見が難しいです。外部専門家がアドバイスをしている可能性もあるので厄介ですが、他の方法より面倒なので件数的には少ないでしょう。

◎比率に応じて分散　　(千円)

科目	相手先		期末現在高	比率
	名称(氏名)	所在地(住所)		
売掛金	A社	東京都千代田区	10,500	43.8%
売掛金	B社	東京都文京区	5,400	22.5%
売掛金	C社	大阪府大阪市	3,600	15.0%
売掛金	D社	愛知県名古屋市	2,400	10.0%
売掛金	E社	北海道札幌市	2,100	8.8%
計			24,000	100.0%

2. 回収不能分

■同じ残高が計上されたままである

　すでに倒産している、あるいは実質倒産に近い状態で長期間入金されない、といった取引先がある場合は、売上債権が回収できず、ずっと同

じ残高が計上されたままになります。

　回収見込みを経営者に尋ねると、「いつかは支払ってくれると思う」との回答が多いですが、1年経っても支払ってもらえない場合、ほとんどのケースで今後も回収できる見込みはないと考えたほうがいいでしょう。

◎同じ残高が計上されている　　（千円）

科目	相手先		前期末 現在高	当期末 現在高
	名称（氏名）	所在地（住所）		
売掛金	A社	東京都千代田区	3,250	3,500
売掛金	B社	東京都文京区	1,800	1,800
売掛金	C社	大阪府大阪市	1,500	1,200
売掛金	D社	愛知県名古屋市	400	800
売掛金	E社	北海道札幌市	330	700
計			7,280	8,000

■未回収分だけ増加

　経営が不調で売上債権の入金が遅れ気味であったり、一部だけが入金される月があったりした場合、徐々に売上債権の残高が増加していきます。

　この場合、取引先は倒産や廃業には至っていないので、売上は継続して発生し、売上債権も増加傾向とはいえ回収できています。

　架空売上の計上も疑われるので、過去数期（少なくとも5期、できればそれ以上）の残高や回転期間を確認します。また、実在する売上債権であったとしても、回収不能分が多額に含まれているでしょうから、最近計上された分は資産価値があるとしても、それ以前については回収不能に近いと考えられるでしょう。

　これまで架空売上や回収不能の売上債権が含まれている内訳書を見たことがありますが、それらがないからといって安心はできません。

3. 1社に大きく依存

回収不能リスクがあるため、取引先は分散した状態が理想的です。

しかし、誰もが知る大手企業の売上が大きなシェアを占めて「自社は大企業から信頼される企業だ」と安心している企業も少なくありません。

これは、かなりリスクの高い経営です。世界中でも自社しかできない技術を保有しているなど、特殊な能力がない限り、単なる下請け企業で都合よく利用されている関係なら、より単価の安い他社にすべて持っていかれる可能性があるからです。取引先の担当者が変更になったとたんに、担当者の意向で売上高が急減するケースもあります。

たとえ大手企業であっても1社への依存から脱却し、もし取引が打ち切られても一気に倒産に向かうことがないよう、取扱商品・製品を見直すなど、取引先を分散する必要があります。

4. 信用力の低い新規取引先との取引

売上高が減少し赤字が続いてくれば、銀行から次は黒字決算を求められることが理由で、無理して取引先を獲得することがあるかもしれません。ただ、そのなかには信用力の低い企業が含まれる可能性があります。

信用調査会社の評点が低いような新規取引先には、少額からの取引などによって、万一の場合のリスクを減らしましょう。

売上金額だけを意識しすぎるがゆえに発注があれば歓迎してしまいがちですが、取引実績のない企業から大口の発注が来た場合には注意が必要です。どんな企業からであっても慎重な姿勢が必要です。

STEP7 不良債権発生や取引条件悪化は資金繰りにはマイナス

売上債権が増加する原因は大きく3つあります。1．売上高増加、2．取引条件悪化、そして3．不良債権（架空売上計上や回収不能債権）の発生によるものです。

例として次ページ表の企業は、月の売上高は1,000万円、仕入高や給

与そして経費はそれぞれ売上高の30%、毎月の返済は80万円です（月商5か月分の借入金、返済期間は5年と仮定）。

◎資金繰りへの影響

簡易損益計算書と借入金返済　　　　　　　　　　　　　　　（千円）

	4月	5月	6月	7月	8月	9月
売上高	10,000	10,000	10,000	10,000	10,000	10,000
仕入高	3,000	3,000	3,000	3,000	3,000	3,000
給与	3,000	3,000	3,000	3,000	3,000	3,000
その他経費	3,000	3,000	3,000	3,000	3,000	3,000
利益	1,000	1,000	1,000	1,000	1,000	1,000
返済	800	800	800	800	800	800

1. 取引条件悪化

売掛金及び買掛金ともに翌月末に入金・支払いがある場合が下の表です。4月は680万円のマイナスですが、それ以降は毎月20万円のプラスです。

◎①売掛金・買掛金ともに翌月に入金・支払い　　（千円）

	4月	5月	6月	7月	8月	9月
売掛金回収	0	10,000	10,000	10,000	10,000	10,000
買掛金支払	0	3,000	3,000	3,000	3,000	3,000
給与	3,000	3,000	3,000	3,000	3,000	3,000
その他経費	3,000	3,000	3,000	3,000	3,000	3,000
返済	800	800	800	800	800	800
収支	−6,800	200	200	200	200	200

そして売上入金が翌々月末の場合が②の表です。給与、経費、返済は月末前に支払いが済むものとします。

◎②売掛金は月末締め翌々末回収の場合 （千円）

	4月	5月	6月	7月	8月	9月
売掛金回収	0	0	10,000	10,000	10,000	10,000
買掛金支払		3,000	3,000	3,000	3,000	3,000
給与	3,000	3,000	3,000	3,000	3,000	3,000
その他経費	3,000	3,000	3,000	3,000	3,000	3,000
返済	800	800	800	800	800	800
収支	−6,800	−9,800	200	200	200	200

　①の表は5月以降、②の表は6月以降の収支がプラスです。しかし、それまでの大幅なマイナスや、月末の売掛金回収より先に給与や経費及び返済が先行して発生します。したがって、現預金残高にもよりますが月中はかなり資金繰りが苦しいと考えられます。

　だからこそ取引条件（売上代金の回収は早めに、仕入代金の支払いは後に）は重要なのです。

2. 売上高増加

　月商1,000万円の企業が2倍の2,000万円になったとしましょう。それに伴い仕入、給与、返済額も2倍、経費は1.5倍と仮定しているのが次ページ③です。売掛金は翌々月末回収、買掛金は翌月末支払いの資金繰り表が次ページ④です。

　6月以降は毎月収支が190万円プラスですから、月商1,000万円のケースよりも良いように見えます。

　しかし、4月、5月のマイナス収支は約2倍まで拡大しています。それに毎月末に入金される2,000万円の前に先行して支払う給与や諸経費支払いも大きく増加し、資金負担も増加しているのです。

◎③売上が２倍の場合。仕入・給与、返済も２倍、その他経費は1.5倍と仮定

(千円)

	4月	5月	6月	7月	8月	9月
売上高	20,000	20,000	20,000	20,000	20,000	20,000
仕入高	6,000	6,000	6,000	6,000	6,000	6,000
給与	6,000	6,000	6,000	6,000	6,000	6,000
その他経費	4,500	4,500	4,500	4,500	4,500	4,500
利益	3,500	3,500	3,500	3,500	3,500	3,500
返済	1,600	1,600	1,600	1,600	1,600	1,600

◎④買掛金は翌月末支払い、売掛金は翌々月末入金

(千円)

	4月	5月	6月	7月	8月	9月
売掛金回収	0	0	20,000	20,000	20,000	20,000
買掛金支払	0	6,000	6,000	6,000	6,000	6,000
給与	6,000	6,000	6,000	6,000	6,000	6,000
その他経費	4,500	4,500	4,500	4,500	4,500	4,500
返済	1,600	1,600	1,600	1,600	1,600	1,600
収支	−12,100	−18,100	1,900	1,900	1,900	1,900

　買掛金も売掛金と同様に２か月先にできたとしても、給与やその他経費、返済は翌々月末にはなりませんから、売上高は増加すればするほど入金を待つ金額は増加し資金繰りは悪化します。

　それでも、売上増加に伴う売掛金であれば、事業が好調なことによる前向きな資金需要です。売掛金の内容に問題がなければ、銀行は積極的に融資に応じやすいといえます。

3. 不良債権発生

　売上債権は早期に回収されず、1.5か月から２か月程度は待たされるわけですが、最悪の場合は取引先から支払ってもらえない場合があります。

　その売上債権が回収不能になったら、利益から経費を支払ったり返済することができません。それが最も大きい取引先であったら一気に倒産する可能性が高いですし、避けることができたとしても、危機的状況に

陥ることは間違いありません。

　下の企業は、一番の取引先（月商500万円）が倒産、6月の入金がなされなかった例です。

◎回収不能債権の発生

（千円）

	4月	5月	6月	7月	8月	9月	10月	11月
売掛金入金	10,000	10,000	5,000	5,000	5,000	5,000	5,000	5,000
買掛金支払	3,000	3,000	3,000	1,500	1,500	1,500	1,500	1,500
給与	3,000	3,000	3,000	3,000	3,000	3,000	3,000	3,000
諸経費	3,000	3,000	3,000	3,000	3,000	3,000	3,000	3,000
返済	800	800	800	800	800	800	800	800
収支	200	200	−4,800	−3,300	−3,300	−3,300	−3,300	−3,300

　ただちに販路開拓に成功し500万円の売上を回復させることができれば、何とか経営を立て直すことはできるでしょうが、それは容易ではないことが多いのではないでしょうか。

　その場合、仕入高もその分は減少しますが、返済額はストップしても給与や経費削減は早急な対応が困難であれば、毎月の預金残高は減少し続けます。月商程度の預金残高しかなければ、このままでは8月頃には資金ショートします。

　したがって、先ほど申し上げたように取引先は分散したほうが経営は安定しますし、売上債権回転期間が長期化していれば、取引先からの入金が遅れ気味ではないか、経営悪化の兆候がないか日頃から注意しておくことも必要です。

　なお、架空売上の計上により発生した売掛債権は、そもそも存在しない債権ですから、売上債権回転期間を悪化させたとしても、直接、資金繰りには影響はありません。しかし、実態は赤字経営ですから、それを隠して資金調達しようとしています。そもそも資金繰りが極めて厳しい立場にあります。

　架空売上を何期にもわたって計上し続けていると、売上債権回転期間は半年、それ以上になっている場合があります。そこまでになってくる

とかなり末期的な経営状態です。

　それを隠すために売上債権を固定資産に振り替える、買掛金や借入金などの負債と相殺するなど、かなり悪質な粉飾決算に手を出してくることもあるので注意が必要です。

STEP8　不良債権を排除して売上債権回転期間を再度計算

　先ほど売上債権回転期間を計算しましたが、このように売上債権には実質的に資産価値の無いものが含まれていることがあります。架空のものは計上してはいけませんし、すでに回収不能で価値の無いものは損失処理をするべきです。つまり貸借対照表の資産の部には、本来計上されている簿価で換金できる価値のあるものだけが計上されている必要があります。そこで不良債権を排除した売上債権で回転期間を再度計算してみましょう。

　決算書の売上債権が前期7,734万円、今期7,554万円です。それぞれの内訳を確認したところ、次のような事実が明らかになりました。

　前期の売上債権に異常はありませんでしたが、当期に回収不能債権が1,000万円発生していました。

　当期の実態売上債権は6,554万円、売上高は51,084万円でしたから、実際の売上債権回転期間は次のとおりとなります。

6,554 ÷ 4,257(51,084 ÷ 12) = 1.5か月

　先ほどの計算では当期1.8か月でしたが本来は1.5か月でした。回収不能や架空債権が発生すると長期化します。他にも回収サイトの長い取引先の債権が多かったのか、それとも回収サイトの変更があったのかなどの理由が考えられます。

　今回は短縮化していますが、長期化している場合、前期と当期だけでなく前の分（できれば5期程度）も計算してみましょう。数年前から徐々

に長期化している場合は架空あるいは回収不能債権の発生が疑われます。

まとめ

- 売上債権の減少理由としては、売上高の減少、入金サイトの短縮化、売上債権の管理強化、貸倒損失の発生などが考えられます。
- 売上債権回転期間の短縮化は、売上代金が早期に振り込まれていますから資金繰りが改善されます。資金繰りはラクになりますから経営にはプラスの効果があります。
- 売上債権回転期間が長期化していないか確認しましょう。
- 売上債権には粉飾による架空計上や、回収不能になった不良債権が含まれている可能性があります。
- 不良債権は売上債権回転期間だけでなく、勘定科目内訳明細書に不審な点がないかよく確認しましょう。
- 資金繰り安定のためにも取引条件の改善が必要です。
- 売上債権の減少理由がファクタリングの頻繁な利用による可能性があります。銀行からの融資が出ない企業で最近非常に利用が増えています。資金繰りに窮していると考えられますし、手数料が高く経営の足を引っ張りますから経常的な利用には注意が必要です。倒産を早めることにもなります。

第8章
「有形固定資産」が増加している

貸借対照表

資産	流動資産	負債	流動負債
	固定資産 / 有形固定資産		固定負債
	無形固定資産	純資産	株主資本
	投資その他の資産		株主資本以外
	繰延資産		

固定資産は有形・無形固定資産、そして投資その他の資産の3つに分かれます。有形固定資産とは、主に建物、土地、機械装置、車両運搬具、工具器具備品など、無形固定資産は特許権やソフトウェア、投資その他の資産は投資有価証券などが該当します。決算書に計上される固定資産の多くは有形固定資産でしょう。

有形固定資産	無形固定資産	投資その他の資産
形があり目に見える固定資産です。事業のために長期にわたって所有する有形の資産です。	形がないため見ることはできませんが、長期にわたって企業経営に役立つさまざまな権利などが該当します。	固定資産のうち、有形及び無形に該当しないものになります。
機械装置、車両運搬具、土地、建物など	営業権、特許権、借地権、ソフトウェアなど	投資有価証券、長期預金、長期貸付金、長期前払費用など

分析のステップ

STEP1 前期と当期で有形固定資産が増加していないか
⬇
STEP2 固定比率及び固定長期適合率を確認する
⬇
STEP3 有形固定資産の増加理由
⬇
STEP4 投資判断は適切か、設備投資計画を確認する
⬇
STEP5 実在しない粉飾の疑いもあるので要注意
⬇
STEP6 特別償却がないか注意

STEP1　前期と当期で有形固定資産が増加していないか

　貸借対照表の資産を見ると、有形固定資産が計上されていることがわかります。また、内訳の数字を見ることで、機械装置の購入で有形固定資産が919万円増加していることもわかります。

	前期		当期
有形固定資産	29,151万円	有形固定資産	30,070万円
うち機械装置	4,019万円	うち機械装置	6,119万円

1. 有形固定資産は減価償却によって減少する

　有形固定資産は土地を除いて減価償却を行なう必要があります。

　減価償却とは、資産を取得した会計期間で全額を費用計上せず、耐用年数に応じて分割計上する会計処理をいいます。

　簡単に説明すると、「10年使える機械を1,000万円で購入したら、毎年100万円ずつ減価償却費という勘定科目を使って費用計上しましょう」ということです。減価償却費の計算方法は、厳密には3つありますが、ほとんどは定額法と定率法の2つの方法が適用されています。

　また、建物や建物付属設備などは定額法しか使えません。他の有形固定資産は、企業が税務署に届け出ない限り、自動的に定率法が適用され、税務署に届け出ることで定額法を使うことができます。

■定額法

　定額法とは、毎期均等額を費用計上する方法です。耐用年数5年の300万円の固定資産を購入し期首から使用したとすれば、毎期60万円ずつ減価償却費で費用計上し、最後の期は599,999円で計上し、決算書には1円を残します。これは貸借対照表に固定資産が存在すると示すためです。

下のグラフのように、減価償却額は定額であり、償却費を差し引いた残高（残存価額）はまっすぐな線で表すことができます。

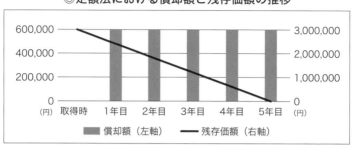

◎定額法における償却額と残存価額の推移

■ **定率法**

定率法とは、毎期同じ償却率で償却していく方法です。耐用年数が5年であれば償却率は0.400と決められており、300万円×0.400＝120万円と初年度の減価償却費が計算され、翌期は（300万円－120万円）×0.400＝72万円と計算します。

その結果、下のグラフのように初期は多額の減価償却費が発生し徐々に減少していきます。定率法のメリットは節税の効果が大きいことです。

一方で、毎期で同じ売上高と減価償却費以外の費用を計上したとしても、利益が同じにならないデメリットがあります。

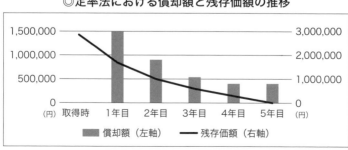

◎定率法における償却額と残存価額の推移

2. 売却や除却による減少もある

有形固定資産が減少する主な理由は減価償却によるものですが、使用中であっても売却したり、災害などで損傷を受けて除却したりする場合もあります。

売却や除却が生じたことは、損益計算書の特別損失に「売却損」や「除却損」、あるいは売却によって利益が出るなら特別利益に「売却益」が計上されているかどうかで確認することができます。

3. 有形固定資産の取得を固定資産台帳や元帳などから確認

有形固定資産の金額が減少していても、有形固定資産を新たに取得している可能性があるため、注意が必要です。

◎有形固定資産を取得しても期末残高が減少することも

	前期末	当期末
有形固定資産	5,000万円	4,000万円

当期は前期よりも減少した。試算表で期中の増減を確認すると……

①減価償却により減少した

前期繰越	期間借方	期間貸方	当期残高
5,000万円	0	1,000万円	4,000万円

②有形固定資産を購入したが、それ以上に減価償却費が発生した

前期繰越	期間借方	期間貸方	当期残高
5,000万円	1,000万円	2,000万円	4,000万円
	取得	減価償却	

決算書よりも試算表のほうが増加と減少の額が計上されわかりやすい

固定資産台帳に各固定資産の明細が書かれています。新たに取得した固定資産の詳しい内容がわかるため、金額の増減に限らず、確認する必要があります（STEP3参照）。

STEP2 固定比率及び固定長期適合率を確認する

　有形固定資産は長期にわたって事業に貢献する資産です。しかも高額となることが多く、自己資金だけでは購入が難しいことが多いです。

　したがって、無理に自己資金だけで購入したり、短期で返済するような融資で得た資金を使うのは、後々の資金繰りを悪化させ経営にも悪影響を及ぼします。

1. 固定比率とは

　固定比率とは、純資産に占める固定資産の割合を示す指標です。

　固定資産がどの程度の純資産で賄われているかを表し、企業の安全性を判断する際に用いられます。

　固定資産は、仕入れて販売し、すぐに入金がある商品とは異なり、長期間にわたって資金が固定されます。そのため、返済が不要な資金調達方法、つまり純資産で賄われる下のような構図が望ましいのです。

◎理想のケース

流動資産	流動負債
	固定負債
固定資産	純資産

返済不要の純資産の範囲内に収まっている。経営の安全性は高い。

　固定比率の計算式は次ページ上のとおりです。固定比率が100％以下であれば純資産で賄うことができていることになるため、100％以下が望ましく、低いほど安全性が高いということです。100％以下に該当する企業はかなり財務的に良好であることを示していますが、現実には100％を超える企業が多いです。

$$固定比率＝固定資産÷純資産（自己資本）×100（\%）$$

2. 固定長期適合率とは

固定長期適合率とは、純資産と固定負債の合計額に占める固定資産の割合を示す指標です。固定資産が固定負債と純資産の合計額内で賄われているかを表しています。固定比率と同じく企業の安全性を判断するために用います。

先ほどの固定比率が100％を超えていても、長期で返済する借入金で固定資産を取得できていれば安全性は高いといえます。住宅を購入する際、自己資金に加えて住宅ローンを利用して長期間にわたり少額ずつ返済すれば生活が安定するのと同じです。計算式は次のとおりです。

$$固定長期適合率＝固定資産÷（固定負債＋純資産）×100（\%）$$

この指標は、どの業種でも100％以下であることが必要です。

◎最も多いケース

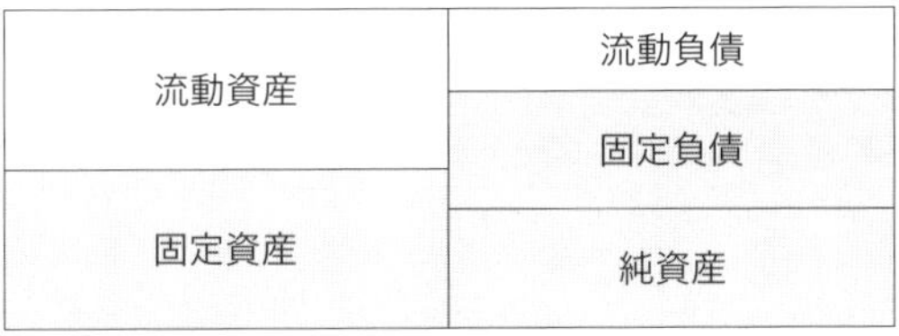

	流動負債
流動資産	固定負債
固定資産	純資産

返済不要の純資産と返済が長期間にわたる固定負債で固定資産を購入。理想のケースよりは劣るがこちらも安全性は高い。

なぜなら、100％を超えてしまうと、次ページの図のように流動負債で固定資産を一部カバーすることになるからです。

固定資産を購入するために短期借入金で資金調達し、1年以内に返済が発生したら、手持資金で返済しなければなりませんが、それでは資金

繰りを悪化させることにもなりかねません。最悪の場合は購入した固定
資産を売却して返済しなければなりません。資金繰りが不安定になって
いるため、長期借入金により手持資金を増やすなどの対策が必要です。

◎経営に問題があるケース

流動資産	流動負債
固定資産	固定負債
	純資産

流動負債で固定資産を調達。短期支払いが必要な流動負債を
流動資産で支払うことができません。資金繰りは不安定に。

　日本政策金融公庫の業種別経営指標を見ると、例えば製造業のうち「黒
字かつ自己資本プラス企業平均」は73.0％、全体平均は96.5％でした。

3. 決算書をもとに計算してみる

　決算書の数値をもとに、2つの指標を計算してみましょう。

	固定比率	30,356÷6,819×100＝445.2%
前期	固定資産	30,356万円
	純資産	6,819万円
	固定比率	31,176÷7,686×100＝405.6%
当期	固定資産	31,176万円
	純資産	7,686万円

前期	固定長期適合率	$30,356 \div (30,365 + 6,819) \times 100 = 81.6\%$
	固定資産	30,356万円
	固定負債	30,365万円
	純資産	6,819万円
当期	固定長期適合率	$31,176 \div (30,170 + 7,686) \times 100 = 82.4\%$
	固定資産	31,176万円
	固定負債	30,170万円
	純資産	7,686万円

　まずは固定比率を計算すると、2期ともに100％を大幅に超えていました。一方、固定長期適合率は2期ともに100％以下に収まっています。安定した資金調達によって固定資産を取得していることが確認できました。

　なお、固定長期適合率が100％を超える場合は、流動負債で固定資産を購入していることになります。それでは1年以内に支払い義務が発生する流動負債を支払う資金がありませんから、経営に問題があります。

STEP3　有形固定資産の増加理由

　決算書の残高が増えたことで、何か有形固定資産を「購入」したことは把握できますが、購入した具体的な内容はわかりません。内容の確認資料として、次ページのような「固定資産台帳」が決算書に添付されていることがあります。もし添付されていなくても、企業は固定資産を管理するために何らかの書類を作成しているはずなので、有形固定資産の増加が企業に与える影響を確認するためには、そうした書類で購入内容を把握することが必要です。

　そして、設備投資の目的や詳細について経営者へヒアリングします。「決算書を確認したところ、機械装置を新たに導入されていますが、既存設備の更新ですか？」などと質問し、必要になった目的と、決算書にはどのようなプラスの影響があるのか確認します。

◎固定資産台帳の例

（単位：千円）

番号	勘定科目	資産名	数	取得年月日	償却方法	取得価額	期首帳簿	期中増加	当期償却	期末帳簿	償却累計
1	機械装置	A機械	1	令和5年4月1日	定率法	30,000	24,000	0	4,800	19,200	10,800
2	車両運搬具	B車両	1	令和6年4月1日	定率法	3,000	0	3,000	999	2,001	999
3	工具器具備品	Cエアコン	1	令和6年9月5日	定率法	680		680	132	548	132

　また、設備投資がなぜ生じたのか、その区分けを把握しておく必要もあります。設備投資（有形固定資産の取得）は、事業の成長や維持に不可欠なものですが、設備投資は多額の資金を要することが多いため、自己資金だけでは足りない場合もあります。その際は、銀行からの借入れなどで資金調達しなければなりません。

　企業の資金需要は大きく「運転資金」と「設備資金」に分けられ、銀行の融資もこの2つの資金需要によって融資条件を検討します。

　設備投資をする際の「設備資金」は、資金調達方法、導入する理由や目的、そして設備投資計画の妥当性を併せて検証します。

　設備投資といってもさまざまで、収益を生むものもあれば、生まないものもあります。区分けすると大きくは次のようになります。

1. 設備の拡大

　設備の拡大は、例えば次のようなものです。

- 飲食業や小売業における店舗の新設
- 製造業における製造ラインの新設、工場不動産の取得、製造用機械の取得
- 飲食業の厨房設備の取得
- 運輸業における車両取得

　これらは、経営者が「ビジネスチャンスがある、これから売上高が増加する」と判断した際に起こります。実際に、経営者にヒアリングすると、「新規取引先が増えた」「既存取引先からの発注増加が今後継続する

ため」といった説明がある場合がほとんどです。

この場合は、設備投資計画を確認するなどして、売上高や利益の見通しを把握しましょう。そのような計画が書面で確認できなくても、必ず経営者の頭の中にはあるはずです。

2. 設備の更新

設備の更新は経営の拡大というより、例えば下のように、いま保有している設備が老朽化したため買い替えるケースです。設備投資ではこのケースが圧倒的に多いです。

- 老朽化した機械の買い替え
- 飲食業の厨房機器の買い替え
- トラックや営業車両の買い替え

単に老朽化した設備を更新しただけであれば、売上高の増加にはつながりません。

しかし、最新の設備に更新したのであれば性能向上が期待されるので、最新の機械で多くの製品を製造できるようになったり、店舗の改装をして来店客の増加が期待できたりします。

また、保有している設備の老朽化によって生産能力が低下し、不良品が発生する割合が増加する、修繕費が負担になる、などの問題点によって、設備の更新に至るケースも多いです。そのため、設備の更新によりこれらの問題点が解消できれば、仮に売上高は横ばいであっても利益改善が期待できます。

3. 間接部門の設備投資

本社ビルや社宅の建設は、多額の資金がかかるだけで、収益面では何の貢献もしません。したがって、慎重に判断しなければなりません。

他にも経営の合理化や省力化、例えばIT化の推進を目的にした投資

でコストダウンを図るなどありますが、主に設備の拡大や更新が中心と
なってくるでしょう。

STEP4　投資判断は適切か、設備投資計画を確認する

　保有している設備、そしてこれから検討している設備投資は適切かど
うかを、次の5つの視点で検討します。

①設備投資目的（なぜ設備投資をする必要があるのか、あったか）
②設備の内容（何を買うのか、買ったか）
③投資効果（どのような効果が得られるのか、得られたか）
④調達計画（購入資金をどう調達するのか、調達したか）
⑤返済計画（返済に懸念はないか、なかったか）

　銀行も設備資金を融資する際、これらの内容について十分に確認し稟
議書に記入しています。経営者も設備投資の際は、これらについて十分
に検討しましょう。設備投資後のリスクを減らすことができますし、銀
行からの資金調達もスムーズに進むメリットがあります。
　上の①〜④はすでにお伝えしているので、ここでは⑤の返済計画につ
いて追加で解説します。

1. 返済能力
　企業の返済能力を簡易的に計算する算式は「税引後当期純利益＋減価
償却費」で求めます。法人税等（法人税や地方税）を引いた後の最終利
益に、資金流出を伴わない費用である減価償却費を加えた分だけ資金が
増加したと考えます。
　特別利益や特別損失のような一過性の収益や費用がある場合は、それ
らの影響を受けないように、「経常利益＋減価償却費－法人税等」で求
めます。ここでの法人税等は経常利益に税率をかけた金額です。

いずれかで計算した金額が年間で返済可能な金額となります。

2. 返済期間

　企業は取得した有形固定資産を使って長期的に利益を上げます。そのため、銀行からの借入金の返済期間も長期である必要があります。設備資金の返済期間は一般的に取得する固定資産の耐用年数の範囲内になります。

3.「年間返済額＜返済能力」になっているか

　返済期間は耐用年数以内が原則なので、その年数以内に無理なく返済ができるかが重要です。

　例えば、年間の借入金返済額1,000万円、返済可能額が1,325万円（税引後利益325万円＋減価償却1,000万円）とそれぞれの金額を比較し、返済能力が上回っていることを確認する必要があります。

　機械を導入し事業拡大を図ろうと計画する場合も、導入後に「年間返済額＜返済能力」になっているか確認する必要があります。

　この時、今まで1台だった機械が2台になるので売上高を単純に2倍と予想しがちですが、ここが落とし穴です。機械を2台にしても、すぐに売上高も2倍になるとは限りません。製造・営業ともに体制がただちに整うか、取引先が確保でき、発注があるのかなど、しっかりと確認しなければなりません。

　さらに原材料や人件費の上昇が見込まれると、税引後利益の金額が減少し、返済能力が低下することも懸念されます。

　したがって、将来の見通し、特に売上高については保守的で、設備投資後の返済計画が十分に実現可能性のある内容であることが不可欠です。銀行からの融資を受けたいからと甘い投資計画を作成してしまうと、資金調達はできても、その後に計画とは大きく乖離した結果となり、返済できずに倒産するケースまであります。銀行側や企業を支援するコンサルタントも設備拡大に関する相談には慎重になるべきです。

STEP5　実在しない粉飾の疑いもあるので要注意

　有形固定資産が増えていたら、必ず実物が存在するか確認してください。なぜなら、次の方法で有形固定資産の金額を増やしているだけで、実際には存在しないことがあるからです。

1. 修繕費やメンテナンス費用を資産計上

　機械の部品の一部が壊れた場合の修理費は、原状回復費用として計上できます。定期的な機械のメンテナンス費も費用処理できます。一方で、機械の性能を向上させる修繕の場合は、資産として計上しなければなりません。

　このような決まりがあるにもかかわらず、費用が高額であった場合、利益を出すために資産計上してしまうことがあります。

2. 実在しない資産を有形固定資産に振り替え

　実在しない売上高を計上して「架空の売掛金」がある、計上した費用を削除するために「帳簿上の現金」が増えてしまったなど、資産として計上されているものの実在しない、いわゆる架空資産が計上されていることがあります。他にも存在はするが価値の無い資産が計上されたりもします。

　これらは増加するほど不自然な残高になるので、経営者は何とか金額を減らしたいと考えます。正しく処理する方法は、損失として計上することですが、それでは損失計上が生じて目立ってしまい、銀行だけでなく、税務調査でも詳しく聞かれてしまうでしょう。

　そんな不良資産を完全に消し去る方法の１つが有形固定資産への振り替えです。例えば、売上高の架空計上によって発生した売掛金は、いつまで経っても入金されることはありません。ずっと残ったままです。そこで有形固定資産に振り替えるのです。有形固定資産にすることで、減

価償却によって耐用年数の間に徐々に減らしていくことができます。しかも減価償却費は銀行借入金の返済原資として利益に含めるので、不正をする経営者にとっては非常に都合がいいのです。

以前、ある建設会社の決算書を見た際、従業員はおらず経営者1人だけで、現場作業は外注先に依頼しているはずなのに、3期連続で車両の金額が増加していました。1人しかいないはずなのにおかしいと思い、経営者に疑問をぶつけるとやはり粉飾決算でした。従業員数に対して資産の数が多すぎる場合も粉飾決算に要注意です。

3. 減価償却費の未計上

有形固定資産は、製造販売に使うわけですから劣化していくと考え、毎期計上される減価償却費で徐々に残高が減少していきます。減価償却費を計上しても、新たな設備を購入したことで有形固定資産の残高が増加する期もあります。しかし、購入していないのに残高が減少していなければ、減価償却費の未計上（一部未計上）が考えられます。

もちろん未計上の分だけ資産価値は認められないので、資産の金額が実態と異なることになります。また、減価償却を行なわず、少しでも利益を確保したいと考えているわけですから、利益を出せずに苦戦している企業である可能性が高いです。

STEP6　特別償却がないか注意

国は中小企業の設備投資を促すための優遇措置として、特別償却や税額控除を設けています。

1. 特別控除と税額控除について

中小企業経営強化税制や中小企業投資促進税制を利用することで、設備を使用開始した期に全額費用計上できたり、税金の一部を控除したりできる制度があります（詳しくは第6章）。

有形固定資産を購入すれば、例外を除き耐用年数に応じて減価償却をしなければなりません。業績好調な企業であれば、何年もかけて減価償却をするのでは節税効果は小さく、短期間に償却させてほしいと考えますからこれらの制度を積極的に利用します。

2. 特別償却の可能性

　決算書を見て、これまでの減価償却費に比べて金額が明らかに過大、または特別損失に減価償却費が計上されていたら特別償却を利用していると考えられます。貸借対照表に資産計上されていなくても設備を取得しています。

　利用企業は多額の利益を計上しており、節税効果を得ながら今後の成長が大いに期待できる企業です。

まとめ

- 有形固定資産が増加しているということは、一般的には機械装置の導入、工場や店舗の建設などの設備投資であれば前向きに捉えることができます。今後のさらなる売上高増加が期待できます。
- 設備投資は失敗すると企業の経営に大きなダメージを与えますから、銀行は融資の相談を受けたら設備投資計画から慎重に検討しましょう。企業支援の専門家も中立な立場でアドバイスをしましょう。
- 固定資産台帳だけでなく必ず実在するか確認してください。不良資産（架空在庫、倒産した先への売掛金など）を固定資産に振り替える粉飾方法により、架空の有形固定資産が計上されていることがあります。
- 有形固定資産が増加していなくても、特別償却を利用して全額を費用計上している場合があります。固定資産台帳を確認したり、損益計算書に特別償却の計上がないか確認しましょう。

第9章 「仕入債務」が減少している

貸借対照表

資産	流動資産		負債	流動負債
	固定資産	有形固定資産		固定負債
		無形固定資産	純資産	株主資本
		投資その他の資産		株主資本以外
	繰延資産			

仕入債務とは、商品や原材料、サービスなどの提供を受けることで発生する金銭債務であり、買掛債務ともいわれます。勘定科目としては支払手形や買掛金のことを指します。建設業では工事未払金です。通常は数か月で支払いがなされるため流動負債に計上されます。

分析のステップ

STEP1 仕入債務を前期と当期で比較してみよう

STEP2 仕入債務回転期間を計算

STEP3 短縮化・長期化の原因は？

STEP4 粉飾ではないか確認する

STEP5 未計上による粉飾の可能性も

STEP6 仕入先への支払い遅延は倒産の可能性が高い

STEP7 仕入債務の内訳書を確認する

STEP1 仕入債務を前期と当期で比較してみよう

　仕入債務の主な勘定科目として、買掛金や支払手形があります。買掛金は、商品・原材料などの購入代金や、外注加工費などの未払額を記録するための科目で、支払手形は営業取引において代金支払い義務を約束する手形を振り出した場合の科目です。

　商品などの仕入れを行ない、支払いが完了するまで発生します。

　企業間取引においては、一般的に商品の仕入れを現金で支払うことは稀です。毎日多数の取引をしていると、毎度現金で支払うのは煩雑なため、あらかじめ取り決めた条件に基づき、複数の取引を一括して支払うのです。その際に仕入債務が発生し、決算書には買掛金や支払手形が計上されます。決算書からは、買掛金が確認できます。

前期		当期	
買掛金	5,745万円	買掛金	5,651万円

　2期を比較すると94万円減少しています。仕入債務の減少は、つまり今後支払うべき金額が減少したということなので、資金繰りを考えるとラクになったように見えます。しかし、減少理由によってはプラスの場合もあればマイナスの場合もあるので、分析していく必要があります。

STEP2 仕入債務回転期間を計算

　仕入債務回転期間とは、仕入債務が発生してから支払うまでの期間を示しています。商品や原材料などを仕入れてから代金を支払うまでに何か月（何日）余裕があるかを見る指標です。計算式は次のとおりです。

仕入債務回転期間＝仕入債務÷（売上高÷12）（月）
仕入債務＝支払手形＋買掛金

168

支払手形や買掛金以外にも、負債の「未払金」などに実態は仕入債務の金額が含まれていることもあります。もしその金額が把握できた場合は、仕入債務に含めて計算してください。また、仕入債務の金額は、期首と期末の平均を用いる場合もあります。

分母は12で割ることで何か月分があるか、365で割れば何日分の仕入債務があるかわかります。この計算式では年間の売上高を12で割ったものを使っていますが、月ごとに売上高の変動が非常に大きい場合は、決算直前の数か月間の平均月商で計算したほうがより正確です。

では、仕入債務回転期間を計算してみましょう。

前期	仕入債務回転期間	5,745万円÷(46,855÷12)=1.5か月
	売上高	46,855万円
	買掛金	5,745万円
当期	仕入債務回転期間	5,651万円÷(51,084÷12)=1.3か月
	売上高	51,084万円
	買掛金	5,651万円

当期は前期よりも0.2か月だけ短縮化しています。

仕入債務回転期間は、商品を仕入れた取引先に支払いを待ってもらえる期間です。そのため、期間が長いほど、資金繰りはラクになります。

回転期間が短縮化したということは、その分だけ仕入先へ早く支払いをする必要があり、資金繰りを悪化させることになります。

1. 分母には本来何を用いるべきか

仕入債務回転期間の分母に用いる金額について少し触れておきます。

先ほどの計算式では分母に「売上高」を用いました。実務上もほとんど売上高を使います。また、「○○回転期間」という指標は、仕入債務以外にも売上債権や棚卸資産で計算されます。売上債権は当然としても、いずれも分母は売上高が用いられることが多いです。

しかし、正確に仕入債務回転期間を求めるのであれば、分母は「仕入高」を用いるべきです。なぜなら、仕入債務の発生原因は、あくまで仕入れで、売上高とは直接関係していないからです。

そのため、1か月当たり仕入高の金額を使った次の計算式のほうがより正確といえます。

> 仕入債務回転期間＝仕入債務÷（仕入高÷12）（月）

期首と期末の棚卸資産残高がほぼ同額であれば、「仕入高＝売上原価」となるため、仕入高のかわりに売上原価を用いても問題はありません。売上高よりは正確なため売上原価を使う計算式もあります。

とはいえ、実務上は売上高を用いることが圧倒的多数であり、民間調査会社や公的機関が公表する統計などでも分母は売上高を使っています。

回転期間に異常があるのかを判断する際、統計資料との比較も有効なので、原則としては売上高を用いたほうがいいでしょう。

◎仕入債務回転期間には仕入高を使うべき理由

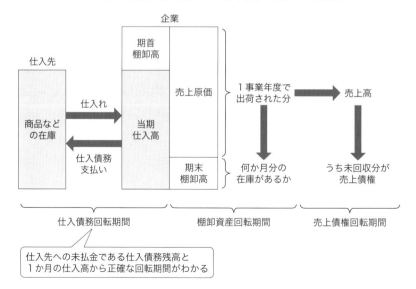

2. 基準期間は1.3か月

仕入債務回転期間が正常な範囲内なのかどうかを確認していきます。

財務総合政策研究所の調査では、2023年度の全産業で1.32か月、製造業は1.56か月、非製造業は1.23か月でした。

また、中小企業実態基本調査でも、全産業では1.3か月、製造業は1.6か月と近い結果です。

これらから考えると、全業種では1.3か月、製造業は1.5か月、非製造業は1.2か月が目安になります。先ほど計算した、前期1.5か月、当期1.3か月と比較すると、平均的な結果だと考えられます。

しかし、業界平均などとの比較に加えて、これまでの企業の過去数期、できれば10期程度前から見て大きな変化がないのかにも注意が必要です。なぜなら、今回は短縮化が見られましたが、長期化・短縮化どちらにしても経営問題が発生している可能性があるからです。例えば下の企業は、最近3期を見れば変化はありませんが、より長期で見たところ7期で短縮化が見られます。回転期間は長いほうが資金繰りをラクにさせますが、今回は短縮化されているのですから相当な理由があるはずです。

◎回転期間の長期の動きを確認する

貸借対照表 (万円)

勘定科目	1期	2期	3期	4期	5期	6期	7期	8期	9期	10期
仕入債務	800	900	960	1000	980	990	800	780	800	800

損益計算書 (万円)

売上高	4,800	5,400	5,760	6,000	6,240	6,000	6,000	5,760	6,120	6,000
仕入債務回転期間	2.0	2.0	2.0	2.0	1.9	2.0	1.6	1.6	1.6	1.6

ここから短縮化している
何かあったはず

STEP3　短縮化・長期化の原因は？

事業規模が成長しても、支払条件に変化がなければ、仕入債務回転期間はほぼ同じ結果になるはずです。売上高の増加に伴い商品や原材料の

仕入額も増加するため、仕入債務の残高も増加するはずだからです。

それにもかかわらず回転期間に変化があれば、企業内で何かが起こっているサインです。先ほどの例では、売上高が増加している一方で、仕入債務が減少していました。この場合、次のようなことが考えられます。

1. 支払条件短縮化による安値での仕入れ

仕入単価引き下げ交渉をするために、支払期間を短くする場合があります。そのため、仕入先に都合の良い支払い条件（つまり支払いを早める）によって、仕入単価を引き下げようとしている、自社への納品を優先させようとしていることが考えられます。資金繰りを悪化させますが利益面で大きな改善が図れます。

相手先は多少の利益率を犠牲にしてでも資金繰りが大きく改善するのなら、価格面で譲歩することはあるでしょう。

これは企業が資金に余裕があり、財務内容が良好であればできる手法です。あるいは銀行にあらかじめ説明をしてそれに伴う資金繰り悪化を融資で支えるとの回答が得られていると考えられます。この理由による、回転期間の短縮化はプラスに評価できます。

①は、月次損益計算書です。起業して4月から売上高が安定し毎月100万円利益が出ています。期首の自己資金はないと仮定しています。発生と同時に現金入金や支払いをすると仮定したら利益と同じ額が現金として残るため、資金繰りにはまったく問題がありません。なお、月末残高がプラスでも月中にマイナスになることもありますがここでは考えないとします。

①損益計算書 　　　　　　　　　　　　　　　　　　　　（千円）

	4月	5月	6月	7月	8月	9月
売上高	20,000	20,000	20,000	20,000	20,000	20,000
仕入高	6,000	6,000	6,000	6,000	6,000	6,000
給与	8,000	8,000	8,000	8,000	8,000	8,000
その他費用	5,000	5,000	5,000	5,000	5,000	5,000
利益	1,000	1,000	1,000	1,000	1,000	1,000

②は、買掛金は翌月末支払い、売掛金も翌月末に入金です。4月の費用支払いのため1,400万円を借り入れました。それにより5月以降も資金繰りは回っています。

②買掛金は翌月末支払い、売掛金も翌月末に入金　　　　　　　　　(千円)

	4月	5月	6月	7月	8月	9月
売掛金回収	0	20,000	20,000	20,000	20,000	20,000
買掛金支払	0	6,000	6,000	6,000	6,000	6,000
給与	8,000	8,000	8,000	8,000	8,000	8,000
その他費用	5,000	5,000	5,000	5,000	5,000	5,000
借入金	14,000	0	0	0	0	0
借入金返済	0	233	233	233	233	233
収支	1,000	767	767	767	767	767
月初預金残高	0	1,000	1,767	2,533	3,300	4,067
月末預金残高	1,000	1,767	2,533	3,300	4,067	4,833

※給与・その他費用は発生当月に支払い、借入金はすべて返済期間5年（60回返済）
　借入金の利息は無視しています

③は、買掛金は発生したら当月末に支払いますが、売掛金は翌月末に入金されるケースです。4月に計上された売掛金は5月に入金されます。しかし、4月に買掛金、給与やその他費用の支払いがありますから、資金繰り表の収支は4月は▲1,900万円と大きくマイナスです。

そこで4月に2,000万円の融資を受けました。返済期間は5年60回返済で毎月の元金返済は33万円です。仕入債務の支払条件が短縮化されたことで②よりも資金繰りが悪化することがわかります。

③買掛金は当月末支払い、売掛金は翌月末に入金　　　　　　　　　(千円)

	4月	5月	6月	7月	8月	9月
売掛金回収	0	20,000	20,000	20,000	20,000	20,000
買掛金支払	6,000	6,000	6,000	6,000	6,000	6,000
給与	8,000	8,000	8,000	8,000	8,000	8,000
その他費用	5,000	5,000	5,000	5,000	5,000	5,000
借入金	20,000	0	0	0	0	0
借入金返済	0	333	333	333	333	333
収支	1,000	667	667	667	667	667
月初預金残高	0	1,000	1,667	2,333	3,000	3,667
月末預金残高	1,000	1,667	2,333	3,000	3,667	4,333

④は、買掛金は発生したら翌々月末に支払い、売掛金は翌月末に入金

されるケースです。4月は給与とその他費用の合計1,300万円の支払い
がありますから、1,400万円の融資を受けたケースです。4月はスレス
レの預金残高ですが、5月以降は売掛金の入金が早い分、毎月の預金残
高は先ほどの③とは違うことがわかります。借入金額も少ないので、毎
月の返済額にも大きな違いがあります。毎月の収支もその分だけプラス
に作用しています。

④買掛金は翌々月末支払い、売掛金は翌月入金 （千円）

	4月	5月	6月	7月	8月	9月
売掛金回収	0	20,000	20,000	20,000	20,000	20,000
買掛金支払	0	0	6,000	6,000	6,000	6,000
給与	8,000	8,000	8,000	8,000	8,000	8,000
その他費用	5,000	5,000	5,000	5,000	5,000	5,000
借入金	14,000	0	0	0	0	0
借入金返済	0	233	233	233	233	233
収支	1,000	6,767	767	767	767	767
月初預金残高	0	1,000	7,767	8,533	9,300	10,067
月末預金残高	1,000	7,767	8,533	9,300	10,067	10,833

　④であれば、借入金残高や返済額は少ないため、毎月得られている利
益100万円のうち返済に回るのは約4分の1です。しかし、③では約3
分の1が返済に回ります。仕入債務の支払いは早ければ早いほどこのよ
うに資金繰りを苦しくさせます。

2. 仕入先の資金繰り支援

　2つ目の理由は、仕入先の資金繰り支援に応じていることです。どう
して他の仕入先に乗り換えず、資金繰り支援をしてまで取引を続けるの
かと感じるかもしれませんが、その仕入先から仕入れた材料でないとい
い製品ができない、外注先が持つ技術力が不可欠ということはあり得る
のです。取引先に満足してもらえる製品を高品質かつ安定的に提供する
ためにも、仕入先との関係は重要です。

　また、新たな仕入先を開拓するのは業種によっては容易ではないこと
も多く、仕入先が資金繰りに困っている時に、ただちに取引を解消せず

に、条件見直しによって支援することもあるのです。

　この選択も、経営内容が良好な場合のみできます。ただし、仕入先の経営内容が悪化の一途をたどり、ついには倒産することもあり、企業の販売や製造が大きな影響を受ける可能性があります。

3. 仕入先からの支払条件短縮化の要求

　仕入先から支払条件変更を求められることもあります。

　先ほどのように仕入先の資金繰り支援による条件変更に応じたのではなく、支払遅延などの発生により、「御社は信用力が低下したので、これからは支払いが生じてからでないと納品しません」といった、自社の信用力（お金を支払うことに対する信用度）が低下した理由であれば、要注意です。

　①仕入サイトの見直し、②2か月後だった条件を1か月後に変更するといった著しい短縮化、さらには③仕入時に現金払いまたは前払いを要求される、などもあります。③までくるとかなり深刻です。

　このパターンの企業は、下の表のような推移になることが多いです。仕入先の継続した協力が不可欠のため、問題ない回転率に落ちつくまでは、安心できない経営状態にあると考えられます。仕入債務は従業員への給料の次に支払いをすべきであり、銀行への返済、税金及び社会保険料よりも優先しなければなりません。そのため、資金繰りがひっ迫している状態で、銀行への返済条件変更や、税金や社会保険料の未納の発生など、他の債務支払いに支障が出ていることも考えられます。

◎仕入債務回転期間の注意したい動き

	1期	2期	3期	4期	5期	6期	7期	8期	9期	10期
仕入債務回転期間	1.0	1.0	1.5	2.0	2.5	2.3	2.1	2.0	1.8	1.7

支払遅延が発生　　　　正常に向かいつつあるが回転期間が長い

4. 事業内容に変化がないか

　事業内容に変化があると、取引条件や取扱商品の変更により、仕入債務の残高や回転期間に変化が発生する可能性があります。

　この場合は、必ずしも悪いことばかりではなく、前向きな事業内容の変化の場合もあります。

　仕入債務回転期間が短縮化した本当の理由は、決算書を見るだけでは判断ができないことが多く、さらに経営者にヒアリングしても、信用力の低下が原因であれば本当のことを口にしづらく、隠してしまうかもしれません。特に銀行員の前ではそうでしょう。

　そのため、事実を把握するためには、慎重に分析する必要があります。

5. 長期化の原因をみる

　いくら長いほうが資金繰りがラクといっても、一般的には徐々に長期化していくことが多いです。下の表のように、たった3年で1か月程度だったものが1.8か月に急激に長期化するのは違和感があり、問題があると考えられます。

◎回転期間に異常が発生していないか

貸借対照表 (千円)

勘定科目	1期	2期	3期	4期	5期	6期	7期	8期	9期	10期
支払手形	100	110	110	150	150	150	200	200	200	220
買掛金	200	220	220	300	330	500	550	600	600	660
仕入債務	300	330	330	450	480	650	750	800	800	880

損益計算書 (千円)

勘定科目	1期	2期	3期	4期	5期	6期	7期	8期	9期	10期
売上高	3,600	3,800	3,900	5,000	5,000	5,100	5,000	5,000	5,100	5,000
仕入債務回転期間	1.0	1.0	1.0	1.1	1.2	1.5	1.8	1.9	1.9	2.1

この3期で長期化している　　3期程度では異常がわかりづらい

10期で見ると1か月から2.1か月と長期化しているのは明らか

①仕入先との関係悪化の懸念

取引解消を受けるリスクが高いでしょう。そうでなければ、回転期間が長すぎる場合、支払う側の企業には都合がいいですが、仕入先企業にとっては取引先からなかなか回収できないため、資金繰りを考えるとあまり取引はしたくないでしょう。支払いが遅れたり、一方的な支払い条件を押しつけたりすれば、今後の仕入れに影響を与え、資金繰りどころの問題ではなくなります。

②資金繰りが危ない？

仕入債務回転期間が長期化していることに、正当な理由があるのならまだいいのですが、そうでない場合の長期化は資金繰り悪化により仕入債務を支払えていないということです。

この場合、すでに企業業績が悪化しており、他の指標も悪化している場合がほとんどです。売上高の減少、利益率の低下、借入金の返済額が増加したなど他にも経営が悪化していることが明らかになっているはずです。仕入債務回転期間が前ページの表のように長期化していたら、支払優先順位の高い仕入債務の支払遅延が発生しています。倒産に極めて近い経営状態といえます。

STEP4　粉飾ではないか確認する

あまりにも多額の仕入債務が計上されていたら、支払遅延が発生しているとも考えられます。そして、支払遅延を隠そうと、次の３つのような方法で粉飾が生じることがあります。

①「仕入債務を他の負債へ振り替え」「仕入債務と資産を相殺」

次ページの図のように、仕入債務を他の債務に振り替える、あるいは資産と相殺することで粉飾をしているケースがあります。

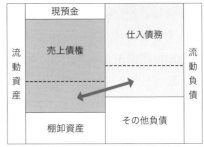

◎負債への振り替え　　　　　◎資産との相殺

仕入債務の一部をその他負債へ振り替える　　　資産（ここでは売上債権）と相殺する

1. 借入金への振り替え

　仕入先への支払滞納分を借入金に振り替えていることがあります。それは仕入先と交渉して滞納分を分割払いにすることで合意が得られたら、借入金に振り替え、支払いを返済のように処理するのです。

　それであれば借入金の内訳明細書に記載があるはずです。しかし、仕入債務の大幅な未払いを銀行に隠すために借入先を明確にしていない場合もあります。経営者からの借入金にしていることが一番多いでしょう。

2. 資産との相殺

　過去に計上された不良資産との相殺もあります。架空で計上された資産、特に棚卸資産や回収不能の売上債権と相殺するのです。相殺により正常な残高に調整していることもあります。

　これも月次試算表を提出してもらうと、どこで急に残高に変化があったのかがわかります。特に決算月にそれらの処理がなされていることが多いですから注意してください。

　仕入債務の残高があまり過大にならないよう調整することで、長期化した回転期間は一気に正常化します。下の表のような数値推移になっている際は、粉飾を疑うべきです。

◎急激な短縮化があったケース

	1期	2期	3期	4期	5期
仕入債務回転期間	1.0	1.5	2.0	2.5	1.0

急激な変化は要注意

②売上高と仕入高の急増

　仕入債務回転期間を減らすために、分母である売上高を増加させたいと考える経営者もいます。この際、「売上高と仕入高の両方を計上する」粉飾が行なわれている可能性があります。

　見抜き方としては、売上高と仕入高が急増しているにもかかわらず、仕入債務の残高に大きな変化がない時は要注意です。

　粉飾でなくても、例えば高額の取扱商品に変更したことにより、売上高・仕入高が急増することはあります。この時、支払条件に変更がなければ、仕入債務も増加するはずです。

　しかし、仕入債務回転期間の短縮が目的の場合は、仕入債務の金額は可能な限りそのままで、売上高だけを増加させたいと考えるはずです。そのため、利益率に変化を与えないように、増加させた売上高の分、仕入高も計上し、仕入債務は未計上にする粉飾が行なわれるのです。

◎売上高が増加すると回転期間は短縮する

増加 ⬆ $\dfrac{仕入債務}{売上高÷12}$ ＝ 仕入債務回転期間 ⬇ 短縮

③資金の調達と返済を売上高・仕入高を使って処理

　借入れと返済が発生した場合に売上高と仕入高を使って隠していることがあります。

　例えば1,000万円を借りて、10％の利息が100万円生じた場合、借りた際に売上高1,000万円、返済時に仕入高1,100万円と処理するのです。これにより利益率が大きく低下し、売上高・仕入高ともに急増します。し

かし、仕入債務は変化がないため、仕入債務回転期間は短縮化されることになります。

この粉飾は、高金利の借入れが生じた際に起きやすいです。これまで私が出会ったケースは、どれも年利ではなく3か月程度の借入れで利率10%でした。こうした動きがあったら極めて倒産に近いと判断できます。見慣れない先から振り込みがあったり、急激に売上高及び仕入高増や利益率の低下があったりしたら注意してください。

STEP5　未計上による粉飾の可能性も

仕入債務を未計上にして利益を出し、仕入債務の残高を増やさない粉飾方法があります。

すでに発生している仕入債務をなかったことのようにするのです。毎月の仕入高は売上高ほどではないにしても多額になるため、未計上によって利益を出しやすくなります。それに期末時点での仕入債務、特に買掛金を未計上にすることで、支払いが遅れて増加した残高が少しでも正常であるかのように装うことができます。

例えば、下のような決算書があったとします。損益計算書を見ると営業利益が202万円計上され、買掛金残高490万円や回転期間1.1か月と異常がないように見えます。

◎当期の決算書

当期の損益計算書	（千円）
売上高	96,000
期首商品	5,000
当期仕入高	53,900
期末商品	5,000
売上原価	53,900
売上総利益	42,100
販管費	40,080
営業利益	2,020

当期の貸借対照表	（千円）
買掛金	4,900

回転期間	1.1か月

しかし、月次試算表などから各月の収支は下図のようになっていました。確認すると、３月の仕入高が０円です。そして、買掛金は当初仕入高の１か月分だったものが11月からは２か月分計上されています。

◎月次試算表

(千円)

勘定科目	当期												合計
	4月	5月	6月	7月	8月	9月	10月	11月	12月	1月	2月	3月	
売上高	8,000	8,000	8,000	8,000	8,000	8,000	8,000	8,000	8,000	8,000	8,000	8,000	96,000
月初商品	5,000	5,000	5,000	5,000	5,000	5,000	5,000	5,000	5,000	5,000	5,000	5,000	5,000
当期仕入高	4,900	4,900	4,900	4,900	4,900	4,900	4,900	4,900	4,900	4,900	4,900	0	53,900
月末商品	5,000	5,000	5,000	5,000	5,000	5,000	5,000	5,000	5,000	5,000	5,000		5,000
売上原価	4,900	4,900	4,900	4,900	4,900	4,900	4,900	4,900	4,900	4,900	4,900	0	53,900
売上総利益	3,100	3,100	3,100	3,100	3,100	3,100	3,100	3,100	3,100	3,100	3,100	8,000	42,100
販管費	3,340	3,340	3,340	3,340	3,340	3,340	3,340	3,340	3,340	3,340	3,340	3,340	40,080
営業利益	−240	−240	−240	−240	−240	−240	−240	−240	−240	−240	−240	4,660	2,020
買掛金	4,900	4,900	4,900	4,900	4,900	4,900	4,900	9,800	9,800	9,800	9,800	4,900	4,900

　この企業の本来の姿は下図の修正前の損益計算書のように３月にも仕入高が計上されます。また、決算書は次の修正前の決算書のように▲288万円の営業赤字、そして買掛金残高は980万円で、仕入債務回転期間は２か月分になります。

　修正前の損益計算書と買掛金残高からは、利益を出すことと買掛金残高を仕入高の１か月分にしたい目的で未計上にしたと考えられます。

　決算書からはわかりにくくても先ほどの月次で見れば、仕入高や買掛金が計上されておらず異常なのが明らかとなります。

◎修正前の損益計算書

(千円)

当期	
3月	修正前合計
8,000	96,000
5,000	5,000
4,900	58,800
5,000	5,000
4,900	58,800
3,100	37,200
3,340	40,080
−240	−2,880
9,800	9,800

◎修正前の決算書

修正前の損益計算書　(千円)

売上高	96,000
期首商品	5,000
当期仕入高	58,800
期末商品	5,000
売上原価	58,800
売上総利益	37,200
販管費	40,080
営業利益	−2,880

修正前の貸借対照表　(千円)

買掛金	9,800
回転期間	2か月

181

STEP6　仕入先への支払い遅延は倒産の可能性が高い

　支払いや返済は遅滞なく行なわなければなりません。しかし、資金繰りが悪化してくればその資金は限られてしまうため、優先順位をつけなければなりません。

　仕入債務の支払いが遅延すれば仕入れにも影響するので今後の製造や販売に影響します。したがって、給与同様に優先順位の高い支払いです。

　もっとも優先すべきは従業員への給与で、支払いを待ってくれるようお願いできたとしても数日でしょう。次が仕入先です。仕入先のなかには1か月程度は待ってくれることも多いでしょう。

　しかし、手形での支払いがある場合は最優先になります。当座預金の残高が足りなければ不渡手形になり、6か月以内に2回目の不渡りを出せば倒産です。

　仕入先や従業員への支払いの次が地代家賃などの費用、税金や社会保険料、そして最後が銀行への返済です。つまり、仕入債務は優先順位の高い支払先です。にもかかわらず仕入債務が増加しているということは、極めて資金繰りが苦しく倒産の可能性が高いことを意味します。すでに銀行への返済や納税などで問題が発生しているはずです。

　仕入債務が増加すると早期に正常な状態に戻すことは困難なため、毎月少額の支払いをしますが商品などの仕入れに支障を来し今後の販売や製造に影響を与えるので、さらに経営を悪化させます。

　仕入債務回転期間が平均は1.3か月程度でしたが、それが3か月も4か月もあるようなら倒産はかなり近いです。

STEP7　仕入債務の内訳書を確認する

　決算書の付属書類として勘定科目内訳明細書があります。決算書内にある資産や負債などの詳細が記載された書類です。次ページ以降の①〜

③は買掛金（未払金）の内訳書で、相手先、所在地、期末時点での残高などが書かれています。企業がどこから材料や商品などを仕入れているのかがわかり、商流を見るうえでも重要な書類です。ここでは、説明のために前期と当期を並べています。

　一般的に、商品の仕入・販売、原材料の仕入れ、製造そして販売を行なっている企業ならば決まった仕入先があります。取扱商品や製品に変化がなく、かつ年商にもそう大きな変動がないのであれば、仕入先ごとの買掛金残高も似たような金額になるのです。

1. 増加した場合

　買掛金の合計残高の増加が、売上高増加によるものならまったく問題ありません。しかし、売上高は増加せず、仕入債務回転期間が長期化した場合は、全体的に支払いが遅れている可能性が高いです。

◎①買掛金が増加した場合

科目	相手先		前期末残高	比率	当期末残高	比率
	名称(氏名)	所在地(住所)				
買掛金	A社	東京都千代田区	5,500	40.4%	12,122	40.4%
買掛金	B社	大阪府大阪市	3,295	24.2%	7,261	24.2%
買掛金	C社	宮城県仙台市	2,750	20.2%	6,061	20.2%
買掛金	D社	兵庫県神戸市	2,069	15.2%	4,561	15.2%
計			13,614	100.0%	30,005	100.0%

※実際の内訳書には比率は書かれていません。

2. 一部仕入先だけ増加

　B社からD社は前期とほぼ同額ですが、A社だけ大幅に増加し、比率を見てもA社の割合が急増しています。A社だけが未払いになっていると考えられ、A社が資金繰り支援に協力的である可能性もあります。

◎②一部仕入先だけ増加

科目	相手先		前期末残高	比率	当期末残高	比率
	名称(氏名)	所在地(住所)				
買掛金	A社	東京都千代田区	5,500	40.4%	21,705	72.3%
買掛金	B社	大阪府大阪市	3,295	24.2%	3,300	11.0%
買掛金	C社	宮城県仙台市	2,750	20.2%	2,800	9.3%
買掛金	D社	兵庫県神戸市	2,069	15.2%	2,200	7.3%
計			13,614	100.0%	30,005	100.0%

3. 一部仕入先だけ減少

　前期と比較してA社以外は約3倍増加していますが、もっとも取引金額の大きかった仕入先A社の買掛金だけが減少しています。

　<u>買掛金残高の比率に変化が生じることは多いですが、一部の仕入先だけが異なる動きをするのには疑問が残ります。</u>不良資産との相殺などを疑う必要があるでしょう。

◎③一部仕入先だけ減少

科目	相手先		前期末残高	比率	当期末残高	比率
	名称(氏名)	所在地(住所)				
買掛金	A社	東京都千代田区	5,500	40.4%	4,852	16.2%
買掛金	B社	大阪府大阪市	3,295	24.2%	10,213	34.0%
買掛金	C社	宮城県仙台市	2,750	20.2%	8,525	28.4%
買掛金	D社	兵庫県神戸市	2,069	15.2%	6,415	21.4%
計			13,614	100.0%	30,005	100.0%

まとめ

- 支払条件や事業内容に変化がない限り、仕入債務回転期間が大きく変化することはありません。
- 仕入債務回転期間が短縮化されていた場合、信用不安から早期支払いを求められている可能性があります。しかし、仕入先との交渉で仕入単価引き下げの見返りに早期支払いをしている可能性もあります。あるいは事業内容に変化があった可能性もあります。経常運転資金は拡大するのですから、どちらにしても資金繰りは悪化します。前向きな理由であれば銀行は支援を検討しやすいでしょう。
- 仕入債務回転期間の長期化は資金繰りをラクにさせますが、未払いが発生している可能性があります。相当資金繰りが苦しく、かつ今後の仕入れにも悪影響を及ぼしますから、倒産のリスクは相当高いと考えられます。税金や社会保険料の未納など、他にも経営悪化のサインが出ているでしょう。
- 資金繰り改善を目的に既存仕入先に支払条件見直し交渉をするのは、信用不安を発生させる可能性があります。しかし、新規の仕入先との条件向上においては自社の希望を伝えることも必要です。

第10章 「借入金」が減少している

借入金とは、外部から資金を借りた場合に発生する勘定科目であり、負債に計上されます。銀行などから借りた資金ですから返済義務があります。返済期限が1年以内に到来する借入金は短期借入金（流動負債）、1年を超えるものは長期借入金（固定負債）に分けられます。

分析のステップ

STEP1 当期の借入金残高を前期と比較してみよう

STEP2 借入金月商倍率を確認する

STEP3 借入金の返済能力を見よう

STEP4 経常運転資金と短期継続融資について

STEP5 手持資金を維持しながらの借入金減少なら経営は良好

STEP6 借入金減少の理由は何かを確認する

STEP7 銀行から資金調達ができない可能性も

STEP8 返済原資のない借入金増加は要注意

STEP9 銀行ごとの融資姿勢も確認しよう

STEP1 当期の借入金残高を前期と比較してみよう

　前期と当期の貸借対照表の負債の部には、短期借入金と長期借入金が計上されており、合計で減少していることがわかります。

前期		当期	
短期借入金	3,000万円	短期借入金	3,000万円
長期借入金	30,365万円	長期借入金	30,170万円
合計	33,365万円	合計	33,170万円

※長期借入金であっても1年以内に返済する分について「1年内返済長期借入金」などの勘定科目で流動負債に計上しますが、中小企業において実務上はすべて長期借入金として固定負債に計上していることが多いことから、本書でもそのように処理しています。

STEP2 借入金月商倍率を確認する

　「自社の借入金残高が正常範囲にあるのかわからない」と悩む経営者は多いです。借入れしなければこのような悩みも生じないわけですが、資本金と利益から得られる資金だけでは資金繰りに余裕がない企業が多く、銀行からの融資に頼らない企業はごく稀です。

　借入金が適切な範囲内なのかどうかの考え方はいくつかありますが、代表的な指標として月商とのバランスで計算する**借入金月商倍率**があります。

　借入金月商倍率は、借入金が月商（月平均売上高）の何倍あるかを示しており、借入過多に陥っていないかを確認する指標です。

借入金月商倍率＝有利子負債÷（売上高÷12）（倍）
※有利子負債＝銀行からの借入金や社債など、利息を付けて返済する負債

　銀行員は、どれほど融資ができそうか、借りすぎていないかを確認する際に、借入金月商倍率を計算します。決算書がなくても経営者との会

話中に「月商が5千万円、借入金残高は1億円なら、まだ融資を提案できそう」と少ない要素で考える際にも便利です。

では、決算書を用いて借入金月商倍率を計算してみると、8.5倍から7.8倍に低下していることがわかります。

前期	借入金月商倍率	33,365万円÷(46,855万円÷12)＝8.5倍
	売上高	46,855万円
	借入金残高	33,365万円
当期	借入金月商倍率	33,170万円÷(51,084万円÷12)＝7.8倍
	売上高	51,084万円
	借入金残高	33,170万円

借入金月商倍率は、一般的に全業種を含めて考えた場合、3～4か月を超えたら要注意、6か月を超えると危険と判断し、銀行は融資に慎重になるとよくいわれます。

中小企業実態基本調査（令和5年）によると、売上高営業利益率は平均で3.2%です。建設業3.9%、製造業3.8%、情報通信業5.4%、卸売業2.1%、小売業1.3%と2～3%台が中心です。

例えば、年商が6億円（月商5,000万円）、売上高営業利益率3%、借入金（金利1.5%）が月商の6倍と1.5倍の場合で考えたのが下の表です。

◎月商の半年分を超えると返済が苦しくなる

（千円）

	借入金が月商の1.5倍	借入金が月商の6倍	
売上高	600,000	600,000	
営業利益	18,000	18,000	
支払利息	2,250	4,500	金利は1.5%
経常利益	15,750	13,500	
法人税等	5,513	4,725	法人税率は35%とした
税引後利益	10,238	8,775	
借入金	150,000	300,000	
返済年数	15	34	借入金÷税引後利益

借入金が月商の６倍まで増加すると、税引後利益から返済するには34年もかかります。明らかに借りすぎです。

　先ほど計算した借入金月商倍率は、低下しているとはいえ、いずれも8.5倍、7.8倍と高い数値であるといえます。

　しかし、この借入金月商倍率は非常に簡単で便利ですが、売上高と借入金という関係性のない勘定科目で計算することから妥当性に限界があります。それに加えて、手持現預金を手厚く持つためや、多額の設備投資をするために借入金を増加させるようなイレギュラーな場合でも計算結果は悪化します。

　したがって、借入金月商倍率はあくまで大雑把に今の残高から、あといくら借入れできそうか計算できる程度と考えたほうがいいでしょう。

　重視すべきは次の返済能力です。

STEP3　借入金の返済能力を見よう

　結論から申し上げると、いくら借入金月商倍率が悪くても返済能力が高ければ問題にはなりません。

　銀行の融資審査では、担保や保証よりも、返済能力が優先されます。その代表的な指標として、**債務償還年数**と**EBITDA有利子負債倍率**があります。

1. 債務償還年数

　債務償還年数とは、借入金を何年で返済できるかを表す指標です。

　銀行にとって借入金は必ず返済してもらわなければならないものなので重視する必要があり、企業にとっても有利子負債と返済能力のバランスから適正な借入金残高か、借入過多になっていないかを知る指標として参考になります。

　債務償還年数の計算式は複数ありますが、一例を挙げると次のとおりです。税引後利益と減価償却費から何年で返済できるかを計算すること

ができます。

> 債務償還年数＝（有利子負債−現預金−経常運転資金）÷
> ｛経常利益×（1−税率）＋減価償却費｝（年）
> ※有利子負債とは短期・長期借入金、社債、割引手形を含みます
> ※経常運転資金＝売上債権＋棚卸資産−仕入債務

　分母では、返済原資を計算しています。

　使用する利益は税引後当期純利益ですが、特別利益や特別損失の計上による影響が大きいこと、支払利息を控除した後の金額が適切だと考えられることから数ある利益のなかでも経常利益をここでは使用しています。また、営業外収益や営業外費用にその期だけ発生する保険解約返戻金などが含まれていれば、控除する必要があります。

　分子は、借入金残高から経常運転資金や手持資金を控除した実質的な要返済債務です。経常運転資金は、後ほど詳しく説明します。

　基準としては、10年以内であれば良好、20年程度までなら許容範囲です。これをオーバーするようでは、返済能力と比較して借入金が多いとの評価を受けます。銀行は1期だけで評価するのではなく3期程度の平均値を用います。

　では債務償還年数を計算してみます。

前期	借入金残高	33,365万円
	現預金	5,249万円
	売上債権	7,734万円
	棚卸資産	4,262万円
	仕入債務	5,745万円
	経常利益	1,010万円
	減価償却費	46万円
	製造減価償却費	2,880万円
	経常運転資金	7,734万円＋4,262万円－5,745万円＝6,251万円
	債務償還年数	(33,365万円－5,249万円－6,251万円)÷ (1,010万円－339万円＋46万円＋2,880万円)＝6.1年

当期	借入金残高	33,170万円
	現預金	5,220万円
	売上債権	7,554万円
	棚卸資産	4,349万円
	仕入債務	5,651万円
	経常利益	1,681万円
	減価償却費	210万円
	製造減価償却費	2,905万円
	経常運転資金	7,554万円＋4,349万円－5,651万円＝6,252万円
	債務償還年数	(33,170万円－5,220万円－6,252万円÷(1,681万円－ 588万円＋210万円＋2,905万円)＝5.2年

※当期は特別損失があるため、経常利益×35％で税金を計算した
※当期経常利益1,681万円は、雑収入のうち補助金500万円を控除した

先ほどの借入金月商倍率では月商の半年を超える借入金残高があり、借入過多の状態に見えました。しかし、返済能力で見れば6.1年から5.2年へと改善されています。なお、債務償還年数は借入過多かどうかを見る指標と理解してください。10年あるいは計算結果の年数で完済しなければならないわけではありません。

2. EBITDA有利子負債倍率

EBITDA有利子負債倍率とは、借入金がキャッシュフローの何倍あるのかを表す指標です。代表的な計算式はこちらになります。

> EBITDA有利子負債倍率＝
> 　　　　（借入金－現預金）÷（営業利益＋減価償却費）（倍）

これは、ローカルベンチマーク（経済産業省が公表している企業の経営状態の把握、企業の健康診断を行なうツール）でも採用されている指標です。最近は借入金と返済能力のバランスを確認する指標としての利用が増えており、債務償還年数よりもシンプルな計算式で使いやすいメリットがあります。

それでは、こちらも決算書から計算してみましょう。

前期	借入金残高	33,365万円
	現預金	5,249万円
	営業利益	1,388万円
	減価償却費	46万円
	製造減価償却費	2,880万円
	EBITDA有利子負債倍率	（33,365万円－5,249万円）÷（1,388万円＋46万円＋2,880万円）＝6.5倍

当期	借入金残高	33,170万円
	現預金	5,220万円
	営業利益	2,044万円
	減価償却費	210万円
	製造減価償却費	2,905万円
	EBITDA有利子負債倍率	(33,170万円－5,220万円)÷ (2,044万円＋210万円＋2,905万円)＝5.4倍

先ほどの債務償還年数と同様、非常に優秀な結果です。

決算書の数字からは非常に良い結果でしたが、実際にはそれほどいい結果にならないことが多いかもしれません。しかし、これはあくまで過去の結果から計算したものであって、今後もそうなるわけではありません。

過去は赤字だったものの、成長途上にある企業に対して債務償還年数を重視すれば評価できない企業になってしまいます。

返済能力は10年以内、最長でも20年以内といった年数のイメージを持つ方がいますが、これに囚われすぎないようにしましょう。企業は過去の反省点を踏まえた改善策を実施し、返済能力が改善されることを説明し結果を出していくことが重要です。

3. 計算式について

2つの指標の計算式に統一したものはありません。分母の利益については税引後利益や経常利益を使うものもあり、分子についても有利子負債のまま、あるいは経常運転資金、さらに現預金を控除するものまでさまざまです。利益については最近、営業利益を用いることが増えています。それは一過性の損益を反映させない、本業の利益に着目するためです。

しかし、借入金が多い企業では支払利息が負担となりますし、より保守的に見るためには営業外収益・費用のなかに一過性のものがあれば、それを除いた経常利益を用いたほうがいいでしょう。

そして、どちらの指標にも減価償却費があります。詳しくは第8章や

第20章でお伝えしますが、資金の流出を伴わない費用のため、返済能力を見る際に利益にプラスします。固定資産のある企業であれば、通常は減価償却費が発生します。販管費にもありますし、製造業であれば製造原価報告書にも計上されていますから必ず確認してください。

4.「キャッシュフロー≧年間返済額」になっている？

　2つの指標を使って利益と借入金のバランスを見たところ、前期・当期ともに良好であることがわかりました。

　借入金が増えれば通常は年間返済額が負担になってきます。そこで、資金繰りに影響がないか、年間返済額とキャッシュフローの関係も見ておくと、多くの借入金が返済期間は5年～10年程度になっているでしょう。ここでは各期末時点の借入金残高を10年で割ったものを年間返済額と仮定し、キャッシュフローは債務償還年数で計算したものを使います。

　ここでいうキャッシュフローとは、営業によるキャッシュ（資金）の流れ（フロー）のことで、1会計期間で増加した現預金を意味します。先ほどの債務償還年数の分母のことです。

　前期：年間返済額3,337万円＜キャッシュフロー3,597万円
　当期：年間返済額3,317万円＜キャッシュフロー4,208万円

　どちらも返済能力が上回っていました。もし逆であれば、現預金は減少していきますから、その分をどこかで資金調達をしなければなりません。その際は、借入本数に注意しましょう。資金繰りが苦しくなるたびに融資を受け、借入本数が増えると毎月の返済額が増えることになるからです。

　次の表のように、1期目の期末に3,000万円（借入金A）を返済期間は5年で（毎月50万円の返済）で借入れしたとします。1年後には600万円返済がされました。年間返済分を新たな借入金Bとして、同じく返済期間は5年で借入れし、それ以降も年間返済分を借入れし続けていく

と、5期目には期末残高は3,000万円のままですが、年間返済額1,037万円にまで増加します。

◎借入本数が増えた場合のケース　　（千円）

	1期	2期	3期	4期	5期
借入金A	30,000	24,000	18,000	12,000	6,000
返済額		6,000	6,000	6,000	6,000
借入金B		6,000	4,800	3,600	2,400
返済額			1,200	1,200	1,200
借入金C			7,200	5,760	4,320
返済額				1,440	1,440
借入金D				8,640	6,912
返済額					1,728
借入金E					10,368
借入金合計	30,000	30,000	30,000	30,000	30,000
返済額合計	0	6,000	7,200	8,640	10,368

← 返済分を含めて増額借換えに応じてもらえば600万円のまま

　この状況を避けるために、企業は銀行になるべく借入本数を増やさず増額での「借換え」に応じてもらう、返済期間をより長期で対応してもらうことが必要です。もし新規の融資が困難になったら、リスケジュールにより返済額を軽減することが考えられます。

5. すべての借入金を完済しなければいけないわけではない

　「利益＋減価償却費」の合計は、何年で返済できるかが銀行融資で大きな影響を与えてきました。しかし、計算式は徐々に変化しています。

　以前は、「有利子負債÷（利益＋減価償却費）」が多数でしたが、最近は、分子なら有利子負債から経常運転資金や現預金を控除するようになっています。現預金について以前は控除しないことが多かったのですが、最近は銀行も控除する計算式を使うことが増えてきました。分母は本業で稼いだことがわかる営業利益を用いることも増えました。

　設備資金は耐用年数に従った期間で返済、不良資産に対応する借入金は長期での毎月返済をしますが、経常運転資金は常に発生しますし、現

預金は相殺ができるため、無理に返済する必要がありません。下の図では、網掛け部分だけが返済が必要な部分ということになります。

◎毎月の返済をすべき範囲

これまで		本来の姿		ここだけが毎月の返済が必要
売上債権	仕入債務	売上債権	仕入債務	
棚卸資産	借入金、特に中小企業では資金使途に関係なく保証協会付融資で、毎月の返済を求められていることが多い	棚卸資産	短期継続融資、毎月の返済は不要	
不良資産		不良資産	今後のキャッシュフローで長期分割返済	
現預金		現預金	返済不要	
固定資産	自己資本	固定資産	耐用年数の範囲内で毎月返済	
			自己資本	

　また、過去の決算書から計算した債務償還年数などに囚われすぎないようにしましょう。あくまで過去の結果であり、企業は決算書など過去の資料を提出するだけでなく、必ず自社の経営の現状、改善計画や行動、将来の見通しを説明することで、これからも金融支援で選ばれる企業を目指す必要があります。

STEP4　経常運転資金と短期継続融資について

　企業が事業を行なっていくために資金需要が発生するわけですが、大きく分けて設備資金（第8章）と運転資金があります。このうち運転資金は、商品や原材料の支払い、給与などの人件費支払いなど、ふだん何かしらの支払いに必要となる資金です。運転資金を細かく分けてみると、経常運転資金、決算資金、賞与資金、季節資金、赤字資金などがあります。ここでは代表的な経常運転資金についてご説明します。

1. 経常運転資金（あるいは正常運転資金ともいう）

　卸売業であれば商品を仕入れ、それを販売し代金を回収します。製造業であれば材料を仕入れ、そこから製品を製造、販売し代金を回収します。つまり、手持資金で商品や原材料を仕入れてから販売代金を回収するまで待たされることになります。逆に商品や原材料の仕入代金はあらかじめ決められた条件で支払いをするため、それまで支払いを待ってもらえれば、資金繰りにはプラスといえます。

　事業を継続していれば、通常は貸借対照表の資産には棚卸資産（在庫ともいいます。商品、製品、原材料など）や売上債権（受取手形、売掛金）、負債には仕入債務（支払手形、買掛金）が常に存在しますが、仕入債務が支払われてから、売上債権が入金されるまで資金繰りが苦しくなり、この際に**経常運転資金**としての借入れが生じます。

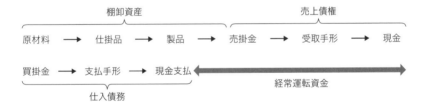

◎経常運転資金が発生する原因（製造業の場合）

経常運転資金＝売上債権＋棚卸資産－仕入債務

　経常運転資金は上の計算式で求められます。決算書から前期と当期の経常運転資金を計算してみましょう。

前期：7,734＋4,262－5,745＝6,251万円
当期＝7,554＋4,349－5,651＝6,252万円

　売上債権である受取手形や売掛金は現金化され、棚卸資産、商品製品、

原材料などがすべて製品商品として販売されると、受取手形や売掛金となり、その後に現金化します。売上債権と棚卸資産がすべて現金化され、仕入債務を支払うと現金が残り、借入金の返済が可能になります。

◎経常運転資金の返済原資

売上債権	仕入債務
棚卸資産	経常運転資金

◄ 棚卸資産が販売され売上債権が入金されれば、仕入債務を支払い、残った資金で返済が可能です。

2. 短期継続融資

　経常運転資金は、企業が事業を継続していくうえで経常的に発生する運転資金です。この経常運転資金は、商品や製品を販売した代金で返済することになります。商品仕入資金を借入れ、仕入れた商品を販売し代金を回収し返済、これをずっと繰り返すのは非常に面倒です。

　そこで、経常運転資金に対応する借入れは短期継続融資で対応する方法があります。それは期日一括返済を条件とした返済期間が1年以内の短期融資（当座貸越など）のことです。期日到来時に改めて経常運転資金額を計算し、融資を継続するのです。

　銀行は長年にわたってこの経常運転資金に対して、毎月の返済が必要な長期融資で対応しています。銀行から見れば、中小企業、特に小規模企業は信用力の面で劣ることが多いため、信用保証協会が保証する約定弁済付き融資での対応となることが多いでしょう。

　しかし、それでは経常運転資金分を融資してもらったのに返済を求められることになり、資金繰りを悪化させることになります。金融庁が短期継続融資を使って中小企業の資金繰りを支援するよう求めたことも影響し、徐々にですが対応する銀行は増えつつあります。

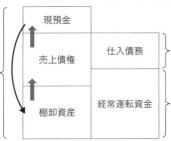

◎短期継続融資で応じる理由

STEP5　手持資金を維持しながらの借入金減少なら経営は良好

　借入金が多いと倒産するイメージがあります。たしかにデフォルト企業の特徴としては、借入金が多い傾向にあります。借入金が多いということは支払利息を増加させます。その結果、経常利益の段階で赤字になりやすく、そうなれば返済が困難となります。

　したがって、経営の安全性を考えると借入金は減少したほうがいいということにはなります。たしかに収益面から考えれば借入金を返済し支払利息を減少させたほうがいいのは間違いありません。しかし、無理な返済により手持資金を減少させることは資金繰りを大きく悪化させます。借入金が多いから倒産するわけではありません。資金が不足するから倒産するのです。

　そこで、あえて支払利息が発生してでも手持資金にゆとりを持つため無理に返済せず借入金の残高を維持させる企業はあります。

　借入金が多くてもそれ以上の預金を保有している、そして支払利息が大きな負担とはならない利益を出しているのであれば、実質無借金経営ともいえるのです。

1. 手持現預金とのバランス

　返済原資に余裕がありその結果、借入金が減少するも、手持現預金は

増加している、下のような形が理想的です。

　これならいざとなれば借入金を返済できる立場にあるため、銀行との交渉も優位に進みます。しかし、余裕のない企業は借入金の残高よりも手持資金の回復に努めるべきです。

①資金繰りが悪化する
　手持資金が不足すると資金繰りが悪化します。年間キャッシュフローを上回る返済や、繰り上げ返済をすることで手持資金は減少します。それだけの余裕があり、今後も当面は資金調達が不要であるならいいのですが、意外とその時はまた融資してもらえばいいと安易に考えている方がいるのです。
　繰り上げ返済するくらいなら次も融資は受けられる可能性はありますが、それは絶対ではありません。たしかに支払利息が発生はしますし少しでも利益を出したいという経営者の考えも理解できますが、予定どおりに返済をしていくほうが資金繰りそして経営的には安全です。
　それに資金が再度必要になった時には、資金調達に手間がかかります。そういう意味からも安易に繰り上げ返済をするべきではありません。

②手持資金残高は適切な水準か
　第12章で詳しく説明しますが、手持資金が不安定になれば各支払いや返済に影響を与えます。経営者は資金繰りに時間を費やされますから、前向きな仕事ができない時間が増えます。支払利息を抑えればたしかに利益面ではプラスです。しかし、安全性においてはマイナスです。

取引先が減少することがありますし、取引先からの入金が遅れる、貸し倒れ損失が発生するリスクもあります。どんなに最低でも月商分の現預金がないと、もし取引先からの入金が遅れた場合、よくあるのが月末に従業員、仕入先、地代家賃など主な支払いが発生するものの、月末入金の売掛金が入ってこないため、翌月になることがあります。それを避けるためにも1か月分は最低限必要です。

早期には難しいでしょうが目標とすることは必要でしょう。

それに銀行も手持資金が少ないよりも多い企業のほうが安心して融資ができます。

銀行は、現預金が多く利益も出ている企業には融資をしたい、現預金が少なくかつ赤字企業には融資したくないものです。長期的には現預金が少なくても黒字企業をプラスに評価するでしょうが、短期的に見れば多少の赤字なら手持資金の多い企業が融資はしやすいでしょう。

実際、手持資金が多いと銀行は営業に積極的になり、企業はより良い条件を獲得しやすくなります。融資したはいいが、すぐに資金ショートするような企業に対しては不安を抱くのです。

決算書の企業は月商とのバランス、返済能力どれをとっても適正であり、手持現預金とのバランスも良好です。最近の業績が好調である証ですし、銀行も融資に前向きになるでしょうから、調達した資金でさらにこれからも成長が期待できるでしょうし、企業からの資金需要にも対応しやすい積極的支援企業なのです。

STEP6　借入金減少の理由は何かを確認する

当期は前期より借入金残高が減少しました。借入金の減少理由と、減少に問題がないかについて考えてみます。

1. 約定返済が進んだ

　一部を除いて、借入金は返済期間に応じて毎月の返済額が求められる条件になっています。この返済原資は企業が事業を行なうなかで獲得した現預金です。利益の分だけ現預金が増加するわけではありませんが、利益が十分なプラスを生まなければ借入金返済は進みません。つまり、年間返済額を上回るキャッシュを生むことで、現預金が増加し、借入金が減少するのが理想的な形です。

　しかし、十分なキャッシュを生み出せず、手持資金から返済をすると、資金繰りの安全性が低下します。さらに赤字のなかで返済を続けると、借入金は減少するものの大きく現預金が減少します。

　キャッシュを十分に生み出して借入金が減少する場合はいいのですが、キャッシュがなく、赤字であるなかでは悪い減少といえます。これらは成長の可能性の低い、収益力の低い企業で見られます。返済額の見直し、あるいは一時的にストップし経営改善を進めなければなりません。

2. 繰り上げ返済

　3,000万円の借入金を5年で返済するとしたら、年間600万円を5年間の長期で返済するわけですが、何らかの理由で期日を待たずに完済することがあります。

■余裕資金で繰り上げ返済する

　手持資金が潤沢にある企業は、余裕資金で借入金を返済し、利息負担を軽減する狙いがあります。借入金を上回る現預金を保有していたら、余裕資金で繰り上げ返済できます。この場合、企業の経営内容は良好な場合が多いですが、今後の資金繰りを見ながら判断する必要があります。

■遊休資産の売却

　事業に使用していない遊休資産を売却した資金で返済したケースです。今後も事業に供しない資産であれば、売却により返済することは可能で

す。資産取得を借入金で賄っている場合は担保に取られている可能性が
あるため、その場合は当該資産を取得した際の借入金返済が必要ですが、
そうでなければ売却資金で資金繰りに余裕を持たせる選択肢もあるでし
ょう。

　この場合も、現預金が少額であるにもかかわらず、売却資金で無理に
返済すると経営の安全性を損なうため、注意が必要です。

■増資

　増資を受け資本金が増額されると、その分だけ資金繰りに余裕ができ、
銀行からの融資は不要になります。ただ、中小企業では経営権の問題が
発生しますし、経営者自身が出資をすることさえ少ないかもしれません。
経営者が個人的に多額の資金を持っていないことも多く、資本金額によ
り税金面で不利になる可能性があります。代表的な例としては、均等割
りという地方税が増加する可能性があります。このような事情から、増
資による資金調達はそれほど多くはありません。

　経営者が自社に貸付けをすることもあります。自分の会社に資金を出
すため、実質的な資本金と同じ効果を発揮し、その金額から、借入金の
うち一部を繰り上げ返済することがあります。

■売上債権や仕入債務の取引条件変更

　企業は各取引先や仕入先とあらかじめ決めた条件に従い、掛け取引が
行なわれます。

　取引先との掛け取引の条件を変更し、入金までの期間を短縮すること
ができれば、早く資金が回収でき、その分だけ借入金を返済することが
できます。借入金を減らすためにも、取引先及び仕入先から有利な取引
条件を勝ち取る必要があるのです。

203

STEP7　銀行から資金調達ができない可能性も

　銀行から新たな資金調達ができないことが原因で、借入金が減少している可能性もあります。そのため、2期程度の決算書を見て借入れがない場合は少し疑ってみる必要があります。

　企業は銀行から借りられないと、他からの資金調達を考えることもあります。他からの資金調達とは、経営者自身、ノンバンク、両親や親せき、知人からなどもあります。それらからの資金調達がないかにもチェックが必要です。特に高金利での資金調達に注意が必要です。

(万円)　　　　　　◎銀行以外からの借入金が急増していないか

	前々期	前期	当期
A銀行	3,000	2,700	2,400
B銀行	2,000	1,800	1,600
C信金	1,000	800	600
その他	0	500	1,000
合計	6,000	5,800	5,600

} 銀行の残高は減少

その他が急増。返済分をどこからか調達している
借入先はどこか要チェック

1. 借入金が隠されていないか

　本当は多額の借入金残高があるにもかかわらず、借入金が減少している、あるいはそもそも残高として少額であるかのように見せている場合があります。その目的は順調に返済が進んでいるように見せ、次の融資を有利に進めたいからです。念のためそのような形跡がないかも確認しましょう。

　そのためには、借入金と支払利息のバランスを見るのがわかりやすいでしょう。**平均借入金利子率**という次の計算式を使って、企業の資金調達コストの状況を知ることができます。

　低金利時代ですから1％を切る借入金利も多いでしょうし、平均でも1％台、高くても2％台かと思います。

204

金利が低ければ、その企業に対する銀行の評価が高いことを意味します。銀行間の優良企業への融資獲得競争は激化しています。ライバル行が１％を提案すれば、Ｂ銀行は0.8％といったように低金利競争が進みます。逆に金利が高ければ、銀行の評価は低いことを意味します。信用力が低いのですから企業が融資をお願いする立場になるため、銀行は強気の金利を提示することができます。

では、平均借入金利子率を計算しましょう。ここでは借入金残高は期首と期末の平均を使います。なお、前々期の借入金残高は前期と同じとここでは仮定します。

> 平均借入金利子率＝支払利息÷（借入金平均残高）×100（％）
> ※借入金平均残高には短期・長期借入金だけでなく社債や手形割引も含まれます。正確には各月の残高合計額を12か月で割って求めますが、ここでは簡易的に期首と期末の平均で求めます。

前期	平均借入金利子率	383万円÷33,365万円×100＝1.1％
	支払利息	383万円
	平均借入金残高	(33,365＋33,365)÷2＝33,365万円
当期	平均借入金利子率	373万円÷33,268万円×100＝1.1％
	支払利息	373万円
	平均借入金残高	(33,365＋33,170)÷2＝33,268万円

前期当期ともに1.1％の金利で、借入金残高と支払利息のバランスは問題ありませんでした。

しかし、この計算の結果、支払利息が急増していたとしたら、高金利で借入れをしているがそれを隠していることが疑われます。借入金は隠しても利息はそのまま計上していることが多いのですが、支払利息ではなく他の科目に隠していることもありますから注意してください。

2. 高すぎる場合

　平均借入金利子率がもし５％になったとしましょう。銀行がその金利で貸す場合もあるかもしれませんが、それは極めて稀なケースです。そんな極端に高い金利の場合は、高利による借入れや簿外債務の存在が疑われます。

　高金利の金融会社からの借入金を経営者からと装う、他行からの借入金とする、あるいは借入金を別の勘定科目、例えば仕入債務などに含めてしまい、借入金が少ない、銀行員から見ればまだ貸せそうな企業に装う場合もあります。

　銀行以外から高金利で資金調達している可能性が極めて高いですし、営業利益を失うほどの支払利息になるでしょう。資金繰りが極めて厳しいですから銀行は慎重に対応する必要があります。

3. 低すぎる場合

　金利が低いから安心といっても、決算書の内容からしてあまりにも低いと感じる場合もあります。そんな時は支払利息を全額計上していない可能性があります。利息を費用として処理せず、何かしらの資産として振り替えていることもあります。その場合、銀行は自行の金利を使い借入金残高から支払利息を計算してみましょう。

STEP8　返済原資のない借入金増加は要注意

　売上高が増えれば運転資金が必要となり、設備も定期的に更新しなければなりませんから、前向きな資金需要に伴う借入金の増加自体が悪いことではありません。銀行が融資した資金を使って利益を生み出し返済ができればいいのです。しかし、次のような資金使途は要注意です。

1. 赤字資金

　赤字資金（赤字補填資金）とは、赤字によって資金が足りなくなった

ことで発生する資金需要です。融資をしても減った資金を補塡するだけで、返済原資を生み出さないので銀行は融資に慎重となります。

借入金の返済原資は、今後の経営活動から発生するキャッシュフローです。したがって、融資に応じるにしても、経営再建ができると判断される計画が必要で、経営者が真面目で信頼ができることが支援に不可欠となります。

既存借入金の返済も考えると返済期間は長期となるでしょう。ただ、今後も赤字が続けば返済はできないので、信用保証協会の利用や担保を求められるケースが増えます。

赤字資金の注意点は、決算書は黒字に見えても実態は赤字であることを隠すために、架空の売上高（第7章）や棚卸資産（第13章）の計上などによって粉飾されていることがあります。それら架空分があれば除外する必要があります。

◎架空資産の対応について

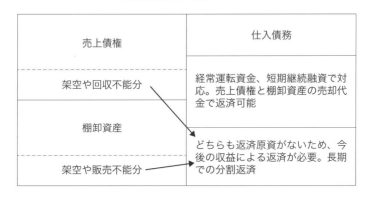

2. 資金が不良資産に

銀行は企業が事業に使う資金を融資するため、それが不良資産になってしまうことがあります。

例えば、先ほどの売上債権や棚卸資産が架空のものだけでなく、売上債権ならすでに倒産した先や回収が長期化している、棚卸資産なら流行

遅れなどにより低価格でないと販売ができないものなど、存在はするが価値を棄損させている資産があります。それらは控除して経常運転資金を算出します。他にも代表的な例として経営者個人への貸付けがあります。それらの多くは現預金として戻ってくることは少ないため、将来の返済が困難になります。

そして、不良資産に対応する借入金については、今後の収益のなかから長期で分割返済をします。貸借対照表の資産に資産価値の無いものがないか慎重に確認してください。

3. 設備投資の失敗

設備投資の経営判断を誤ると企業業績の悪化を招き、最悪の場合は倒産に至ります。単なる機械の更新ならば、売上高は現状維持で問題ないでしょうが、生産能力を増強するために機械を1台増設した場合、売上高の増加は不可欠です。

しかし、設備投資計画が杜撰なものであった場合、売上高はさほど増加せず、費用の増加で赤字、しかも返済額が資金繰りを圧迫します。

赤字を隠すため販管費や製造原価報告書のなかにある減価償却費が異常に少なくないか、未計上ではないか、資金繰りが悪化傾向にないか注意しましょう。

4. 実際の返済能力を見よう

実際は赤字なのに隠されていたり、融資した資金で購入した資産が不良資産化していたりする場合などにおいて、資産の実態価値を算出して返済能力を計算する必要があります。

例えば、STEP3で計算した当期の債務償還年数は5.2年でしたが、資産の内容をよく精査したところ、次のようなことが明らかになったとします。

・売上債権7,554万円のうち2,000万円は回収不能分であった

・棚卸資産4,349万円のうち1,500万円は架空だった

この2つをもとに、債務償還年数を再計算すると、下のようになります。

当期	有利子負債	33.170万円
	キャッシュフロー	1,681－588＋210＋2,905＝4,208万円
	経常運転資金	(7,554－2,000)＋(4,349－1,500)－5,651＝2,752万円
	現預金	5,220万円
	債務償還年数	(33,170－2,752－5,220)÷4,208＝6.0年

債務償還年数が悪化する結果となりました。このように資産内容に問題があっても隠している企業は少ないため注意してください。

STEP9　銀行ごとの融資姿勢も確認しよう

さらに銀行ごとの取引推移を確認することで、各行の融資姿勢を知ることも必要です。

銀行は他行の取引状況を非常に気にします。他行がどのような取引をしているか、シェアバランスに変化がないかを把握して自行だけ行動が遅れチャンスを逃したり、損をしたりするようなことは避けたいのです。

貸借対照表には短期借入金や長期借入金が合計で計上されていますが、次ページの資料で過去数期の推移を確認しましょう。

この例を見ると、A銀行が圧倒的なシェアを保有していましたが、2023年3月期には半分以下まで下落しています。しかも2023年3月期は借入金残高が5,500万円、保証協会付が2,750万円、預金は2,500万円あります。預金が平均的にこれだけあるとすれば、A銀行はリスクがほとんどありません。

逆にB銀行とC信金の借入金残高は急増しています。どちらも保証協会付と預金残高を合わせても借入金残高には届きません。どちらもリス

クを負って企業を支援していることがわかります。この企業経営者はそれを評価して取引シェアを変更したと考えられます。この結果を見る限りでは、多くの銀行はこの企業には前向きに融資を提案してくるでしょう。

　ただ通常であれば、銀行ごとのシェアが大きく変化することはそうあることではありません。過去数期間を見ても、多少の残高での変動はあるでしょうが、借入金シェアはそう変化しません。メインバンクはメインの地位を維持しようと努力します。

　メインバンクは企業と頻繁に接し、他行より企業情報を得る機会が多いでしょうから、メインバンクの地位を明け渡したということは、メインバンクだけが知る慎重姿勢になる内容があったことも考えられます。借入金残高の増減だけでなく、取引シェアに変化があれば理由は確認したいところです。

◎銀行取引推移表の例

（千円）

		2021年3月	2022年3月	2023年3月
A銀行	手形割引	5,000	2,000	0
	短期	30,000	30,000	25,000
	長期	50,000	40,000	30,000
	合計	85,000	72,000	55,000
	うち保証協会	42,500	36,000	27,500
	預金	45,000	30,000	25,000
	うち固定性	10,000	10,000	10,000
B銀行	手形割引	0	0	0
	短期	0	0	0
	長期	25,000	60,000	70,000
	合計	25,000	60,000	70,000
	うち保証協会	10,000	15,000	20,000
	預金	2,000	8,000	15,000
	うち固定性	0	1,200	2,400
C信金	手形割引	0		0
	短期	0		0
	長期	2,600	5,000	32,000
	合計	2,600	5,000	32,000
	うち保証協会	0	4,000	10,000
	預金	100	900	3,500
	うち固定性	0	0	960

合計	手形割引	5,000	2,000	0
	短期	30,000	30,000	25,000
	長期	77,600	105,000	132,000
	合計	112,600	137,000	157,000
	うち保証協会	52,500	55,000	57,500
	預金	47,100	38,900	43,500
	うち固定性	10,000	11,200	13,360

まとめ

- 借入金残高の減少は債務が減ったのですから基本的には評価できる動きです。減少理由が返済能力を上回る約定返済や余裕資金による返済ならば問題ありません。しかし、資金繰りが不安定ななかで、無理して繰り上げ返済したのなら問題です。
- 借入金を嫌がる経営者は多いですが、手持資金を増やし資金繰りを安定させることがより重要です。資金があると経営にゆとりができますし、銀行も融資がしやすくなります。
- 借入金残高と支払利息のバランスにも注意しましょう。高金利の業者からの資金調達、あるいは経営不安から銀行が金利を引き上げている可能性があります。
- 借入金月商倍率は参考程度に。重要なのは返済能力です。
- 資金使途に適した返済方法が資金繰りを安定させます。融資を相談する際、必要金額だけでなく企業が希望する返済方法を使えることも必要です。
- 返済能力を計算する際、架空売上高や不良資産が混在していないか注意しましょう。
- 各銀行の取引内容から支援姿勢を確認してください。積極的な銀行とより良い関係を築いていきましょう。

第11章 「純資産」が増加している

純資産とは、貸借対照表の右下を指します。株主から出資を受けた資本金、これまでの利益が蓄積された利益剰余金などで構成されます。企業自身が資金を調達するため「自己資本」とも呼ばれます。負債は支払う必要がありますが、純資産はその必要がなく、理想的な資金調達方法となります。

分析のステップ

STEP1 純資産を前期と当期で比較してみよう

STEP2 増加していたら自己資本比率で安全性の確認を

STEP3 目標は30％以上、10％を切ると実質債務超過の可能性

STEP4 自己資本比率は高いほどいいのか？

STEP5 債務超過について

STEP6 自己資本比率が低いと評価は厳しくなる

STEP7 業績改善の見通しを確認する

STEP8 資本金と税金の関係を理解する

STEP1　純資産を前期と当期で比較してみよう

　純資産とは資産と負債の差額で、主に株主からの出資とこれまでに得られた利益の累計額が計上されています。「自己資本」ともいわれるように、株主への返済が不要な自社の資金のため、負債とは異なり多いほど安全性は高くなります。そのため銀行は必ず純資産をチェックします。

　決算書から純資産がいくらあるのかを見てみると、当期は867万円増加したことがわかります。

前期		当期	
純資産	6,819万円	純資産	7,686万円

1. 純資産の内訳

　純資産は大きく「資本金」「利益剰余金」「その他」から構成されます。

◎純資産の内訳

純資産	株主資本	資本金	自己資本
		資本剰余金	
		利益剰余金	
	評価・換算差額等		
	新株予約権		

新株予約権、評価・換算差額等は中小企業ではほとんどないことから、
純資産＝自己資本＝株主資本と考えて差し支えありません。

■資本金

　資本金は、株主から出資を受けた資金です。増資や減資によって資本金が増減することはありますが、中小企業では資本金が増減することはあまりなく、毎期同額になっていることが多いです。

　なお、2006年の会社法改正により最低資本金額の規制が撤廃され、1円でも法人を設立することはできます。しかし、それでは法人設立に必

要な費用（登記や定款作成の費用）すら足りず、事業に必要な資金を経営者から借入れるか、銀行からの融資に大きく依存することになります。経営者の事業に対する意欲、そして経営の安全性の面からも、極端に少額な資本金の企業は注意が必要です。

■資本剰余金

　資本剰余金とは、増資などにより調達した資金のうち、資本金にはしなかった資本準備金などから構成されます。ただ、一般の中小企業では発生することはほとんどないでしょう。

■利益剰余金

　中小企業では増資が行なわれることはあまりなく、利益を積み上げて純資産の増強を図ることが圧倒的に多いです。そこで、**利益剰余金**が純資産の主役となります。また、利益剰余金は、起業してから現在までの利益の累計額なので、多ければ多いほど優秀な企業です。したがって、資本金に比べて利益剰余金のほうがむしろ重要です。

　納税や配当を実施した後の利益が蓄積されているため、企業の収益力を見る重要な指標となります。利益剰余金が増加している場合、経営は好調であり利益の積み上げができている理想的なパターンです。

　次ページの表のように純資産額は同じであっても、A社はこれまでの利益がしっかり積み上がっています。しかし、B社は資本金が大きいとはいえ、累計した利益額はマイナスです。そのため、A社のほうが優秀で、将来性があるといえるでしょう。

　企業間での取引においては、資本金の大小は信用力の基準としても見られます。しかし、どれだけ資本金が大きくとも、これまで利益が出ていない企業よりは、資本金は少額であっても、これまでの利益が大きいほうが優良企業であることは明らかです。

◎純資産額は同じでも……

利益を出し続けているA社　　　　　　　　　　　　　　　　　　（万円）

	スタート時	1期	2期	3期	4期	5期
利益	0	100	200	300	300	100
資本金	1,000	1,000	1,000	1,000	1,000	1,000
利益剰余金	0	100	300	600	900	1,000
純資産合計	1,000	1,100	1,300	1,600	1,900	2,000

赤字続きのB社　　　　　　　　　　　　　　　　　　　　　　　（万円）

	スタート時	1期	2期	3期	4期	5期
利益	0	100	−100	−300	−200	−100
資本金	1,000	1,000	1,000	1,500	2,000	2,600
利益剰余金	0	100	0	−300	−500	−600
純資産合計	1,000	1,100	1,000	1,200	1,500	2,000

■その他について

　純資産を構成するものとして、新株予約権、評価・換算差額等もありますが、中小企業で見かけることはまずありません。

　新株予約権とは、あらかじめ決められた価格で企業から株式を発行してもらえる権利です。この権利を保有していれば、発行企業に対して権利を行使すれば、約束した価格で株式を購入することができます。役員や従業員に発行されるものをストックオプションといいます。しかし、権利行使がなされないこともありますから、株主資本とは別に計上されるのです。評価・換算差額等とは、土地や有価証券を時価評価した際の差額などがここに入ります。

2. 自己資本と純資産の違いは？

　銀行員やコンサルタントとの財務に関する会話のなかで「自己資本」という言葉が頻繁に出てきますが、「純資産＝自己資本」と捉えてほぼ間違いありません。ただ正確には正しいとはいえません。

　違いは、自己資本のなかには新株予約権は含まれない点です。中小企業ではこれが発生していることは極めて稀です。そのため、純資産のことを自己資本（あるいは株主資本）と捉えても、問題はありません。

STEP2 増加していたら自己資本比率で安全性の確認を

　銀行員は決算書の貸借対照表で、純資産（自己資本）を真っ先に確認します。損益計算書では、1つの期だけの経営成績を表しますが、貸借対照表は起業してからこれまでの利益を積み上げたものが利益剰余金として計上されます。だからこそ、資本金に加え利益剰余金がプラスか、そしてどれだけの金額になっているのかをよくチェックしましょう。

　業歴10年の企業の利益剰余金が1億円であれば、毎期平均1000万円の利益が出たと推測されます。一方で、利益剰余金が100万円しかなければ、平均わずか10万円です。

　実際に、経営の安全性を調べる際は、総資産に占める純資産の割合である**自己資本比率**を計算します。この比率は、企業の経営安全性を計算する指標として重視されています。

> 自己資本比率＝自己資本（純資産）÷総資産×100（％）

　負債（買掛金や未払金など）はいずれ支払う必要がありますし、借入金も期日までに返済しなければなりませんが、純資産はそれらの必要がありません。そのため、自己資本比率が高いほど経営が安定している企業なのです。したがって、銀行が重視するのは当然です。

　では、決算書の数字から自己資本比率を計算してみましょう。

	自己資本比率	6,819÷47,732×100＝14.3%
前期	自己資本	6,819万円
	純資産	47,732万円
	自己資本比率	7,686÷48,428×100＝15.9%
当期	自己資本	7,686万円
	純資産	48,428万円

前期から当期にかけて、自己資本比率が1.6％上昇しています。

この企業の損益計算書を見ると、2期ともに利益が計上されています。その分だけ利益剰余金が増えて、純資産の増加につながっており、加えて自己資本比率も上昇している状態です。

下の図のように、純資産が増加し、将来の支払いが必要になる負債の割合が低下すれば、経営の安全性が高くなります。

利益イコール現預金増加にはつながりませんが、決算日時点ではまだだとしてもいずれは現金化されます。その資金は次の仕入れ、手持資金として、あるいは設備投資や研究開発といった収益力向上に向けて、経営の安全性向上に貢献します。

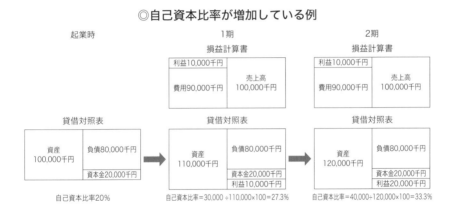

◎自己資本比率が増加している例

STEP3　目標は30％以上、10％を切ると実質債務超過の可能性

自己資本比率は、過去の数字と比較するのも大切ですが、次のような資料をもとに企業全体あるいは業界での平均と比較することも重要です。

①財務総合政策研究所の結果

この調査結果は大企業、中小企業、すべてが対象です。2023年度の自己資本比率（全産業・全規模）は41.8％、製造業（全規模）50.8％、非

製造業（全規模）38.5％です。

②日本政策金融公庫の調査結果

　公的金融機関である日本政策金融公庫が公表する調査結果です。例えば、製造業全体では、「黒字かつ自己資本プラス企業平均値」が25.1％とありました。この調査結果は、小規模企業の決算書を集計したものなので、一般的に①よりも低い数値になります。

③中小企業白書

　中小企業白書の2024年版には、財務省「法人企業統計調査年報」があり、2022年度の全規模の自己資本比率は40.8％です。そして、企業規模別の結果も書かれています。大企業は42.8％、中堅企業は41.4％、小規模企業は19.6％です。

1. 目標としては30％以上

　大企業は40％以上が目安ですが、中小企業は日本政策金融公庫の調査から、30％以上を目標にしたほうがいいでしょう。計算結果は前期14.3％、当期15.9％でしたから、当期は1.6％改善されたとはいえ、もう少し高い目標を達成したいところです。

　一方でこの企業は、比率は低いものの、資本金が1,000万円に対して、利益剰余金が6,686万円と、純資産の割合が大きく非常に好調です。そのため、今後もさらなる自己資本比率の改善が期待できます。

　起業してまだ数年の企業では経営基盤が十分ではないこともありますし、業歴の長い企業でも直近数年だけ収益力が落ちていることもあります。2期比較に加え、さらに過去5期〜10期程度も参考にしましょう。

2. 債務超過について

　この企業は純資産がプラスでしたが、純資産がマイナスの状態を**債務超過**といいます。これは資本金を上回る赤字を続けてきた、次ページの

図、2期のような状態で、非常に危険です。

　赤字が続くと資金繰りが悪化し、その補填として銀行からの融資に依存します。貸借対照表の負債には多額の借入金残高が計上されるようになります。利益を出しても支払利息が過大になるため経常利益はより赤字、返済原資は生まない経営になり倒産へ加速する危険性があります。

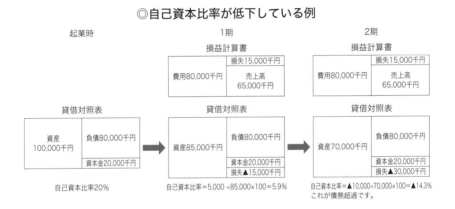

◎自己資本比率が低下している例

3. 資産の内容に問題はないか？

　自己資本比率が安全圏にあったとしても油断は禁物です。粉飾まで悪質なものではないにしても、特に業歴の長い企業では、資産のなかにはまったく資産価値の無いものが含まれているなど、企業の実態とはかけ離れた数値になっていることもあります。

　貸借対照表の資産の内容は、他の章でもご紹介しますが、特に「売上債権」や「棚卸資産」に架空計上や資産価値の無いものが含まれていないか、減価償却を実施していない「固定資産」がないかなど確認してください。もしそれらを発見した場合は、純資産を減額して自己資本比率を求めるようにしましょう。

STEP4　自己資本比率は高いほどいいのか？

　やや極端ですが、仮に自己資本比率が100%だったとしましょう。その場合、負債がないので経営は極めて安定し、安全性が高い状態です。

　純資産によって調達された資金は、現預金、商品、売上債権、店舗、機械、車両などの資産として計上されます。負債が無いということは、銀行からの借入金も無いということになるので、銀行などに依存せずとも潤沢な現預金を保有していると考えられます。

　一見すると、かなりの優良企業ですが、安全性だけ重視していると、企業の成長を阻む可能性もあります。企業を成長させるためには、手持ちの資産を使ってさらなる利益を生む収益力も大切なのです。銀行からの借入金で資金を確保することで、より一層の成長が期待できます。自社を成長させるために、銀行など外部から資金調達し、それによって自己資本比率が低下しても問題とはいえません。むしろ前向きに評価できることです。

1. ROE

　安全性に加えて、収益力にも注目する際、純資産に関連する収益性を見る指標として**ROE**があります。

　ROEとは、Return on Equityの略で、日本語では**自己資本当期純利益率**といいます。当期純利益の純資産に対する割合を示す指標です。純資産のうち自己資本でどれだけの利益を上げたかを見ることができます。

> ROE＝当期純利益÷自己資本×100（%）

　当然、数値が高いほど収益力の高い企業となります。分母には自己資本、そして分子には株主への配当の源泉となる当期純利益を用います。財務総合政策研究所の2023年度調査結果では、全産業・全規模での平均

は9.0％、製造業10.3％、非製造業8.4％です。

　なお、ROEが高いということは、利益が大きいか、自己資本が小さいということなので、もし自己資本が小さいのであれば経営の安全性に問題がある場合があります。そのため、自己資本比率も併せて見ることをおすすめします。

　では、この企業のROEを決算書の数字をもとに確認してみましょう。

　前期：671÷6,819×100＝9.8％
　当期：867÷7,686×100＝11.3％

　全産業・全規模の平均以上の収益力があることがわかりました。

　配当が発生しない企業や、株式譲渡が困難な非上場企業では、ROEの重要性は低いかもしれません。そのような企業で重視される収益性の指標、ROAについても次に説明します。

2. ROA

　企業に投下される「資本」の総額は負債と純資産の合計です。企業は、この資本を駆使して利益を生み出します。

　ROA（総資産経常利益率）は、保有する資本を使ってどれだけの利益を獲得したのかを知ることができ、企業の収益力を総合的に見る指標です。高いほど良い結果です。主に利益は経常利益を用いますが、営業利益などを用いる場合もあります。ここでは経常利益を用います。

> ROA＝経常利益÷総資本×100（％）

　分子は経常利益、分母は総資本、貸借対照表の資産合計額（または負債・純資産合計額）です。そして総資本は期首と期末の平均を用いたほうがより正確に計算できます。

　投下した資本で多くの利益を獲得できたほうがいいので、この利益率

は高いほど投下資本を有効活用している企業ということです。

では決算書の数値をもとに、ROAも計算してみましょう。

前期：$1,010 \div 47,732 \times 100 = 2.1\%$
当期：$1,681^{(※)} \div 48,428 \times 100 = 3.5\%$

※経常利益は2,181万円ですが、当期だけ発生した雑収入500万円（補助金）を除外しています。

財務総合政策研究所の2023年度調査結果では、総資本経常利益率、全産業・全規模では5.0％、製造業（全規模）では6.8％、非製造業（全規模）では4.3％でした。計算結果はROEでは平均値でしたが、ROAの結果は平均を下回っています。

STEP5　債務超過について

債務超過とは、貸借対照表の純資産がマイナスになっている状態をいいます。

例えば下のように、債務超過は負債が資産よりも大きくなり純資産がマイナスになります。純資産がプラスであれば、すべての資産が簿価と同額で現金化できさえすれば、負債をすべて解消することができます。しかし、債務超過ではそれができません。

これまで赤字決算を続けてきた結果でもあるので、収益力が低く、支払い能力も低いため、不健全な財務状態です。倒産する企業の大きな特徴です。生活に困って自宅を売却しようとしたものの、資産価値よりも住宅ローン残高のほうが上回っている状態と同じです。

◎債務超過とは

貸借対照表 （千円）

流動資産	8,000	負債	流動負債	9,000	
			固定負債	10,000	
		負債合計	19,000		
固定資産	8,000	純資産	−3,000		
		資本金	10,000		
		利益剰余金	−13,000		
資産合計	16,000	負債・純資産合計	16,000		

負債が資産を上回っている

1. 債務超過が多い中小企業

　債務超過に陥ると純資産の部がマイナスで、資産をすべて現金化しても負債を返しきれません。出資者にとっては、自分が出資した資金が1円の価値もないことになります。

　倒産した企業は債務超過になっていることが多いです。東京商工リサーチが2024年3月5日に発表した内容によると、倒産企業の約7割が債務超過という統計もあります。中小企業は売上高を数社の企業に依存する傾向があるため、1社でも取引が解消または販売数量が減少すると赤字になりやすく、その結果、債務超過になりやすいのです。

2. 中小企業は経営者と一体で見る

　債務超過に陥ったからといって、ただちに倒産かといえばそうでもありません。銀行がそれを理由に取引を停止することもありません。

　中小企業では資金繰りに困ったら経営者が自己資金を入れることが多く、経営者と法人を一体に考えたほうがいいからです。

　決算書だけを見るとどうしようもない内容だったとしても、経営者が個人的に現預金を多額に持っていることで資金繰りは回ることはいくらでもあります。増資するのではなく貸し付けるので、貸借対照表の負債

に経営者からの借入金が計上されます。

　債務超過でも資金があれば今までどおりに経営は続けられます。これまでにもリーマンショック、東日本大震災、新型コロナなど大規模な経済危機や自然災害が発生すると中小企業では一気に債務超過に転落しました。しかし、そこから立ち直った企業はいくらでもあります。ただ、やはり倒産リスクが高いため、ただちに経営改善が必要です。

3. 表面上は資産超過でも

　表面上は資産超過であったとしても注意が必要です。実態は債務超過に陥っているかもしれないからです。

①実態は債務超過では？

　第7章や第13章でも出ましたが、売上債権や棚卸資産に資産価値の無いものが含まれていることがあります。他の資産にもそのようなものが存在しているかもしれません。

　そして多くの中小企業の決算書では、貸借対照表の資産の部に計上されている内容は取得原価主義といって、時価が下落しても取得した時のままになっています。土地や有価証券がその代表例です。

　銀行は債務超過かどうかを基本的に貸借対照表に計上された数字から判断します。業績が好調であれば問題にはなりませんが、業績悪化に伴い赤字が続いたり、売上債権や棚卸資産の回転期間が適正水準からかけ離れたり、それ以外の資産にも明らかに資産価値がないと疑われるものがあれば、時価評価をして債務超過か否かを調べるようになります。

　なぜなら、貸借対照表ではまだ自己資本比率が高く安全性が高いように見えても、実態は債務超過だったとなれば融資した資金が回収できないリスクが高いからです。

　さらに業績が悪化して返済条件変更（リスケジュール）など、事業が正常とはいえない状態になれば、より精緻な査定が必要です。

　そうなると、原則すべての資産の時価評価を行ない、より正確な自己

資本を計算することが求められます。下図のようにすべての資産を時価ベースにすると300万円の債務超過になります。

時価評価にする方法は、②で詳しくお伝えします。

修正前の貸借対照表（万円）

現預金 200	仕入債務 300
売上債権 300	その他流動負債 300
棚卸資産 300	固定負債 600
その他流動資産 300	
固定資産 400	純資産 300

資産合計 1,500 　負債合計 1,200　純資産合計 300

売上債権	
回収不能債権	▲100
棚卸資産	
架空の棚卸資産	▲100
その他流動資産	
有価証券	▲100
貸付金	▲100
固定資産	
減価償却の未計上	▲100
仕入債務	
未計上債務	100

この分を各資産から減額
資産：合計500万円マイナス

この分を仕入債務に追加
負債：合計100万円プラス

修正後の貸借対照表（万円）

現預金 200	仕入債務 400
売上債権 200	
棚卸資産 200	その他流動負債 300
その他流動資産100	
固定資産 300	固定負債 600
債務超過 ▲300	

資産合計 1,000　負債合計 1,300
負債が資産を上回ったので
300万円の債務超過に

決算書を見て純資産がプラスになっているから資産超過で問題はないと判断するのではなく、純資産が少額であったり、資産のなかに問題が発生したりしているのなら、実態把握に努めたほうがいいでしょう。

コンサルタントなどの専門家は支援企業に対して、決算書では資産超過であっても各回転期間の長期化などが原因で資産性に問題があるのなら、経営者には実態は債務超過の疑いがあることを早めに伝えるべきです。

すでに銀行は債務超過と認識している可能性があります。実態が債務超過であれば、早期に解消すべく経営改善計画を策定し、その内容を説明することで理解してもらい継続支援の協力を得られるようにしましょうとの提案も必要です。

②時価評価してみましょう

自己資本比率は、前期14.3%、当期15.9%とどちらもプラスでした。しかし、資産内容をよく確認してみると実態は債務超過になっているか

もしれません。そこで時価評価の仕方を説明します。

　前ページの修正前の貸借対照表では、純資産はプラスです。しかし、資産の内容をよく精査したところ次の事実が判明しました。

- 売上債権のうち100万円は1年以上回収できていない（回収不能）
- 棚卸資産のうち100万円は架空であった
- その他流動資産のうち100万円はすでに倒産した企業への貸付金だった
- その他流動資産のうち200万円は有価証券で現在は100万円の価値しかない
- 固定資産のうち100万円は減価償却費の未計上があった
- 買掛金の未計上が100万円見つかった

　資産を減額するものが500万円、負債を増額するものが100万円ありました。そして実態の貸借対照表は右側になります。

　その結果、修正後では「資産＜負債」と債務超過になっていました。

③当期の実態を計算

　当期の自己資本比率は15.9％でしたが、資産のなかに次の問題が見つかりました。

- 売掛金は▲2,000万円が回収不能
- 棚卸資産は▲2,000万円が架空計上分
- 投資有価証券はすべて倒産した企業▲222万円
- 建物のうち減価償却費未計上が▲1,000万円

　合計5,222万円が資産として価値がないとわかりました。それを反映させ、実態の自己資本比率を計算してみましょう。

　実態自己資本比率：$(7,686 - 5,222) \div (48,428 - 5,222) \times 100 = 5.7\%$

資産を実態価値に合わせて再度計算すると、自己資本比率は大幅に低下したことがわかりました。

STEP6　自己資本比率が低いと評価は厳しくなる

自己資本比率は銀行が重視する指標です。高いほど安全性が高く倒産リスクの低い企業です。それが極めて低い、または債務超過であるということは、これまでの経営で創業してからの利益累計額が少ない、増資による資金調達ができない企業です。創業して数年なら致し方ないでしょうが、ある程度業歴を積んでも、それでは、銀行の評価は厳しくなります。

1. 自己資本比率は10％以上ほしい

自己資本比率が何％以上必要なのかについてですが、少なくとも10％はほしいところです。なぜなら、先ほどのように一見すると資産超過に見えても、実態は債務超過というケースがあります。一桁台ではその可能性が高いですから、少し余裕を持ったほうがいいということです。

先ほどご紹介しましたが、日本政策金融公庫の調査では「黒字かつ自己資本プラス企業」の平均値が約25％でしたから、30％以上を目標とした経営が必要です。

2. 債務超過では融資は厳しくなる

債務超過の企業に銀行は原則として融資がしづらくなります。資本金以上の累積赤字が発生し、さらに資産よりも負債のほうが大きいのですから、利益から返済原資は発生しませんし、資本を売却しても負債が残るような企業ですから銀行の立場も理解できるでしょう。

既存融資の一括返済を求めるようなことはありませんが、その結果、新たな融資は原則しない、返済だけを求める対応になります。本音は倒産前に少しでも返済してもらいたいところです。仮に融資をするにして

も十分な担保、信用保証協会の利用、リスクに応じた金利を求めます。返済が困難となりリスケジュールをするとなれば、金利引き上げを求めてくることが考えられます。

　ただでさえ業績が悪いために資金繰りも苦しいのに、資金調達の手段を絶たれてしまっては、資金ショートして倒産する可能性はより高まるのです。

　経営者やコンサルタントは債務超過に陥る前に経営改善を行なう必要がありますし、銀行からの資金調達が難しくなってきたら、手持資金に余裕があるうちに返済をストップしてもらう検討が必要です。手持資金が枯渇したところで銀行に相談してもどうしようもできません。経営者に早期の改善を求めるようにしましょう。

　銀行側もどうしようもできなくなったタイミングで相談に来られても困るでしょう。それならば、自行の支援姿勢が厳しいこと、そしてリスケジュールで資金の流出を抑え経営改善に集中するよう提案することも必要です。

　債務超過だからといってすぐに銀行は見放すわけではありません。債務超過の解消が早期、例えば5年以内で解消できる目処が立つのであれば、今までどおりの支援を継続することも多いはずです。

STEP7　業績改善の見通しを確認する

　純資産がすでにマイナスあるいは減少傾向が明らかであれば、ただちに経営を改善し再生させなければなりません。純資産を増やすには、①増資、②不要資産を処分して債務削減、③役員借入金を債務免除してもらう、などの方法がありますが、結局のところ利益を上げて利益剰余金を増やす企業にしていかなければなりません。

1.「営業利益＞支払利息」を目指す

　純資産が減少している企業の多くは、営業利益がマイナスだったり、

プラスでも支払利息が上回って経常利益がマイナスになったりしていることが多いでしょう。それでは利益が出ないので、銀行への返済もできず、企業内に資金を蓄えることもできません。

下の左図では経常利益はプラスでも最大の原因が雑収入にあります。

◎雑収入によって経常利益はプラス
(万円)

販売費及び一般管理費		30,000
営業利益		2,600
営業外収益		
受取利息	100	
受取配当金	200	
雑収入	11,000	11,300
営業外費用		
支払利息	2,400	
割引料	500	
その他	100	3,000
経常利益		10,900

◎雑収入を除くとマイナス
(万円)

販売費及び一般管理費		30,000
営業利益		2,600
営業外収益		
受取利息	100	
受取配当金	200	
雑収入	0	300
営業外費用		
支払利息	2,400	
割引料	500	
その他	100	3,000
経常利益		−100

経常利益はプラスだが、一時的な収入である雑収入を除けば赤字に
インタレスト・カバレッジ・レシオ＝（2,600＋100＋200）÷（2,400＋500）＝1（倍）

これが毎期発生するものならいいですが、例えば保険の解約返戻金のように今回だけであれば、右の図のように考えなければなりません。

インタレスト・カバレッジ・レシオという指標があります。

この指標が1を下回ると営業利益と受取利息で借入金の利息を払えなくなります。銀行への返済原資が出ない収益力の無い企業なのです。最近よく聞くゾンビ企業であり、国際決済銀行（BIS）における定義は、10年以上存続し、3年以上にわたってインタレスト・カバレッジ・レシオが1未満にある企業としています。

要は経常利益がプラスでない状態です。債務超過の企業は1未満になっている可能性が高いでしょう。絶対に1を下回らず、少なくとも2倍以上、理想としては10倍以上を目標にすべきです。

> インタレスト・カバレッジ・レシオ
> ＝(営業利益＋受取利息・配当金)÷支払利息・割引料(倍)

2. 経営改善計画の策定

　赤字が何年も続けば累計赤字の額が膨らみますから、いつしか資本金を超えて純資産はマイナスの債務超過となってきます。そこまで来ると倒産リスクが上昇します。

　ただ、決算書は過去の経営成績です。これまでの経営を反省し、経営者が中心となって今後どう立て直していくか、計画と実行によっては再生できる可能性は十分あります。

　だからこそ、経営改善計画の策定が必要です。銀行にリスケジュールを申請する際、経営改善計画書を提出しますが、金融支援に関係なく企業は純資産が減少しているのであれば、経営改善計画を策定すべきです。

　計画には次の内容が必要です。

①窮境原因

　なぜ経営が悪化したのか、窮境の原因が明確でなければ有効な経営改善策を考えることはできません。原因をしっかりと把握できなければ改善策は的外れなものになります。なお、これまで粉飾決算を行なってきた場合は、粉飾する前の数字に戻す必要があります。

②具体的な改善策及び実行計画（アクションプラン）の策定

　窮境の原因が明らかになったら、それに対処するための具体的な改善策そして実行計画を策定します。各改善策について、誰が責任者で、何を目的とし、いつからいつまでに、どのような行動を実施するのかを明確にした内容にします。

③業績予想の作成

　経営改善策を実行したことによる効果を数字にします。貸借対照表、損益計算書、そしてキャッシュフロー計算書の今後5年程度先までを作成します。

　ここで注意すべきは、経営者は銀行からの支援を受けたいために、実

現可能性の低い数値計画にすることがあります。しかし、実際にやってみたところ計画と実績に大きな乖離が生じた場合、今後の支援が受けづらくなります。必ず保守的に考えるようにします。

④計画実行と検証及び改善

　計画は作ったら終わりでは意味がありません。計画どおりの結果となったのか、もし結果が出なければ再度改善策を策定する体制が必要です。

3. 企業だけでは難しい

　しかし、この経営改善計画の策定は中小企業では困難なことが多いです。経験がないあるいは人材がいないこともありますし、債務超過にまで陥っている企業の経営者は、何か改善策を実行することで、現状よりもかえって経営が悪化することを恐れて行動できないことがあります。そもそも何をしたらいいのかわからないこともあります。

　そこで専門家あるいは銀行担当者の支援が必要になります。企業が中心となり専門家がサポートしながら窮境原因を把握したり改善策を策定、そして数値計画は専門家が中心になって作成するといいでしょう。

STEP8　資本金と税金の関係を理解する

　資本金の金額は、税金に大きな影響を与えています。そのため、実際はもっと大きな額を資本金に計上できても、あえて増やさない企業もあります。経営者が個人的に保有する預金から多額の出資ができる場合も、資本金にはせず貸付金（企業から見れば借入金）として処理していることが多いでしょう。

1. 資本金が大きいほど法人住民税の均等割りが増える

　均等割りは地方税の１つで、企業の利益額に関係なく発生します。東京都23区に本店がある企業を例にすると、「資本金が1,000万円以下」か

つ「従業員が50人以下」の企業は年間7万円と決められています。「資本金が1,000万円超10,000万円以下」なら18万円、「10,000万円超100,000万円以下」は29万円と資本金額によって異なります。

　つまり、赤字決算でも1年間でこれだけの税金が発生します。そのため、資本金の金額を1,000万円以下にしようと考える企業も多いのです。

2. 法人税の税率が優遇され年800万円以下の交際費枠がある

　資本金1億円超の法人は、法人税率は23.2％です。一方で、資本金1億円以下の企業は、所得（≒利益）が800万円まで法人税率が15％と優遇されます。さらに、資本金1億円以下なら年間800万円まで交際費の損金算入が可能です。あるいは接待飲食費特例措置で50％損金算入措置も選択できます。

　ちなみに、損金算入とは税務上の費用計上ができるという意味と捉えてください。

3. 少額減価償却資産の損金算入特例

　固定資産を購入したら耐用年数に応じて減価償却をするのが原則です。しかし、資本金が1億円以下の企業が30万円未満の固定資産を購入した場合、年間300万円までは全額を損金に算入することができます。

　以上の1～3のように、資本金がいくらかによって税金に大きな影響を与えます。小さいほうが税務上のメリットは大きいのです。ただ、許認可が必要な事業を行なう場合には最低資本金が定められている場合もあります。税金については複雑な制度も多いので、税務署や税理士に確認してください。

　銀行からは資本金が大きいほうが評価は得られたとしても、税務面の負担が大きいためあえて増資しないこともあります。資本金が増えていないから成長できない企業とマイナスに判断する必要はありません。

232

まとめ

- 純資産（自己資本）は資本金や利益剰余金を中心に構成されています。それらは借入金とは違い返済義務のない資金調達方法です。したがって、純資産が大きい企業ほど経営の安全性は高いといえます。
- 経営の安全性を見る指標として自己資本比率があります。中小企業の平均は20％台ですから30％以上を目標にしましょう。しかし、資産のなかに資産価値の無いものが含まれていたら、それを排除して自己資本比率を計算しましょう。少なくとも10％以上は必要です。それ以下だと銀行は融資に慎重になります。
- 自己資本比率は高ければいいとは限りません。ビジネスチャンスがあるのなら、自己資本比率が低下することになっても、銀行から資金調達をしてでも利益を獲得することが必要です。安全性ばかりを意識しすぎるのではなく、企業としてしっかり利益を獲得する意欲も必要です。
- 純資産は資本金よりも利益剰余金を重視しましょう。税務面で不利にならないようあえて資本金額を抑えている可能性がありますし、これまでの利益を積み上げた利益剰余金のほうがより重要だからです。
- 純資産の減少は経営悪化を意味します。ただちに経営改善策の策定と実行が必要です。
- 債務超過とは負債が資産を上回り、赤字決算を続けた結果、純資産がマイナスの状態を意味します。債務超過の企業は倒産の可能性が高いです。

第2部

倒産の恐れを見抜く経営分析

第12章　「現預金」が減少

第13章　「棚卸資産」が増加

第14章　「仮払金・貸付金」が発生・増加

第15章　「固定資産」が減少

第16章　「繰延資産」が計上

第17章　「未払費用・未払金」が増加

第18章　「役員借入金」が計上

第19章　「役員報酬」が減少

第20章　「減価償却費」が少額で計上

ここでは主に、30～34ページの
「倒産の恐れのある決算書」をもとに
分析していきます。

第12章 「現預金」が減少している

貸借対照表				
資産	流動資産		負債	流動負債
	固定資産	有形固定資産		固定負債
		無形固定資産	純資産	株主資本
		投資その他の資産		株主資本以外
	繰延資産			

現預金とは、その名のとおり現金や預金を指します。それ以外にも他社や銀行振出の小切手なども現預金に含まれ、貸借対照表の資産の部に計上されます。なお、定期預金は1年以内に満期が到来する場合は流動資産、1年超である場合は、固定資産に計上されます。ただ、実務上はすべて流動資産に計上していることが多いでしょう。

分析のステップ

STEP1 現預金残高を前期と当期で比較してみよう

⇩

STEP2 現預金の適正な手持水準

⇩

STEP3 預金残高が多ければ銀行の評価はプラスに

⇩

STEP4 現金は架空も多い

⇩

STEP5 現預金減少の理由

⇩

STEP6 資金繰り管理の重要性

STEP1　現預金残高を前期と当期で比較してみよう

　前期の現預金残高は4,026万円（現金12万円、普通預金3,895万円、定期積金120万円）ありましたが、当期の現預金残高は3,132万円（現金73万円、普通預金3,058万円）と大幅に減少していることがわかります。

前期		当期	
現金	12万円	現金	73万円
普通預金	3,895万円	普通預金	3,058万円
定期積金	120万円		

　現預金が減少しても業績悪化企業になり、ただちに倒産というわけではありませんが、増加しているほうが経営の安全性は高いです。

STEP2　現預金の適正な手持水準

　手持現預金は多いほうが経営の安全性が高いのは間違いありません。ただし、どの程度まで保有するべきかはやや難しい問題です。なぜなら、業種や企業の置かれた環境によって左右されるからです。

1. 手元流動性比率

　銀行にとっては、融資先企業の資金繰りが回って、正常に借入金が返済されることが重要です。これは後で説明する資金繰り表で実績や見通しを把握することも必要であり、決算書から測る指標として、手元流動性比率があります。

　短期支払能力を見る指標には流動比率や当座比率もありますが、流動比率は流動資産と流動負債のバランスから短期の支払能力を見る指標です。そして、流動比率より厳しく支払能力を見る当座比率では、現預金以外にも売上債権、市場で売却可能な有価証券である当座資産のみで支

払い能力を見ます。これらは、現金化が即時または1～2か月程度で現金化される可能性は高いでしょう。しかし、多額の売上債権がいくらあったとしても、現時点ではすぐに現金化されず、売上債権回収不能などのリスクも考えられます。

　手元流動性とは、現金同等物、そして短期的に所有している市場で売却可能な有価証券です。現金同等物とは、手持ちの現預金に加え、取得日から満期日あるいは償還日までが90日以内の短期投資（定期預金、公社債投資信託など）をいいます。したがって、満期日まで1年の定期預金は含まれないことになります。

　しかし、実際には満期日前の解約にも銀行は応じますし、担保に取られていないのであれば、多くの中小企業では現預金と考えて差し支えないでしょう。そして**手元流動性比率**の計算式は次のとおりです。

> **手元流動性比率＝手元流動性残高÷月商**

　分母を月商（年間の売上高÷12）にすれば、手元にあって何にでも使える流動的な資金が月商の何か月分あるかがわかります。売上高を365で割れば何日分かになります。

　この企業で計算してみましょう。前期の定期積金は含めて計算しています。どちらもかろうじて1か月分程度あることがわかりました。

　　前期：4,026万÷（44.855÷12）＝1.1か月
　　当期：3,132万÷（35.854÷12）＝1.0か月

2. 少なくとも月商分以上は必要

　利益が出ている優良企業であっても、企業は現預金がなくなれば返済や支払いができず経営を継続することができません。つまり、倒産です。どんなに赤字でも資金調達が可能な限りは継続できます。その意味からも企業経営において現預金は重要であり、これをいかに増やすか、そし

て今後マイナスにならないよう管理しなければなりません。

　最低限でも月商分以上は必要です。なぜなら手持資金が1か月に満たなければ、仕入、給与やその他費用の支払い、銀行への返済資金が足りず、売上債権の入金待ち状態に陥る可能性が高いからです。特に賞与や納税が発生する月は通常よりも支出が増えます。

　下の表では、7月にまとまった賞与の支払いが生じていますが、4月のスタート時に月商分の現預金を確保していたことで、支払いは問題なくできています。手持資金が十分でないと、賞与を支払ったことで資金繰りが不安定になることも多いのです。賞与資金を銀行から調達し、次の賞与支給時までに返済する方法を検討してもいいでしょう。

◎月別の資金繰り表

	4月	5月	6月	7月	8月
月初残高	10,000	10,500	11,000	11,500	7,000
売掛金	10,000	10,000	10,000	10,000	10,000
買掛金	3,000	3,000	3,000	3,000	3,000
給与	5,000	5,000	5,000	10,000	5,000
他費用	1,000	1,000	1,000	1,000	1,000
返済	500	500	500	500	500
月末残高	10,500	11,000	11,500	7,000	7,500

　また、次ページの表のように、月末に振り込まれる売掛金が取引先の都合で遅れ、翌月になってしまうリスクもあります。取引先からの入金遅れが発生するケースを想定すれば、少なくとも月商分程度は必要だということです。

　手持資金が少ないと、経営者は資金繰りの不安から日常業務に取り組むことができず、その結果、経営は悪化する傾向にあります。

　月末の現預金残高が月商以下の企業は、まず銀行から融資を受けるでしょうし、不可能なら経営者からの借入金で凌ぐことになります。

　あるいは経営者が自身の役員報酬を受け取らない、それでも不足する場合は外部への支払いを調整するでしょう。当然そんな現預金残高水準

239

では安全性が低いですし、すでに銀行からは融資を断られているかもしれません。倒産する可能性の高いかなり危険であり警戒すべき状況です。

◎5月の入金が遅れた場合の資金繰り表

	4月	5月	6月	7月	8月
月初残高	10,000	10,500	1,000	11,500	7,000
売掛金	10,000	0	20,000	10,000	10,000
買掛金	3,000	3,000	3,000	3,000	3,000
給与	5,000	5,000	5,000	10,000	5,000
他費用	1,000	1,000	1,000	1,000	1,000
返済	500	500	500	500	500
月末残高	10,500	1,000	11,500	7,000	7,500

3. 月商の2か月分程度が理想

　月商を基準に考えれば、最低でも月商の2か月分の現預金があるのが理想です。中小企業では、銀行からの借入金に頼り、収益力も大企業より低く、獲得した資金が納税や返済に充てられ、現預金がなかなか増えないケースが多いです。それでも、現預金が月商の2か月分あれば、売上入金が一部遅れるなど想定外の事態が生じても資金繰りは問題ありません。

　また、月ごとに見ると資金繰りは問題ないように見えても、1か月を上旬と下旬に分けて見ると、入金条件や支払い条件によって「毎月上旬」あるいは「毎月下旬」は資金繰りが苦しいこともあります。そのため、2か月は目標にすべきなのです。

　ただし、経営に問題がなく安定しているのなら、2か月以上の現預金を保有する必要はないかもしれません。ほとんど利息のつかない普通預金の金額を、銀行から融資を受けてまで増やす必要はないのです。

　しかし、現預金が必要な時に銀行が融資してくれるとは限りませんし、安全性を重視して多くの現預金を持つという判断も間違ってはいません。それでも、3か月分程度確保しておけば安全性の問題はないでしょう。

4. 定期預金に注意

　超低金利もあって最近は定期預金をする機会がめっきり減りました。しかし、資金繰りに余裕があるわけでもないのに、定期預金が計上されている決算書を見かけることがあります。特に業歴のある企業では、その傾向があります。非常に少ないケースではありますが、定期積金が担保に入っていることもあります。

①担保に入って使えない

　業歴の長い企業は金利の高い時代を経験しており、余裕資金を定期預金にしていました。中には、銀行員に頼まれて定期預金にしていたケースもあったでしょう。

　また、資金繰りが苦しくなり定期預金を解約しようとしても、銀行は預金残高の減少を嫌ってその定期預金を担保に融資をすすめることも多くありました。一度、融資取引が開始すると解約しづらくなり、銀行との関係を悪化させたくない経営者が、定期預金を担保に入れたまま今日に至る企業もあります。

　この場合、定期預金には結構な残高があるにもかかわらず、担保にした借入金があるため、使えないのです。

　決算書の預金残高が次ページの図表①のように当座預金や普通預金残高が多ければ、仮に定期預金が全額担保であっても、資金繰りには影響がない（少ない）可能性が高いでしょう。

　しかし、次ページの図表②のように定期預金残高が異常に多く他が少額の場合、本来なら資金繰りが苦しいので解約してさまざまな支払いに充てたいはずです。定期預金が異常に多いということは、担保として取られている可能性が高いのです。

　担保預金はもちろん資金繰りに使えないので、資金繰りを考える時も、現預金残高から除いて手元流動性比率を計算する必要があります。

◎①一般的な預金残高の内訳

当座預金	10,000千円
普通預金	20,000千円
定期預金	5,000千円
定期積金	3,600千円
合計	38,600千円

定期預金を除いた金額

預金合計	33,600千円

◎②定期預金が担保になっている可能性が高い場合

当座預金	1,000千円
普通預金	5,000千円
定期預金	29,000千円
定期積金	3,600千円
合計	38,600千円

定期預金を除いた金額

預金合計	9,600千円

②メリットがない

　定期預金を担保にそれ以上の金額の借入れをしているのなら、企業側にもメリットはあります。例えば、1,000万円の定期預金を担保に、2,000万円の借入れをしているような場合です。

　しかし、借入金額が定期預金と同額であれば、無駄に利息を支払うだけでメリットはありません。このような預金担保の借入金があるのなら、相殺して支払利息分の資金流出を抑えるために取引銀行と交渉すべきです。

▌STEP3　預金残高が多ければ銀行の評価はプラスに

　銀行が企業に融資をするかどうか審査する際、確実に返済してくれるか、すぐに倒産するようなことはないか、返済能力や経営の安全性を重視します。次の4つの企業があったとします。銀行はどの企業に融資をしたいでしょうか。

A　預金が少なく借入金が多い

B　預金が少なく借入金が少ない

C　預金が多く借入金が多い

D　預金が多く借入金が少ない

理想的なのは、預金が多く借入金が少ないDです。一方で、一番消極的になるのは預金が少なく借入金が多いAです。これはわかると思います。では、２番目に前向きに支援したいと考える企業はBとCのどちらでしょう？

　正解は、預金が多く借入金も多いCです。なぜなら、借入金が多くても預金も多ければそう簡単に資金不足にはならないからです。銀行も現預金が多い企業への融資には積極的です。

　つまり、もっとも安心して融資ができる企業の条件は、現預金残高が潤沢なことです。仮に借入金が多くても、それに応じて現預金残高もあれば、ただちに資金ショートをする可能性は低いと考えることができます。しかし、借入金を増やしたくないからと、手持資金が不安定であれば、早期に返済不能となるリスクが高まります。

　業績の悪化が予想された際、万一に備えて手持資金が多いほど安全性の面ではプラスです。手元流動性比率なども高ければ高いほど安全です。低金利であれば支払利息の負担も軽く、借り入れをしてでも手持資金を増やし安定化させることができます。

　ただ、デメリットもあります。現金や預金は、持っているだけでは新たな売上高が発生するわけではありません。

　特にリーマンショック、東日本大震災、新型コロナなどの非常時や、経済危機や自然災害が発生した時は、経営の安全性が重要ですから、持てるだけの現預金を確保する判断は間違いではありません。非常時の特別な公的融資や保証制度を利用して手持現預金を手厚く保有するようにしましょう。

STEP4　現金は架空も多い

　預金は通帳や残高証明書から決算書の金額と一致しているか確認することができますが、現金はそれができません。

　現金出納帳と金庫に入っている残高を毎日確認している企業もありま

すが、それが結構いい加減な企業も多いです。そもそも管理すらしていない企業もあります。

　売上代金も仕入代金もすべて振り込み、給料もそうであれば、普通は多額の現金を持つ必要性がありません。決算日に多額の現金が金庫にあるのは一部業種ではあるかもしれませんが通常は考えづらいです。

　小口現金として数万円もあれば十分でしょう。しかし、それでも帳簿上に多額の現金残高があるとしたら実際との残高には大きな乖離があり、その理由は次のように考えられます。

1. 管理できていない

　現金を管理するためには、時間と人手が必要で余計なコストが発生しますから、中小企業では難しいことがあります。

　小規模企業で経営者が経理責任者を兼任しているような企業であれば特にそうです。よくあるケースとして、預金から10万円を出金し、現金で持っているとしましょう。そこで消耗品や接待などでお金を使っていたとしても、経営者の財布の中に現金が入ってしまえば、個人的なことにも使ってしまっています。すると、10万円を使い切ったとしても、領収書の金額を集計しても同額分あるとは限らないのです。それが徐々に蓄積されていくと、実際には存在しない現金が帳簿上はあることになっているのです。

2. 粉飾決算のケースも

　粉飾の結果、現金増になっていることもあります。例えば、すでに計上した交際費など現金で支払った費用の仕訳を削除した結果、現金残高が増えてしまうのです。増えた現金残高を他の勘定科目に振り替えて隠している場合があります。

　以前関与した企業は、売上高の架空計上を続けた結果、存在するはずのない売上債権が増加し続けてしまい、それでは粉飾したことがバレてしまうからと、売掛金が現金回収されたようにしたことで、結果的に現

金が異常な残高になっていました。

その企業は個人客相手に外壁塗装業を行なっていました。1件あたり数十万円から多くて200万円規模です。小規模企業ですから1か月の作業件数は多くても10件程度です。作業完了後どれも1週間以内に振り込まれています。しかし、決算書には普通預金が数十万円で現金が1,800万円ありました。

決算書の残高がおかしいのは明らかですが、経営者が粉飾決算を打ち明けたところ、騙されたとメインバンク担当者は怒っていました。おそらく、これまでの担当者もおかしいと気がついてはいたものの、営業目標を優先していたのかと思います。

決算書を見て多額の現金残高が確認できたら、粉飾や杜撰な経理、もしくは経営者が自社の口座から個人的な用途に使用していることが疑われます。どれにしても問題が発生していると疑ってかまいません。

STEP5　現預金減少の理由

支払いや返済に必要な現預金ですから、減少したならその理由はプラスの場合もあれば、経営に大きな問題が発生している場合もあるでしょう。どちらかといえば、後者の可能性が高いでしょう。経営者も銀行もその理由を知りたいはずです。

現預金の減少にはさまざまな理由があります。損益計算書の最終利益が現預金の増減と一致することはまずありません。現預金が減少する理由は例えば、次のようなものがあります。

1. 赤字

まず考えられるのは赤字です。しかし、単年度だけを見れば赤字であっても前期に発生した多額の売掛金入金があった、または資金調達に成功したなどの理由で現預金が増加することはありますが、それらを除けば売上入金以上に費用の支出が多いわけですから現預金は減少します。

245

赤字が続けば銀行からも支援が受けられなくなり、いずれは倒産につながります。

2. 返済が負担に

　黒字でも安心はできません。仮に「利益＝現預金の増加」であったとしても、借入金の返済額がそれ以上なら資金繰りの収支はマイナスです。これは借入金に大きく依存する中小企業ではよくあることです。利益もあり、納税も発生する企業で損益計算書上は問題ありませんが、貸借対照表を見れば、かなりの借入金があり、年間返済額が大きな負担になっているのです。この場合、減少分は定期的に融資を受ける必要があります。

　融資を受ける際の注意点として、借入本数はあまり増やさないことです。

　図表①のように借入本数が増えると返済額も増えてしまいます。そこで図表②のように増額での借り換え、そして返済期間を長期化することで返済額を抑えられないかを銀行には検討してもらいます。

◎①借入本数が増えた場合
（千円）

	1期	2期	3期	4期
借入金	60,000	48,000	36,000	24,000
返済額		12,000	12,000	12,000
借入金		12,000	9,600	7,200
返済額			2,400	2,400
借入金			14,400	11,520
返済額				2,880
借入金				17,280
返済額				
借入金				
返済額				
借入金合計	60,000	60,000	60,000	60,000
返済額合計	0	12,000	14,400	17,280

◎②増額借り換えをし続けた場合
（千円）

	1期	2期	3期	4期
借入金	60,000	48,000		
返済額		12,000		
借換返済		48,000		
借入金		60,000	48,000	
返済額			12,000	
借換返済			48,000	
借入金			60,000	48,000
返済額				12,000
借換返済				48,000
借入金				60,000
借入金合計	60,000	60,000	60,000	60,000
返済額合計	0	12,000	12,000	12,000

3. 売上債権の回収不能及び遅延

　売上高が発生しても相手が法人であれば、掛け取引となるのが一般的

です。取引条件に基づいて入金されますが、取引先の経営悪化により回収が遅れる、最悪の場合は回収不能となる懸念があります。回収した売上債権から仕入代金や人件費、そして借入金返済に充てるため、これができなければ現預金を大きく減少させるだけでなく、経営を一気に悪化させるリスクがあります。

4. 過度な在庫の保有

商品や原材料などの在庫は仕入代金を支払っているので保有しているだけで資金繰りを悪化させることになります。そして、過度な保有は売れ残りを発生させ、今後も適正な金額で販売できる目処が立たない、いわゆる不良在庫の発生につながりやすくなります。早期に販売し代金を回収しなければなりませんが、それができません。最悪の場合は廃棄処分となります。どちらにしても資金繰りを悪化させます。

5. 売上高の増加

売上高の増加は資金繰りを悪化させます。個人客相手の商売ですべて現金で受け取っている企業であれば問題はありません。しかし、法人客相手で、売上高の増加が特に急激な場合においては、資金繰りを大きく悪化させる可能性があります。

製造業が原材料を仕入れて売上代金を回収するまでの流れは次ページ上の表のようになります。仕入れた原材料を使って仕掛品を経て製品になります。そこまでが棚卸資産です。製品は販売後に契約で決められた条件に基づいて入金されます。製品から現金になる間は売上債権として計上されることになります。

その一方で、原材料を仕入れたら通常は仕入債務が発生します。ただちに支払う必要がないため資金繰りにはプラスです。しかし、原材料を仕入れてから代金を回収するまでの期間よりも、仕入債務の支払いが通常は先に発生します。したがって、**経常運転資金**（あるいは**正常運転資金**ともいいます）の分だけ資金的には苦しくなります。

◎原材料を仕入れてから売上代金が回収されるまでの流れ

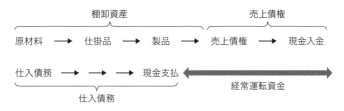

　貸借対照表なら下の図の部分に該当します。経常運転資金の計算式はこの図から容易に組み立てが可能です。

◎経常運転資金は貸借対照表から計算できる

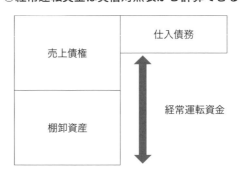

経常運転資金＝売上債権＋棚卸資産－仕入債務

　このように資産には現金化されるまで待たされている勘定科目、負債には支払いを待たせている勘定科目が存在しています。その差額は企業が待たされているほうが多いのですから、経常運転資金の分だけ資金繰りを悪化させるのです。

　この企業の売上高が急増し2倍になったとしたら、単純にこの経常運転資金は2倍になります。取引先からの入金を待たされている売上債権は売上高に連動し、棚卸資産も売上高急増に応じた数量を保有する必要

が出てきます。その結果、資金繰りは急激に悪化し、黒字倒産のリスクも上昇します。

◎月商が２倍になれば経常運転資金も２倍に

月商が10,000千円、売上債権が月商の２か月分、
棚卸資産が1.5か月分、仕入債務が１か月分とします。

売上債権20,000千円	仕入債務10,000千円
棚卸資産15,000千円	経常運転資金 25,000千円

月商が２倍の20,000千円、取引条件などの変化がないとしたら
経常運転資金も２倍必要になり、それだけ資金繰りが厳しくなる

売上債権40,000千円	仕入債務20,000千円
棚卸資産30,000千円	経常運転資金 50,000千円

STEP6　資金繰り管理の重要性

　企業は商品を仕入れて販売、製造業なら原材料を仕入れ製造した製品を販売し、利益を生み出していかなければなりません。現預金がなくなければ経営が継続できないため、資金繰りの管理が重要なことは、経営者の誰もが知っていますが、資金管理がしっかりできていない企業は意外にも多いです。
　決算書は銀行融資や税務申告に必要だから作成に取り組みますが、資金繰り表は、申告には必要なく、作成がやや面倒なことから、銀行に求められてから作成する方が多いのです。次ページのような資金繰り表を作成し、常に数か月先まで管理することが大切です。

◎資金繰り表の例

実績 ← → 予想　　　　　　　　　　　　　　　（千円）

今期実績及び予想		4月実績	5月実績	6月実績	7月実績	8月予想	9月予想	10月予想	11月予想	12月予想	1月予想	2月予想	3月予想
売上高		50,000	20,000	30,000	45,000	10,000	35,000	55,000	37,000	50,000	40,000	15,000	36,000
仕入高		15,000	6,000	9,000	13,500	3,000	10,500	16,500	11,100	15,000	12,000	4,500	10,800
月初現預金残高		50,000	39,270	28,425	29,675	19,975	8,810	26,310	56,960	46,860	48,525	47,780	55,720
経常収支	現金売上	5,000	2,000	3,000	4,500	1,000	3,500	5,500	3,700	5,000	4,000	1,500	3,600
	売掛金入金	15,000	30,000	45,000	18,000	27,000	40,500	9,000	31,500	49,500	33,300	45,000	36,000
	その他収入	0	0	300	0	0	0	0	0	0	0	0	0
	収入合計	20,000	32,000	48,300	22,500	28,000	44,000	14,500	35,200	54,500	37,300	46,500	39,600
	現金仕入	1,500	600	900	1,350	300	1,050	1,650	1,110	1,500	1,200	450	1,080
	買掛金支払	6,480	13,500	5,400	8,100	12,150	2,700	9,450	14,850	9,990	13,500	10,800	4,050
	給与・賞与	9,000	9,000	27,000	9,000	9,000	9,000	9,000	9,000	27,000	9,000	9,000	9,000
	その他費用	10,000	10,000	10,000	10,000	10,000	10,000	10,000	10,000	10,000	10,000	10,000	10,000
	支払利息	250	250	250	250	250	250	250	250	250	250	250	250
	支出合計	27,230	33,350	43,550	28,700	31,700	23,000	30,350	35,210	48,740	33,950	30,500	24,380
	差引過不足	-7,230	-1,350	4,750	-6,200	-3,700	21,000	-15,850	-10	5,760	3,350	16,000	15,220
経常外収支	固定資産等売却収入												
	収入合計	0	0	0	0	0	0	0	0	0	0	0	0
	税金		5,995			3,965			5,995			3,965	
	固定資産等購入											30,000	
	支出合計	0	5,995	0	0	3,965	0	0	5,995	0	0	33,965	0
	差引過不足	0	-5,995	0	0	-3,965	0	0	-5,995	0	0	-33,965	0
財務収支	長期借入金							50,000				30,000	
	短期借入金												
	定期性預金取り崩し												
	増資												
	収入合計	0	0	0	0	0	0	50,000	0	0	0	30,000	0
	長期借入金返済	3,300	3,300	3,300	3,300	3,300	3,300	3,300	3,895	3,895	3,895	3,895	3,895
	短期借入金返済												
	定期性預金預け入れ	200	200	200	200	200	200	200	200	200	200	200	200
	支出合計	3,500	3,500	3,500	3,500	3,500	3,500	3,500	4,095	4,095	4,095	4,095	4,095
	差引過不足	-3,500	-3,500	-3,500	-3,500	-3,500	-3,500	46,500	-4,095	-4,095	-4,095	25,905	-4,095
総合収支		-10,730	-10,845	1,250	-9,700	-11,165	17,500	30,650	-10,100	1,665	-745	7,940	11,125
翌月繰越現預金		39,270	28,425	29,675	19,975	8,810	26,310	56,960	46,860	48,525	47,780	55,720	66,845

   売上高は10％が現金売上、90％が月末締めの翌々月末入金
   仕入高は10％が現金払い、90％が月末締めの翌月末支払
   11月から1月まで月末残高がマイナス予想のため早めに資金を調達した。

　資金繰り表の書式は特に決まったものはなく、各企業が使いやすいものを作成します。取引銀行がホームページなどで公開していれば、それを使ってもらうのもいいでしょう。

1. 実績部分

これまでの資金繰りを見るためにも、過去数か月の実績は必要です。月次試算表から作成することも、通帳や現金出納帳などから作成することもできます。この例では経常収支はマイナスの月が多く、借入金の返済額がかなり負担となり、月末の現預金残高は減少傾向にあります。

2. 予想部分

実績部分も大切ですが、予想部分はより重要です。今後の売上高や仕入高の発生見通しと取引条件から入金と支払予定が立ちます。

その他費用の多くは、これまでの実績からある程度予想が立つでしょうし、借入金の返済額も銀行から受け取った返済予定表から確認できます。また、税金でも中間納税額は税理士から確認できるので、それも予想部分に反映させましょう。

①売上高の予想について

予想部分の作成で最も悩むのが売上高の予想です。業種や企業によって違うので例外はありますが、各月の売上高は過去と比較して下の折れ線グラフのような似た動きをしていることが多いです。そのため、今後の売上高の予想が難しい場合は、前期と比較した当期の実績から見通しを立てます。そして、実際の金額が明らかになってくれば予想金額を直していけばいいのです。

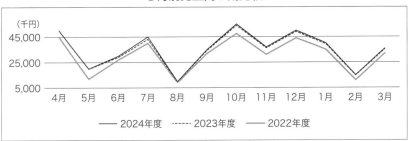

◎月別売上高3期比較

②仕入高の予想について

　仕入高は売上高に連動するため、これまでの対売上比の実績から予想していきます。なお、製造関係の業種であれば、売上高が発生する前、前月あたりには原材料を仕入れることもあるでしょう。その場合は計上する月に注意してください。

③難しく考えない

　資金繰りの予想は、あくまで予想ですから多少のずれは発生します。それは気にしないようにしましょう。いつ頃、現預金残高が大きく減少するのか、マイナスになるのかを把握し、早期に対応できるようにするのが目的です。

　円単位での作成は不要です。企業の規模によって、千円、万円、あるいは百万円単位で作成しましょう。

　現預金が月商の何か月分あるか、あるいは当座比率などの指標はもちろん大切ですが、それ以上に資金繰り表で今後の支払いや返済に問題がないか管理することが不可欠です。

まとめ

- 現預金は経営の安全性に不可欠ですから、最低限でも月商の1か月、できれば2か月程度を目標にしましょう。
- 資金繰り表を作成して常に数か月先の資金繰りに不安がないかチェックし、月末現預金残高がマイナスになるような月があると予想されたら、ただちに取引銀行へ相談してください。
- 中小企業は資金調達手段が銀行融資に限られることが多いですから、借入金利息がやや増えたとしても、手持資金を潤沢にしたほうがいい場合が多いです。特に経済危機や自然災害により景気が大きく悪化する時は、より多くの現預金を確保しましょう。

第13章 「棚卸資産」が増加している

棚卸資産とは、商品、原材料、製品、仕掛品（製造途中の製品）、あるいは半製品（完成していないが販売可能なもの）など、企業が販売する目的で保有している資産のことを指し、貸借対照表の流動資産の部に記載されます。一般的には「在庫」と呼ばれることが多いです。

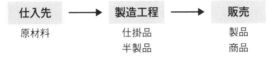

分析のステップ

STEP1 　棚卸資産を前期と当期で比較してみよう

STEP2 　棚卸資産回転期間を計算

STEP3 　棚卸資産回転期間の基準は1か月

STEP4 　大量の在庫を保有するデメリット

STEP5 　健全な理由で棚卸資産が増えた場合

STEP6 　棚卸資産の内訳を確認する

STEP7 　「架空在庫」の可能性

STEP1 棚卸資産を前期と当期で比較してみよう

　決算書を見ると製品、原材料、仕掛品があります。前期と当期の残高は次のとおりで、増加していることがわかります。

	前期		当期
製品	1,622万円	製品	2,433万円
原材料	1,400万円	原材料	1,540万円
仕掛品	925万円	仕掛品	988万円

　商品・製品を販売、あるいは原材料を使って製造販売するので、在庫は多いほうが販売機会を逃すことがなく営業面ではメリットがあります。
　しかし、必ずしも良いことばかりではなく、むしろマイナス面も大きいです。

STEP2 棚卸資産回転期間を計算

1. 棚卸資産回転期間
　在庫が適正な水準にあるかを知る指標が**棚卸資産回転期間**です。棚卸資産回転期間の計算式はこちらです。

> 棚卸資産回転期間＝棚卸資産÷（売上高÷12）（月）

　棚卸資産（在庫）が月商の何か月分あるか、つまり企業が保有する在庫がどれくらいの期間で販売されたかを示す指標です。この期間は短いほうが在庫を長期間抱えずに販売できていることを意味します。
　計算式は、分子の棚卸資産に期首と期末の平均を、分母には売上高あるいは売上原価を用いることもあります。何日分の在庫があるのかを計

算したい場合は分母を（売上高÷365）とします。

　分母には公的機関も含めておそらく売上高を採用しているケースが圧倒的に多いでしょう。棚卸資産が月商の何か月分あるのかを知りたいのであれば、それでも問題はありません。それに売上高のほうがわかりやすく計算がしやすいです。

　ただ、正確な棚卸資産回転期間を計算するなら、本来は分母には売上原価を用います。なぜなら、売上原価とは棚卸資産のうち出荷されたものだからです。したがって、本来はその月平均額で期末の棚卸資産を割ることで、期末在庫が何か月分滞留しているのかがわかります。

◎売上原価を本来使うべき理由

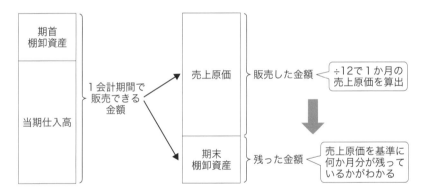

2. 棚卸資産回転率

　回転期間ではなく回転率という考え方もあります。売上高を使った場合の**棚卸資産回転率**の計算式はこちらです。先ほどの回転期間とは違い、棚卸資産が分母にあります。

　回転率は在庫の運用効率を表し、高いほど商品の仕入販売が効率的に行なわれていることになります。低いと在庫過剰で資金繰りが悪化しており、極端に高いと在庫切れや販売機会の損失につながりやすい状態です。

> 棚卸資産回転率＝売上高÷棚卸資産（回）

STEP3　棚卸資産回転期間の基準は1か月

　では、実際に計算してみましょう。ここでは期末棚卸資産の残高と売上高を用いて計算してみます。

前期	棚卸資産回転期間(月)	3,947÷(44,855÷12)＝1.1か月
	棚卸資産回転期間(日)	3,947÷(44,855÷365)＝32日
	棚卸資産回転率	44,855÷3,947＝11.4倍
	棚卸資産	3,947万円
	売上高	44,855万円
当期	棚卸資産回転期間(月)	4,961÷(35,884÷12)＝1.7か月
	棚卸資産回転期間(日)	4,961÷(35,884÷365)＝50日
	棚卸資産回転率	35,884÷4,961＝7.2倍
	棚卸資産	4,961万円
	売上高	35,884万円

　財務総合政策研究所が公表している2023年度の棚卸資産回転期間（全産業・全規模）は1.12か月、製造業は1.67か月、非製造業0.91か月です。ここでの計算式は分子が期首と期末の平均、分母は売上高÷12を採用しています。

　そして、中小企業実態基本調査を用いて計算したところ、全産業は1.1か月、建設業1.2か月、製造業1.6か月でした。計算式は「棚卸資産÷（売上高÷12）」です。

　全産業で見れば、どちらもほぼ1か月分、建設、卸売業、小売業は約1か月、製造業は1.6か月程度です。

　適正な水準は各業種によって異なるため断定はできませんが、売上高・売上原価どちらを使っても、1か月と大きく乖離がなく異常な結果にならないか確認するようにしましょう。

　基本的に、3か月を超えたら要注意、6か月以上であれば在庫の内容

256

には問題がある可能性が高いと考えていいでしょう。

　この計算結果はどの業種に該当しても前期は優秀な結果でしたが、今期は長期化の傾向が見られます。いくら同業種と比較して問題なかったとしても、過去の回転期間と比較して長期化の動きがないかを見ておくことも必要です。

　なお、回転率については全業種平均で見ると11.3回です。回転期間がほぼ1か月でしたから、1か月に1回転と一致します。

STEP4　大量の在庫を保有するデメリット

　企業は在庫を大量に保有したほうが営業面ではメリットがあります。そのほうが顧客からのさまざまな需要に応えることができるからです。しかし、次のようなデメリットもあります。

1. 資金繰りの悪化

　在庫の種類・量とも他社と比べ優位にあれば、顧客満足度は高いですが、実際に企業が応じるには多額の資金が必要となります。

　在庫は常に一定額は保有する必要があります。恒常的な在庫を2倍にするために手持資金を使えば現預金残高は大きく減少します。だからといって借入金を増やせば利息支払いが負担となりますし、通常は約定弁済が発生するでしょう。

　一時的な在庫増で早期に販売と代金回収が可能であればいいのですが、それができず資金が固定化すれば銀行への返済が負担となり資金繰りを悪化させます。

　大企業であれば増資なども選択肢に入るでしょうが、中小企業であれば銀行からの資金調達、あとは経営者自身が個人的資金を投入する方法に限られることが圧倒的です。

　特に製造業は、製品に至るまでの工程がいくつもあり、原材料から製品になるまで日数を要します。先ほどの回転期間も全産業では1か月で

したが製造業は1.6か月程度でした。

つまり、在庫が増加すると販売代金が回収されるまでが長いため、資金繰り負担が大きくなるのです。

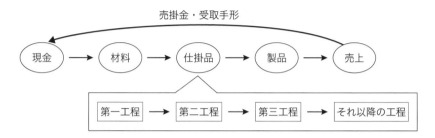

◎製造業は棚卸資産が多い

2. 余計な費用の発生

過剰な在庫を抱えることで余計なコストが発生し収益を圧迫します。企業規模にもよりますが、次のようなコストの発生が考えられます。

- 仕入資金を借入金で賄っている場合は借入利息の発生
- 倉庫を借りている場合は保管料
- 変質や陳腐化により販売ができない棚卸資産の発生、廃棄費用の発生
- 管理担当者の人件費などの費用
- 自社倉庫であっても、減価償却費、固定資産税、保険料などが発生

3. 不良在庫の発生

経営者なら誰もが売れると判断して仕入れを行なっているでしょう。しかし時に、需要予測を見誤り過剰に仕入れや製造を行なってしまい、売れ残った在庫が発生します。流行遅れ、賞味期限切れなどで販売ができなければ廃棄処分、販売できたとしても大幅に値下げをしなければならないこともあります。これらの在庫を**不良在庫**といいます。

棚卸資産回転期間の長期化について、経営者などにヒアリングをしても、不良在庫の存在は自社に不利な情報のため、隠す傾向にあります。

しかし、まずは不良資産を認識しなければなりません。そこで次の点に注意します。

①埃のたまった在庫

商品を包装している段ボールなどに埃がたまった状態は、販売できる見込みが低い滞留在庫の可能性が高いです。今後どのように販売していくのか経営者からの明確な回答がなく、「この商品はまだ売れる」程度の回答しか得られないのであれば、不良在庫と考えたほうがいいでしょう。

②季節商品

在庫にも毎月一定量が販売されるものもあれば、特定の時期だけ動く季節商品があります。需要が落ち着いたにもかかわらず、季節商品が在庫として残っていれば不良在庫が疑われます。

③在庫の入荷日

在庫は基本的に先に仕入れたものから販売します。入荷日がわかるよう保管している古いものから、販売、原材料として製造に使用するよう管理しているはずです。にもかかわらず、入荷日から明らかに時間が経過しているものがあれば注意しましょう。

過剰在庫を保有することは、収益力や資金繰り面から経営を悪化させるため、経営者は適正水準の保有を心がける必要があり、需要予測を見誤らない経営判断が求められます。

在庫は仕入代金を支払って購入した現金が化けたものであり、金庫内の現金や預金と一緒の価値があります。それにもかかわらず、現金が在庫に変化したとたん、大切に保管せず杜撰な管理を行なう企業も少なくありません。

また、在庫価値が購入時より減少した場合、本来は貸借対照表には現在の評価額を計上し、その差額は評価損として費用計上するべきなので

259

すが、それでは利益が減少してしまいます。税務上も著しい陳腐化や災害で著しく損傷した場合は評価損計上が認められるのですが、税務調査でトラブルになりやすく、そのような処理はあまり行なわれていません。

売れ残って資産価値が低下した在庫は、正常価格で販売できることはまずないので、値下げしてでも早めに販売したほうが少しでも資金獲得につながります。あるいは廃棄処分は費用がかかりますが、節税にもつながります。在庫管理を徹底できていない企業は、経営が悪化しやすい傾向にあるので注意してください。

STEP5　健全な理由で棚卸資産が増えた場合

在庫が多いことの危険性をお伝えしてきましたが、次のようなケースでは在庫を増やす必要があります。

1. 売上増加

販路開拓に成功、既存取引先からの受注増加など、今まで以上の売上が経常的に発生する場合、通常は在庫を増やさなければなりません。また、スポットで大口受注が発生する場合もあるでしょう。どちらにしても前向きな内容ですし、銀行も融資で応援しやすい資金需要です。

2. 季節商品

季節商品であれば一時的に在庫を積み上げる必要があります。例えば、夏であればビールなどの飲料品や夏物の衣料品、エアコンなどの家電は需要が発生する前に多く仕入れるでしょう。

どれも通常より大量に仕入れる必要があります。このように月によって需要が大きく発生する前に仕入れ在庫を確保する必要があります。

3. 価格上昇や品不足に備えて

今後しばらくは仕入価格の上昇が見込まれる、あるいは品不足が予想

される場合、企業は販売活動に影響が出ないよう、あるいは少しでも利益を確保しようと、一時的に通常よりも在庫を抱えようとすることがあります。

4. 特殊な業種

　業種によっては多めに在庫を抱えている場合があります。以前、仏教系の商品を取り扱っている企業の決算書を拝見したことがあります。袈裟や作務衣などの販売やメンテナンスをしている企業でした。

　貸借対照表には棚卸資産が月商の半年分程度あったため、「在庫がとても多いようですが」と聞いてみたところ、取扱商品がかなり特殊なため毎月たくさん売れなくても、依頼している職人には一度にまとめて製造してもらう必要があるという理由がわかりました。また、流行が存在せず、在庫を抱えてもいずれ定価で販売可能とのことでした。

　決算書を見て棚卸資産が増加し、回転期間も長期化している場合は、悪い兆候である可能性は高いですが、数字だけで決めつけず、必ずなぜそうなっているのかを知る努力が必要です。企業経営者、経理、商品や原材料などを管理する責任者へのヒアリングがもっとも有効です。

　その結果、上記のような理由であれば問題はないですが、少しでも疑問が残るようであれば日ごろの管理が不十分であり、不良在庫が隠されている可能性があります。

STEP6　棚卸資産の内訳を確認する

　棚卸資産の内容に問題がないかチェックする方法をお伝えします。社外からチェックするには限度もありますが、情報を得ることはできます。

1. 内訳書を確認する

　決算書の付属書類として勘定科目内訳明細書があります。そのなかに

棚卸資産の内容が詳細に記載された、下のような書類があります。期末に棚卸資産が計上された企業であれば必ず作成される書類です。

　商品や原材料などについて、何が、いくつ、単価はいくらで、合計いくら分あるのかが記載されていますから、期末時点での棚卸資産の内訳が明らかになります。

◎①理想的な内訳書の例

棚卸資産（商品または製品、半製品、仕掛品、原材料、貯蔵品）の内訳書

科目	品目	数量	単価	期末現在高	摘要
商品	A商品	100	10,000	1,000,000	
商品	B商品	50	20,000	1,000,000	
製品	C製品	85	100,000	8,500,000	
製品	D製品	150	80,000	12,000,000	
原材料	E材料	500	10,000	5,000,000	
原材料	F材料	400	8,000	3,200,000	
合計				30,700,000	

　この書類は、在庫管理が十分に行なわれておらず適当に作成されていることも多いです。勘定科目ごとの合計額だけが記載されて、「詳細は別紙保存」などと書いてあったり、金額も適当に作成されていたりすることが少なくありません。

◎②在庫管理ができていないと疑われる例

棚卸資産（商品または製品、半製品、仕掛品、原材料、貯蔵品）の内訳書

科目	品目	数量	単価	期末現在高	摘要
商品など				30,700,000	詳細は別紙保存
合計				30,700,000	

※ただし、在庫量が膨大な企業であれば、まとめて記載されていることもあります。

　特に中小企業では、期末時点での棚卸をする時間と人手が足りない、または経営者が面倒と感じ「在庫は自分の頭の中でだいたい把握できて

いる」などと言い訳をして実施しないケースもあります。

　税理士も決算書を作成する際、この棚卸資産の数字は顧問先企業から教えてもらったのを記入するだけで、それが正しいかどうかまでは管理できません。税理士から「期末の商品はいくらありましたか」と聞かれて、「たぶん○○万円ぐらいあったと思います」と答えた金額がそのまま記載されていることもあるのです。あるいは「税理士さん、適当に数字作っていいですから」で決まることもあります。

　期末時点での在庫内訳がわかる書類やデータがすぐに出てくる企業であれば、在庫管理をしっかりしており信用性は高いと考えられます。

2. 試算表を確認

　銀行員であれば融資先から試算表を提出してもらうことがあるでしょう。試算表は期中に作成する書類のため、決算書よりも数字の信頼性は低いのですが、決算月から経過するほど最新の業況を把握するうえでは重要な書類です。試算表でチェックすべきは、「月ごとの在庫残高」です。これが計上されていたら、毎月棚卸をしていると考えられます。

　次ページの試算表をご覧ください。この例のように、毎月棚卸をしている場合は貸借対照表に毎月在庫残高が記載されます。説明をわかりやすくするために、売上高、月末の商品残高、仕入高、売上総利益は毎月一定だと仮定し変化が生じている箇所のみ網掛けにしています。

　まず、8月の売上高が2倍になるのに備え、前月の7月に仕入高が1,200万円になっているのがわかります。そして、7月の月末在庫残高は800万円（通常の200万円＋増加分600万円）、と増えていますが、8月には通常どおりの残高200万円となっています。

　損益計算書を見ると、7月に仕入高が増加しても期末商品（月末商品のこと）は800万円、売上総利益はこれまでと同じ400万円です。そして8月は売上高そして売上原価がそれぞれ2倍になり、利益は800万円となっています。在庫管理をすることで、こうして在庫を反映した売上高、仕入高、利益の金額が把握できます。

◎毎月棚卸をしている試算表

貸借対照表 (千円)

6月	前月繰越	当月借方	当月貸方	当月残高
現金	100	540	550	90
普通預金	10,000	15,000	13,500	11,500
売掛金	15,000	16,000	15,000	16,000
商品	2,000	2,000	2,000	2,000

7月	前月繰越	当月借方	当月貸方	当月残高
商品	2,000	8,000	2,000	8,000

8月	前月繰越	当月借方	当月貸方	当月残高
商品	8,000	2,000	8,000	2,000

損益計算書 (千円)

	4月	5月	6月	7月	8月
売上高	10,000	10,000	10,000	10,000	20,000
期首商品	2,000	2,000	2,000	2,000	8,000
仕入高	6,000	6,000	6,000	12,000	6,000
期末商品	2,000	2,000	2,000	8,000	2,000
売上原価	6,000	6,000	6,000	6,000	12,000
売上総利益	4,000	4,000	4,000	4,000	8,000

合計で1,200万円の利益

　一方で、次ページのように各月の在庫残高を把握していない企業では、当月借方・貸方ともに0円、月初の残高が月末残高になっているのです。これでは各月の正しい利益を表示することができません。

　この場合、先ほどと同じように7月に仕入が1,200万円と2倍になっていますが、7月末は通常の200万円のままです。

　その結果、7月は赤字、8月は利益が過大に計上されています。中小企業ではこのような試算表が少なくありません。

　人手や時間的な制限はあるでしょうが、毎月末の在庫を把握し、各月の正確な利益が算出されるようアドバイスする必要があります。

◎毎月棚卸をしていない試算表

貸借対照表 (千円)

6月	前月繰越	当月借方	当月貸方	当月残高
現金	100	540	550	90
普通預金	10,000	15,000	13,500	11,500
売掛金	15,000	16,000	15,000	16,000
商品	2,000	0	0	2,000

7月	前月繰越	当月借方	当月貸方	当月残高
商品	2,000	0	0	2,000

8月	前月繰越	当月借方	当月貸方	当月残高
商品	2,000	0	0	2,000

(千円)

7月	8月
10,000	20,000
0	0
12,000	6,000
0	0
12000	6000
−2,000	14,000

合計で1,200万円の利益と
在庫管理をした場合と結果的には同じになるが
毎月の利益がいびつになる

STEP7 「架空在庫」の可能性

　棚卸資産内訳書には、仕入れたものの手元に残っている金額が計上されています。しかし、そのなかには不良在庫だけでなく、在庫を水増しする**架空在庫**が含まれていることがあります。

　正常な状態であれば次ページの上のグラフのように、売上の増減に伴い在庫残高も変動します。しかし、下のグラフのように売上が横ばいであるにもかかわらず、在庫が増加傾向にあるのなら、何か異常があると疑ったほうがいいです。この場合、不良在庫に加え架空在庫の存在が疑われます。在庫の水増しは、頻繁に行なわれる粉飾方法です。

◎売上高と棚卸資産の動きが一致

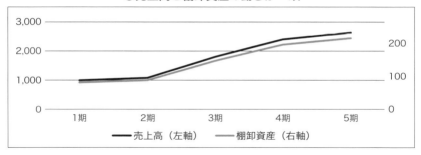

◎売上高と棚卸資産の動きが一致しない

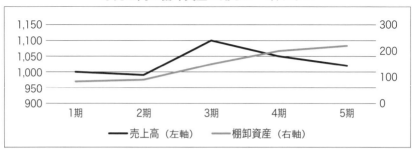

1. なぜ粉飾でよく使われるのか

　架空在庫の計上は、期末に「(借方) 商品×××／(貸方) 期末商品棚卸高×××」という仕訳を1つ加え、期末在庫が増えたように見せるだけで簡単に利益を増やすことができてしまいます。

◎期末棚卸資産を増やすと利益が増える理由

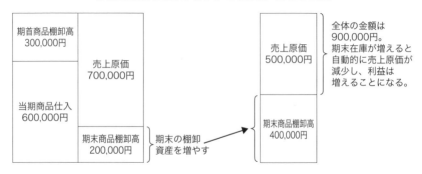

架空在庫を期末に計上した場合の数字の推移を見てみます。

◎架空在庫計上と回転期間の関係 （千円）

損益計算書	A年の本当の決算	粉飾したA年	粉飾したA＋1年
売上高	1,000,000	1,000,000	1,000,000
期首商品棚卸高	100,000	100,000	160,000
当期商品仕入高	800,000	800,000	800,000
期末商品棚卸高	110,000	160,000	220,000
売上原価	790,000	740,000	740,000
売上総利益	210,000	260,000	260,000
売上総利益率	21.0%	26.0%	26.0%
販管費	250,000	250,000	250,000
営業利益	−40,000	10,000	10,000

貸借対照表	A年の本当の決算	粉飾したA年	粉飾したA＋1年
現金・預金	130,000	130,000	130,000
売掛金	100,000	100,000	100,000
商品	110,000	160,000	220,000
回転期間（対売上比）	1.32	1.92	2.64

　本来の決算内容はA年です。営業利益が4,000万円マイナスになっています。営業利益や経常利益が赤字では銀行からの評価に影響するからと、1,000万円のプラスとなるよう5,000万円の在庫を増やしたのが隣の「粉飾したA年」です。期末在庫である商品は翌期首には本来の数字ではなく粉飾した数字16,000万円が入らないとつじつまが合わなくなります。

　さらに業績が回復せず、A＋1年の売上や仕入、費用がすべて前期と一緒であったとして、営業利益を再度1,000万円のプラスにしようとすれば、期末在庫を今度は22,000万円にしなければなりません。

　このように在庫の架空計上を続けると売上高に変化はないものの在庫は増加するため、粉飾しない場合よりも利益率がプラスになりますし、棚卸資産回転期間は徐々に長期化、つまり悪化します。

このケースでは回転期間が明らかに異常ですから、取扱商品や販売価格などに変化があったのか経営者に確認することが必要です。

2. 発見は容易にできる

　回転期間の長期化により問題が隠されていることがわかります。また、粉飾による架空計上ですから在庫はそもそも存在しません。少額の粉飾なら見破るのは困難かもしれません。しかし先ほどの例のように回転期間が約2倍に膨れてしまえば、発見できる可能性は高くなります。そこまで在庫が増加すれば保管場所に悩むはずですし、倉庫を増設するか借りるなどの保管費用が増えるはずです。そういったところからも粉飾の疑いが強いとわかります。

　棚卸資産回転期間が長期化していれば、在庫の確認や内容について定期的にヒアリングすることです。在庫について関心を持っている姿勢を見せることで、不良在庫の発生はやむを得ないとしても、少なくとも架空在庫計上を止めさせることができるかもしれません。

まとめ
- 棚卸資産（在庫）は営業的には多いほうがメリットはあるが、資金繰りや在庫管理の面からはデメリットがあります。
- 棚卸資産回転期間の長期化は、販売が困難となった不良在庫が含まれている可能性が高いです。
- 決算書で利益が出るよう、架空在庫を計上していることがあります。不良在庫の有無も含めて必ず在庫確認はしましょう。

第14章 「仮払金・貸付金」が発生・増加している

仮払金とは、金銭の支出はあるが勘定科目や金額が確定していない場合に、確定するまで一時的に使う勘定科目です。そして、貸付金とは所定の期日に返済してもらう条件で貸し付けた場合に使う勘定科目です。

分析のステップ

STEP1 仮払金・貸付金を前期と当期で比較してみよう

STEP2 増加していたら発生理由を確認する

STEP3 資産価値の無いものが多い

STEP4 内容の実態から流動比率を計算

STEP5 資金化できないため資金繰りを悪化させる

STEP6 正当な理由なく増加の場合、銀行は今後の融資を控える

STEP7 多額の仮払金・貸付金は経営者として失格

STEP8 解消方法について

STEP1 仮払金・貸付金を前期と当期で比較してみよう

　仮払金や貸付金は貸借対照表の資産の部にあります。決算書には前期と当期ともに計上され、どちらも増加していることがわかります。これは経営にどのような影響を与えるか考えてみます。

前期		当期	
仮払金	50万円	仮払金	196万円
短期貸付金	150万円	短期貸付金	1,000万円

STEP2 増加していたら発生理由を確認する

　仮払金、貸付金が増加する理由は、いくつか考えられます。

1. 本来の発生理由
①仮払金
　仮払金は一時的に処理する科目で、流動資産に計上されます。使途や金額が確定したら、ただちに適切な勘定科目へ振り替えます。
　例えば、接待や出張では多様な費用が発生しますが、事前に総額が確定しません。かといって、その場で全額を負担するには大きな金額になります。そこで接待や出張などで現金が必要な場合に仮払いをし、実際にかかった費用が領収書の合計額から明らかになり次第、精算します。

◎一般的な仮払金の発生から精算までの流れ

現金	50,000円

社内で保管している現金が5万円あった

現金	0
仮払金	50,000円

社員の出張に際し5万円を仮払いした

仮払金	0
現金	5,000円
旅費交通費	45,000円

出張の後、使い道がわかってから後日精算した

他に、仮払金が発生する例としては、中間で発生する法人税や消費税などの税金を納めた時に仮払金勘定を用いることがあります。ただ期中に試算表で見ることはあったとしても、決算書では年税額が計算され、未払い分が負債に計上されて仮払金分は精算されます。

②貸付金

貸付金は役員、従業員、取引先あるいは関係会社などへ貸付けするもので、いずれ回収予定のため、貸借対照表の資産に計上されます。貸付けですから、貸付先ごとに契約書を作成、金額、金利、返済条件、担保の有無などを明確にし、条件どおりに返済がなされているかを定期的に確認しなければなりません。

決算日翌日から1年以内に回収するものは「**短期貸付金**」として流動資産に、1年超については「**長期貸付金**」として固定資産に計上します。

「長期貸付金」は、本来は決算日翌日から1年以内に返済される予定分については「短期貸付金」へ振り替える必要があります。逆に「短期貸付金」であっても返済条件に変更があり1年以内に返済がされない場合には「長期貸付金」へ振り替えなければなりません。

しかし、中小企業では長期・短期関係なく、すべて短期貸付金として取り扱われることが多いです。

2.経営上の問題があって発生・増加するケース

期末に仮払いが数件あっても、残高は数万円～数十万円程度であり、100万円以上になることはないでしょう。そして貸付金も、金融業でもないのに多額の残高が計上されていることは望ましいとはいえません。

高額な仮払金や貸付金が発生するのは、企業内部で次のような問題が発生している可能性が高いです。

①**現金管理が杜撰なため**

現金管理がしっかりできていない企業では、預金口座から出金した現

金を経営者が自分の財布に入れて、いつのまにか事業以外のことにも使ってしまい、領収書と手持現金の合計額と一致しないことがあります。その結果、ほとんどの場合は領収書の合計額が少ないため、実際には存在しない現金が帳簿上は残っていることになります。この状況が積み重なると、銀行から架空現金について指摘されるため、役員への貸付金として処理することが多いのです。

②経営者が私的に流用してしまう

中小企業の多くは、代表取締役が株式のすべてまたは大半を保有しており、会社の私物化が可能です。そのため、社内の現預金を私的なことに使っても責められない環境にあります。そこで経営者の一部には、銀行から借り入れた資金をプライベートに使う者すらいます。例えば、高級車購入、家族旅行、自宅購入資金などです。

そもそも役員は、自己または第三者の利益を優先させて企業の利益を犠牲にしてはなりません。したがって、役員が個人的な目的で資金を持ち出すことは、本来は株主総会あるいは取締役会の承認が必要です。

③粉飾決算

申告納税が近づき決算書を作成したところ、赤字になりそうとの理由から費用の一部を貸付金（あるいは仮払金）に振り替えて利益を出そうとします。

◎費用の一部を資産計上する粉飾方法

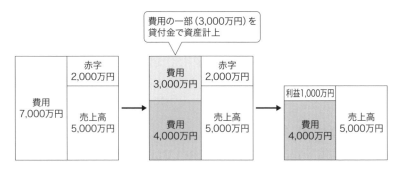

あるいは削除することで存在しない現金が発生しますから貸付金や仮払金処理をします。

粉飾決算は、架空売上の計上、在庫の水増し、減価償却未計上、仕入債務未計上などから始まることが多く、仮払金の粉飾が行なわれる頃には、経営状態はボロボロで、粉飾まみれの決算書である可能性が高いです。

④取引先への貸付け

取引先からの資金的支援の要請に応じ、取引先へ貸付けを行なうことがあります。通常は、信用不安にも発展するため、取引先へ資金的支援の要請はしません。要請があるということは、相当な経営不振に陥っていると推測されます。取引先を頼る前に、まずは取引銀行、その次に経営者自身の自己資金投入、ノンバンクなどを頼るはずで、誰にも相談できない時に、仕方なく取引先を頼る流れになるからです。

そのため、取引先への貸付けは完済されないリスクが非常に高いです。

他にも、経営者が複数の企業を経営している際、順調な企業から悪化している関連会社に貸付けを行なうこともあります。この場合、貸し付けた資金は赤字補填に使われて塩漬けになっている可能性が極めて高いので、注意すべき資金の流れです。

出張などの理由で発生する仮払金を除き、どれも発生させてはならないものです。どれも貸付金や仮払金といっても、返済や精算される可能性はほぼないからです。正しい経営をしていれば、こんなことにはなりませんし、いくら経営者であっても企業と個人を明確に分けて経営しなければなりません。経営者や他社への貸付金は資金繰りへの影響が極めて大きく、経営を悪化させ倒産のリスクが上昇します。

STEP3 資産価値の無いものが多い

特に貸付金は、資産価値が極めて疑わしいものが多いです。

1. 完済まで何十年もかかる

　例えば、経営者への貸付金額が300万円、返済期間が５年の場合、毎月５万円の元金返済と利息が発生します。この程度であれば役員報酬の一部から返済が可能と推測され、資産価値はあるといえるでしょう。

　では、貸付金額が3,000万円だったらどうでしょうか。返済額が同じく５万円だとしたら、完済までに50年もかかります。これだけの長期間の返済では、資産価値があるとは言い難いです。５年で完済するには毎月50万円の返済が必要です。毎月高額な役員報酬を受け取っている経営者なら返済が可能でしょうが、それができるのはごく少数でしょう。

2. 貸付時に取り決めた返済や利息支払いはなされているか

　貸付けがあった際は、①金利、毎月の返済額などを記した書類を取り交わし、その契約どおりに返済が行なわれているか、②場合によっては担保などによって保全は確保されているか、確認する必要があります。

　貸付金残高と経営者の個人資産や役員報酬額とのバランスから返済が可能か、順調に返済が進んでいるかをよく確認する必要があります。

3. 貸付金には利息を徴収

　貸付金で処理すると、法人税法上、利息を徴求しなければなりません。貸付金残高が期首から期末まで1000万円、金利は年利1.5％の場合、「未収入金150,000円／雑収入150,000円」の仕訳が発生します（勘定科目は他を使っている場合があります）。

　貸付先から利息が預金口座に振り込まれると、未収入金はなくなりますが、未収入金がずっと残ったままになっていることがあります。

　これは、貸付先に資金的余裕がなく、元金どころか利息すらまともに支払えないため、利息の未収入分が年々膨らんでいることが推測できます。このような場合の未収入金や貸付金は、資産価値が無いですし、今後の返済も期待できないことが多いのです。そのため、貸借対照表に貸付利息の未収入金が計上されていたら注意が必要です。

STEP4　内容の実態から流動比率を計算

　仮払金や貸付金の精算や返済が長期にわたって進まないにもかかわらず、流動資産として計上していることがあります。

　企業の実態を表すためには流動資産から除外すべきですが、少しでも**流動比率**を良くみせるために、流動資産に計上したままにする企業も多く存在しています。流動比率とは、企業の短期的な支払い能力を示す代表的な経営指標です。

> 流動比率＝流動資産÷流動負債×100（％）

　分子の流動資産は現預金や1年以内に現金化が予定される資産であり、分母の流動負債は1年以内に支払期限が到来する負債です。つまり、流動資産の割合が高いほど短期の支払い能力があるということを示しています。

　100％を超えていれば短期の支払い能力があるといえます。逆に100％に満たなければ負債のほうが多く資金繰りは厳しい状態といえます。

　ただ、流動比率はある一時点、決算書なら期末時点での数字から計算しているため、次の2つのようなことはわかりません。

①回収と支払いのタイミング

　流動資産が現金化される日と流動負債の支払日とは、厳密に一致していません。流動負債の支払日よりも流動資産の現金化が後だとすれば、たとえ100％を超えていても支払い能力に問題があることになります。

②流動資産のすべてが回収できるとは限らない

　取引先からの回収不能、または遅れている売上債権は、売れ残り商品の発生がないとは限りません。流動資産に計上された金額がすべて現預

金になるとは限らず、余裕をもって150％程度はほしいとなるのです。

　通常は、決算書の流動資産が流動負債より大きければ支払能力があるだろうと考えられ、逆の場合は何も対策を取らなければ支払いに影響を与える可能性が高くなります。

　しかし、1年以内に現金化されない資産が含まれている場合があります。下の場合は、決算書上は流動資産が流動負債より大きく見えますが、実態は3,000万円の架空や回収不能資産があり、流動比率が75％と今後の支払いに不安が残ることになります。

◎流動比率の計算に注意

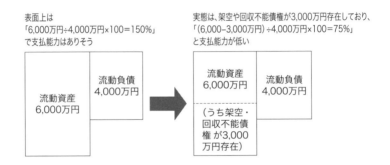

STEP5　資金化できないため資金繰りを悪化させる

　先ほどもお伝えしましたが、杜撰な現金管理、粉飾決算、経営者や取引先などへの貸付けによって貸付金や仮払金が発生するのは問題です。

　貸借対照表の左側にある資産の部には、現金、預金、売上債権、棚卸資産、建物、機械装置、車両運搬具などが並んでいます。

　商品が売れて売上原価となったり、固定資産が減価償却費となったりするように、一部（現預金、売上債権など）を除いて資産のほとんどは費用化し、売上を獲得していきます。そして売上債権が発生し、後に利益を上乗せした現金が回収できることで、仕入や給料などの支払い、返済などに充てることができるのです。

しかし、仮払金や貸付金の残高の大きな増加は、不適切な理由により発生し事業以外に大量の資金が流れたということになります。経営に貢献するどころか、手持資金が減少しますから実態の流動比率は大きく悪化、資金繰りは不安定になります。

したがって、倒産へ向かう可能性が上昇するのです。当期は特に短期貸付金が1,000万円まで増加したのは危険な兆候です。

STEP6　正当な理由なく増加した場合、銀行は今後の融資を控える

多額の貸付金あるいは仮払金があると、銀行からの融資が困難になる可能性が高いです。

1. 貸付金は銀行が嫌う勘定科目

銀行は多額の貸付金や仮払金が計上されている決算書を嫌がります。「自社の資金をどう使おうが勝手だ」と考える経営者もいますが、銀行は貸し付けた資金が本来の資金使途以外に使われていたら資金使途違反とみなし、滅多にありませんが一括返済を要求することだってできます。本業で使うと説明しておきながら、貸付金として資金が流れていることがわかれば、信用するに値しないとも判断されかねません。

また、流出した分だけ資金繰りが悪化し、経営の安全性が失われ、経営悪化から倒産に向かう可能性が高いです。銀行は今後の融資を断るか、対応するにしても極めて慎重にならざるを得ません。

◎資金を事業以外に使うと倒産可能性は上昇

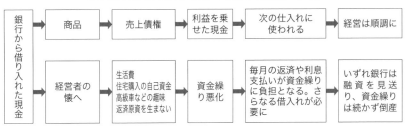

2. 早期解決ができる範囲にとどめておく

　これは実際に顧問先であったことなのですが、平均月商が400万円の企業が、過去の経理に問題があり多額の架空現金残高が発生、それを貸付金で処理していました。残高は月商と同じほぼ400万円です。

　月商を超える残高になり始めた頃、信用保証協会（中小企業の保証人になってくれる公的機関）から貸付金の件を指摘され、これ以上増えれば今後の保証をしばらく控えるといわれました。これは1つの例にすぎませんが、資金繰りから検討しても、月商程度の残高にならないよう注意する必要があります。

　この企業では、現金勘定を使わない経理を徹底してもらい、現金で支払う費用のすべてを経営者個人にとりあえず立て替えてもらって、後で領収書の合計額を経営者の口座に振り込むようにしました。そして、これまでの貸付金は個人資金から毎月8万円を返済し続けたことで徐々に貸付金は減少し、信用保証協会もその取り組みを評価して、保証を受けられるようになりました。

STEP7　多額の仮払金・貸付金は経営者として失格

　最近、経営者保証を求めない融資が増えつつあります。2014年2月に「経営者保証に関するガイドライン」が運用されてから、融資の際に連帯保証を取らない方向になってきました。

　とはいえ、条件なく保証なしが認められるわけではなく、次の3要件に該当する必要があります。なお、3つすべてに該当せずとも、経営者保証不要が認められたケースはいくつもあります。

1. ガイドラインの3要件

　経営者保証に関するガイドラインにある要件とは、次の3つです。

①企業と経営者個人の明確な資産分離

中小企業では経営者個人の資金を入れたり、逆に企業内の資金が個人に流れていたりして、一緒になっていることがあります。そこで、企業と経営者の関係を明確に区分・分離し、社会通念上適切な範囲を超えないようにし、企業と個人の一体性の解消に努めることが求められます。

②財務基盤の強化

業績が好調で財務状況が良好であり返済能力に懸念がなければ、経営者保証は本来不要であると考えられるでしょう。したがって、企業は財務状況及び経営成績の改善を通じて返済能力の向上に取り組み、信用力を強化する経営をしなければなりません。

③経営の透明性確保

自社の財務状況を正確に把握し、銀行からの要請に対して、正確かつ丁寧に信頼性の高い情報を開示・説明することで、経営の透明性を確保する必要があります。

2. 社内でできることから取り組む

②の財務基盤の強化は社内の努力だけで、ただちに解消できないこともありますが、それ以外の2つは社内努力だけでできることです。

経営者個人に資金が流れ、貸付金が発生していては、①の企業と個人の明確な分離ができていないことになります。

経営者のなかには、「経営者が保証さえすれば融資が受けられるのならそれで構わない」との意見もあると思います。しかし、この3つは企業が経営者保証を解除するための要件でもありますが、銀行が融資先に求める経営のあり方でもあるのです。

したがって、この3要件をクリアする経営をしている企業は、銀行から高い評価を受け融資を受けやすいです。貸付金などに資金が流れて、企業を私物化するような経営者は敬遠されることを認識するべきです。

STEP8 解消方法について

そもそも貸付金を発生させないこと自体が大切です。

経営者は自己のために使わない、杜撰な経理作業を改めるなどを意識するだけでできることです。やむを得ない事情があったとしても、短期で解消できる、長くても数年で解消できる残高にとどめるべきです。そして、次の方法で解消しましょう。貸付金や仮払金を解消するには次の方法があります。

①経営者が個人資金で返済

まず考えられるのは、経営者が自己資金で返済することです。それが一番簡単な方法です。ただ、経営者がそれだけの返済資金を持っていない可能性があります。

②役員報酬のなかから返済

経営者が返済資金を捻出できない場合は、毎月の役員報酬から返済する方法があります。毎月受け取る役員報酬は生活費に充てられ、返済する余裕がないのであれば、第19章でご説明する事前確定届出給与を使うことも考えられます。

あらかじめ決めた月に増額した金額を支給することができ、役員の実質的な賞与のように使えるので、そのタイミングで返済することもできます。

毎月の報酬を増やすことも選択肢です。ただし、個人の税金や社会保険料が増えるデメリットがあります。

③役員退職金

経営者が後継者に経営権を譲るタイミングであれば、役員退職金を受け取り、それで返済することも考えられます。

役員退職金によって、一気に解消ができ、きれいな決算書で後継者にバトンタッチができます。

④企業が債権放棄

回収不能として処理する方法もあります。経営者から見れば債務を免除してもらう方法です。ただ、貸付金の回収が経営者の資産状況や支払い能力から不可能であることが明らかでなければなりません。さもなければ税務上の費用として認められないのです。

その場合、企業側では会計処理上の損失が発生するので利益は減少します。しかし、税務上は損金処理ができず、役員への賞与として判断されるため、法人税などの税負担が発生します。したがって、現実的には採用しづらい方法です。

他にも保険を使って役員貸付金を保険積立金に振り替える方法があります。貸付債権をリース会社に譲渡し現金を受け取り、受け取った現金で企業は役員を被保険者とする生命保険に加入し、リース会社はその保険に質権を設定するという内容です。

たしかに貸付金よりは保険積立金のほうが見た目はいいです。しかし、役員はリース会社に債務を返済することになるため、自社よりも厳しい返済を強いられることになります。それに銀行も実態は貸付金だったことを知っているわけです。それなら毎月返済をして今後は発生させない経営をしていくほうがいいでしょう。

まとめ

- 仮払金や貸付金の発生により、多額の資金が事業目的外に使われていれば、資金繰り悪化を招きます。少額の仮払金発生は業務上やむを得ないですが貸付金の発生は慎重にするべきです。
- 杜撰な経理や粉飾により仮払金や貸付金を発生させてはなりません。発生した場合は、早急に解消しましょう。さもなければ銀行からの資金調達に影響します。

第15章 「固定資産」が減少している

貸借対照表

資産	流動資産
	固定資産 / 有形固定資産
	固定資産 / 無形固定資産
	固定資産 / 投資その他の資産
	繰延資産

負債	流動負債
	固定負債

純資産	株主資本
	株主資本以外

固定資産は有形固定資産、無形固定資産、投資その他の資産の3つに分類されます。有形固定資産は、土地、建物、機械、車両、工具器具備品などを指し、無形固定資産は、ソフトウェア、特許権、実用新案権、営業権などをいいます。投資その他の資産とは、投資有価証券など投資を目的とした資産などが該当します。

有形固定資産	無形固定資産	投資その他の資産
形があり目に見える固定資産。事業のために長期にわたって所有する有形の資産です。	形がないため目で見ることはできませんが、長期にわたって企業経営に役立つさまざまな権利などが該当します。	固定資産のうち、有形及び無形固定資産に該当しないものが該当します。
機械装置、車両運搬具、土地、建物など	営業権、特許権、借地権、ソフトウェアなど	投資有価証券、長期預金、長期貸付金、長期前払費用など

分析のステップ

STEP1 固定資産の前期と当期を確認する

⇩

STEP2 固定資産が減少する理由

⇩

STEP3 減価償却終了前の売却や除却は経営悪化のサイン

⇩

STEP4 固定資産と売上高の関係

⇩

STEP5 キャッシュフロー計算書を確認する

STEP1　固定資産の前期と当期を確認する

　決算書の前期及び当期を見ると、次のように固定資産が計上されていました。

前期		当期	
有形固定資産	17,278万円	**有形固定資産**	15,668万円
建物	8,454万円	建物	8,402万円
付属設備	1,759万円	付属設備	1,526万円
構築物	363万円	構築物	330万円
機械装置	3,194万円	機械装置	2,511万円
車両運搬具	954万円	車両運搬具	371万円
工具器具備品	135万円	工具器具備品	108万円
土地	2,419万円	土地	2,419万円
無形固定資産	240万円	**無形固定資産**	180万円
ソフトウェア	240万円	ソフトウェア	180万円
投資その他の資産	572万円	**投資その他の資産**	572万円
投資有価証券	222万円	投資有価証券	222万円
出資金	37万円	出資金	37万円
敷金	313万円	敷金	313万円

　投資その他の資産に変化はありません。有形及び無形固定資産のどちらも減少しています。なお、土地は非減価償却資産であり、減価償却により簿価が減少することはありません。

STEP2　固定資産が減少する理由

　固定資産が減少する理由は「減価償却」と「売却・除却」の大きく2つがあります。

1. 減価償却
　まず**減価償却**が進んだことが考えられます。土地などの例外を除き、

有形・無形固定資産を事業に使用してからは、耐用年数に応じた減価償却を行なう必要があります。減価償却により減価償却費が計上され固定資産残高が減少しても、それに見合った売上高や利益が発生しているのなら問題ありません。

　また、固定資産残高は減価償却により減少し続けますが、ある程度の期間使用したら、買い替えなどにより増加します。これは、耐用年数を経過したころから、車両や機械の故障が発生しやすくなったり、製造や販売に支障をきたすため買い替えが必要になり、店舗の老朽化が来店客数に影響するため定期的な内装工事が必要となるからです。

　すでに耐用年数を経過した有形固定資産が多数あり、毎期多額の修繕費が発生しているとしたら、すでに更新の時期が来ています。経営者は買い替えを真剣に考えていると予想できます。

　一方で、中小企業でも特に小規模の企業では、購入に必要な資金を銀行に頼る必要があることから、減価償却が終了した設備を更新できないことがよくあります。

　中小企業白書2019年によると、中小企業と大企業の設備年齢について、同水準だった1990年度の設備年齢の指数を100とすると、2017年度における大企業の設備年齢指数は148.0と約1.5倍ですが、中小企業の設備年齢指数は191.8と約2倍にまで増加しており、中小企業の設備が大企業と比べ老朽化が進んでいることがわかります。

　つまり、実際には耐用年数以上、固定資産を使い続けることが多いのです。これでは、製造業なら故障が頻発すれば機械を停止せざるを得ないので製造に影響しますし、ライバル企業が最新の設備を導入すれば、徐々に能力面で差をつけられ販売面でもマイナスです。製造業だけに限らず、固定資産を持つ企業であれば同様に影響を受けてしまいます。

2. 売却や除却によるもの

　もう1つは、**売却**や**除却**により固定資産の数自体が減少しているケースです。この場合、損益計算書の特別利益に固定資産売却益、または特

別損失に固定資産売却損や固定資産除却損が計上されます。固定資産台帳からも期中減少資産が計上されているのでわかります。

固定資産の売却ですが、決算書上は100万円の車両が150万円で売却できれば、50万円の売却益が計上されます。もし40万円でしか売却できなければ、60万円の売却損が計上されます。

固定資産除却損とは、不要となり廃棄処分した固定資産を除却することで発生した損失です。

耐用年数を経過したことで減価償却は終了し、決算書には通常1円で計上された固定資産を廃棄処分するため、除却損は1円になると考えられます。しかし、減価償却終了前に廃棄処分する場合は、その時点での固定資産の簿価が除却損となります。なお、廃棄や撤去費用も、この勘定科目で計上します。

3. 修理をしながら使い続けるケース

これまで述べたように、基本的には固定資産が老朽化すれば買い替えなどの対応が必要です。しかし、例外もあります。修理をしながらでもその機械を使い続けたい企業のケースです。

私の顧問先に箔押し印刷をしている企業があります。そこは50年以上前のドイツ製印刷機械を3台使っています。古い機械ですが、幸い故障した場合の部品も手に入ります。

気温や湿度によって用紙の伸縮がありますし、顧客の細かいかつ高い要望に応えるために、長年使い続けている機械の癖を知り尽くし、自分の身体の一部のように使いこなせる従業員が感覚を頼りに調整をしながら印刷しています。

新しい機械でも、もちろん高品質なものは製造できますが、細かい調整が必要となると、古くても使い慣れた機械のほうが都合いいのです。

それにより他社では真似のできない品質を生み出せるので、それがその企業の強みであれば、更新ができないのはやむを得ないでしょう。

STEP3　減価償却終了前の売却や除却は経営悪化のサイン

　固定資産を購入する目的は営業や製造活動を行なうためです。

　店舗や工場、倉庫などの用地を取得して建物を建設して、営業や製造などの活動をしたり、車両を購入して取引先を訪問したりします。

　つまり、製造や販売に必要な固定資産は、販売目的で仕入れる商品ではありません。資産を稼働させて利益そしてキャッシュを生み、借入金を使って購入しているのなら返済に充てます。にもかかわらず、償却途中で処分するのは、次の問題が発生したと考えられます。

1. 事業の失敗

　減価償却が終わる前に売却や除却があった場合、計画どおりに経営が進まず、経営悪化のサインが発生していると考えられます。例えば、赤字の回復が見込めない事業を停止し、資金流出を抑えるために、固定資産を売却して、手持資金を確保する判断をした場合などがそうです。

　数字には下の例のように表れます。10年使える2,000万円の機械を購入し、毎期200万円の減価償却費が発生していたとします。

◎有形固定資産を売却

(千円)

	1期	2期	3期	4期	5期	6期予想	7期予想	8期予想
売上高	60,000	60,000	54,000	48,000	42,000	36,000	36,000	36,000
原材料	18,000	18,000	16,200	14,400	12,600	10,800	10,800	10,800
人件費	10,000	10,000	10,000	9,000	8,000	7,000	7,000	7,000
減価償却費	2,000	2,000	2,000	2,000	2,000	2,000	2,000	2,000
その他	10,000	10,000	9,000	8,000	7,000	6,000	6,000	6,000
製造原価	40,000	40,000	37,200	33,400	29,600	25,800	25,800	25,800
売上総利益	20,000	20,000	16,800	14,600	12,400	10,200	10,200	10,200
販管費	18,000	18,000	18,000	18,000	18,000	18,000	18,000	18,000
営業利益	2,000	2,000	−1,200	−3,400	−5,600	−7,800	−7,800	−7,800
固定資産売却損	0	0	0	0	2,000			
利益	2,000	2,000	−1,200	−3,400	−7,600			

3期目から売上高が減少し、4期、5期は利益と減価償却費を合わせてもマイナスで返済原資は出ていません。6期目以降も売上高の回復が見込めない予想のため、5期終了時点で簿価1,000万円だった機械を800万円で売却、差額の200万円が売却損として損益計算書に計上された流れです。

減価償却が終了する前に売却が確認されたら、このような経営課題が発生していると考えられます。

2. 資金調達ができない可能性

資金調達が難しくて固定資産を売却することもあります。

銀行からの資金調達が困難になり、資金繰りに困ったら返済額の見直しをしてもらいます。

また、銀行だけでなく、経営者自身、知人や親せき、ノンバンクなどを頼ったり、最悪の場合は法外な高金利での資金調達手段を選択したりすることもあるかもしれません。下の図は、企業が選択しうる資金調達の順番を、貸借対照表をもとに表したものです。

◎資金調達の順番

流動資産	現預金	支払手形・買掛金	負債
	③売上債権	未払金・未払費用	
	③棚卸資産	預り金	
	③有価証券	②借入金	
	その他流動資産		
固定資産	④固定資産	①資本金や利益剰余金	純資産

①の返済義務のない増資や、これまでの利益で構成される純資産から

の資金調達を優先したいですが、多くの中小企業にとって簡単ではありません。

そこで②の銀行からの資金調達をします。貸借対照表の右側にある純資産や負債を拡大させることで、現預金を増やすのが通常の方法です。他にも負債の支払いを遅らせることも効果はありますが、信用を落とす可能性があります。

それでも資金調達が不可能であれば、③の流動資産の売却、あるいは担保にした手段を取らざるを得なくなります。代表的なものとしては売上債権を売却する**ファクタリング**、売上債権や棚卸資産を担保にする**ABL**です。そして、それでもなお資金調達が必要であるとしたら、最後は④の固定資産の売却しかなくなってきます。

ただ、そこまで資金繰りに困っていれば業績は相当悪化していると考えられます。

しかし、中古の固定資産は売却額が決算書の簿価よりも低く、損失が発生することが多いので、思ったほど手元に現金が入らないことがあります。また、先ほどのファクタリングは、最近よく利用される資金調達方法ですが、非常に高額な手数料がネックになります。資産の売却や担保にした融資は調達コストがやや高いため注意してください。

3. 人手不足の影響

最近は人手不足を原因とした倒産が発生しています。せっかく仕事はあるのに人手不足により、思うような売上高を獲得できない企業は少なくありません。

例えばトラック運送業では、ドライバーの採用が思うようにできない、採用してもすぐに退職してしまう、そのために保有するトラックすべてが常に稼働していないことも多いのです。それならば売却することで手持資金の確保や借入金返済、保険料や車検費用などの削減ができます。トラック運送業では、外注のことを傭車（庸車とも書きます）といいますが、ドライバー確保が困難な企業は、「外注費である傭車費で対応し

よう」となります。

　人手不足の場合、給与や福利厚生、あるいは採用面で問題があります。多様な働き方、未経験者でも歓迎、動画配信サイトを利用した低価格の採用で成功している企業もあります。悩んではいるものの今までどおりのことをしている、あるいは特に何もしていない企業もあります。銀行員やコンサルタントは守秘義務もあるため、可能な範囲で他社の成功事例で参考になるものがあれば情報提供するのがいいでしょう。

STEP4　固定資産と売上高の関係

　売上高や利益との関係を見ると、固定資産が減少し続けている企業では売上高は横ばい、または減少、業績が好調な企業は設備の更新により固定資産は増加する傾向にあります。

　そこで、固定資産と売上高の動きを見てみましょう。

1. 設備能力の増強

　設備投資が成功して売上高が増加していると、固定資産の増加に合わせて売上高も増加する、下のグラフのようになります。ここでは、売上に寄与しない本社屋建設などは固定資産の金額から除いています。

◎設備能力の増強

業績好調または成長が期待される企業であれば、固定資産が増えていくでしょう。いずれ設備投資は落ち着き、売上高も徐々に横ばいになってきますが、これは設備投資が成功したことを表しています。
　一方で、設備投資をしたにもかかわらず売上高が横ばいまたは減少している場合は、設備投資が失敗したといえます。高額な設備投資には多額の借入金が必要になりますし、売上高が伸びなければ返済原資を生みません。設備投資の失敗は一気に経営を悪化させる懸念があります。

2. 設備の更新

　固定資産の減価償却が終了するのと同時に設備を更新すると、金額の推移は下のグラフのようになります。
　老朽化設備の入れ替えにより生産能力を維持した場合になります。これはどの企業でも発生する設備投資です。生産能力を増強するのではなく維持するため、売上高が大きく増加することは通常ありません。

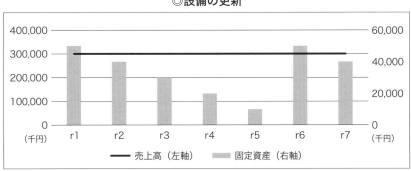

◎設備の更新

3. 減価償却終了後も継続使用

　設備更新をせず耐用年数を経過した設備を使用し続けると、次ページのグラフのようになります。既存設備の減価償却を行なうので固定資産は減少し、それに伴い売上高が逓減しています。

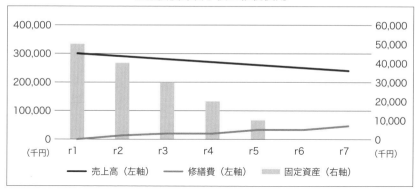

◎減価償却終了後も継続使用

　ここでは「修繕費」の推移も掲載しています。設備の老朽化に伴い、修繕費が増加する傾向があります。増加したことで利益を減少させていないかどうかにも注意が必要です。

　一般論として業績を維持拡大するために、減価償却費分程度の設備更新が目標とされています。「投資せず売上高が減少する」「売上高が減少しているから投資に慎重」のどちらも、事業の継続は困難となります。
　業績が低迷しても、営業利益がプラスだから安心と考えていても、借入金の利息を支払った後の経常利益がトントンでは、借入金の返済原資が生まれません。そのため、借入金を返済するために銀行から融資を受ける必要が生じてしまうのです。
　このような状態の企業が、新たな設備資金の借り入れをすると、さらなる返済額が上乗せとなります。その分、売上高が増加し利益も生じてくればいいのですが、設備を更新しただけではあまり期待できません。つまり、このような企業は、ただちに倒産とまではいかなかったとしても、ゆっくりとそれに向かっていくだけになります。
　中には、減価償却が実施されないまま、取得価額が計上されていることもあります。この場合も、生産能力が低下したり修理・メンテナンスに多額の費用が発生しているなら、買い替えを検討する必要があります。

財務内容が良好な企業でも、設備更新に消極的な、極めて保守的な経営は見られます。慎重なのは悪いことではありませんが、長く企業を継続させるためには、新たな取り組みも必要です。

STEP5　キャッシュフロー計算書を確認する

　ここではキャッシュフロー計算書について、簡単に言葉の説明をし、業績の良い企業及び悪い企業のキャッシュフロー計算書を見ていきます。

1. キャッシュフロー計算書について

　キャッシュフロー計算書とは1会計期間のキャッシュの増減を確認する書類で、内容によって「**営業キャッシュフロー**」「**投資キャッシュフロー**」「**財務キャッシュフロー**」の3つに分類されます。

　また、実際のキャッシュフロー計算書には、投資キャッシュフローと財務キャッシュフローの間に「**フリーキャッシュフロー**」があります。これは企業が自由に使える資金で、そのなかから借入金の返済ができることになります。長期借入金の返済原資は銀行によって多少の差はありますが、簡易的に損益計算書から計算するなら、計算式は「**経常利益－法人税等＋減価償却費**」でした。これは、営業キャッシュフローをもとに簡易的に表した金額です。

　3つの分類について、もう少し詳しく紹介します。

①営業キャッシュフロー

　営業キャッシュフローは重要です。これは事業でキャッシュを生んでいるのかいないのかがわかる部分だからです。ここがプラスであれば本業でキャッシュを生んでいます。マイナスの期が発生することはあるでしょうが、それが連続して発生し続けていれば本業でキャッシュを獲得できていませんから、倒産に向かう兆候といえます。損益計算書では利益が出続けているとしたら、粉飾決算の可能性も考えられます。

②投資キャッシュフロー

　投資キャッシュフローは、主に固定資産の取得や売却、投資をいい、定期性預金もここに入ります。購入すればキャッシュが流出しますから、ここはマイナス計上になります。今後のキャッシュを生むための将来の投資をしていると考えることができます。程度にもよりますが、基本的にはマイナスのほうがいいといえるでしょう。

③財務キャッシュフロー

　財務キャッシュフローは、増資、銀行からの借入れや返済、社債発行など資金調達に関する部分です。

2. 健全及び不健全なケース

　次ページに4つのケースのキャッシュフロー計算書を掲載します。

A　理想的なキャッシュフロー計算書

　営業キャッシュフローがプラスで、その範囲内で投資が行なわれているケースです。また、フリーキャッシュフロー中から借入金の返済ができており、各期末の現預金増加もプラスです。

B　投資効果があれば問題のないキャッシュフロー計算書

　営業キャッシュフローがプラスで、本業に問題はありません。しかし、投資キャッシュフローがそれを上回っており、直近ではフリーキャッシュフローがマイナス、それを財務がカバーしています。

　過剰な投資のように見えますが、本社や工場などの建設、高額な機械導入などの大規模な固定資産購入が生じることもあり、投資額自体は問題ありません。重要なのは、将来のフリーキャッシュフローで投資効果を考えることです。効果が出なければ営業キャッシュフローは伸びず、フリーキャッシュフローは下降線をたどります。銀行から資金調達をしていれば、今後の返済に大きな影響を与える恐れがあります。

◎キャッシュフロー計算書の例

	キャッシュフロー計算書	2022年	2023年	2024年	説明
A	営業キャッシュフロー	100	100	100	営業キャッシュフローはプラスです。そこから投資や返済に使われ、毎期プラスで推移しています。理想的な資金の流れです。
	投資キャッシュフロー	−30	−40	−20	
	フリーキャッシュフロー	70	60	80	
	財務キャッシュフロー	−50	−50	−50	
	キャッシュの増減	20	10	30	

	キャッシュフロー計算書	2022年	2023年	2024年	説明
B	営業キャッシュフロー	100	100	100	営業キャッシュフローはプラスで問題ありませんが、積極的な設備投資が続いています。そのため直近ではフリーキャッシュフローがマイナスとなり銀行からの借入金でカバーしています。この設備投資が失敗すれば過大な債務を抱えることに。
	投資キャッシュフロー	−50	−100	−130	
	フリーキャッシュフロー	50	0	−30	
	財務キャッシュフロー	80	150	100	
	キャッシュの増減	130	150	70	

	キャッシュフロー計算書	2022年	2023年	2024年	説明
C	営業キャッシュフロー	−50	−40	−30	営業キャッシュフローのマイナスを銀行などからの資金調達によってカバーしています。まだ資金調達できる分はいいのですが、営業キャッシュフローはマイナスですし、設備投資をしていませんから、今後の成長は期待できないといえます。
	投資キャッシュフロー	0	0	0	
	フリーキャッシュフロー	−50	−40	−30	
	財務キャッシュフロー	50	40	30	
	キャッシュの増減	0	0	0	

	キャッシュフロー計算書	2022年	2023年	2024年	説明
D	営業キャッシュフロー	−50	−40	−30	これまでずっと本業でキャッシュを生んでいません。そして銀行からの資金調達が失敗し返済が続いています。それに伴うキャッシュの減少を設備の売却で補っています。かなり末期的な状況です。
	投資キャッシュフロー	80	70	60	
	フリーキャッシュフロー	30	30	30	
	財務キャッシュフロー	−30	−30	−30	
	キャッシュの増減	0	0	0	

C　業績回復の見込みが低いケース

　投資キャッシュフローは0のため、投資活動は行なっていません。そして営業のマイナスを財務キャッシュフローでカバーしています。

　中小企業ではよくある内容です。現時点では資金調達ができていますが、営業活動でマイナスが続き、しかも設備投資に一切資金を使っていませんから、今後も業績回復の見込みが低いと予想されます。銀行の支援が途切れたら終わりです。

D　危険なキャッシュフロー計算書

　営業キャッシュフローが毎期マイナス、そして銀行への返済が発生しているためか財務キャッシュフローも毎期マイナスです。手持資金の減少をカバーすべく投資キャッシュフローがプラスになっています。

　これは、赤字や借入金の返済により減少した資金を補填する目的で固定資産が売却されていることを表しています。この企業の当期損益計算書には固定資産売却損があり、現預金残高は減少していましたから、4つの中ではもっとも危険な状態に該当します。

　営業と財務のキャッシュフローのマイナスを、固定資産売却によるキャッシュインでカバーするのは非常に危険な状態にあります。なぜなら、すでに資金調達できないため、仕方なく設備を売却してキャッシュを生んでいるからです。不採算部門や店舗の閉鎖などリストラによる結果です。

　たとえ返済をストップしても、営業キャッシュフローはマイナスが続いているため手持資金は減少するだけです。倒産が近づいているサインです。

　しかし、事業用として取得したものの稼働停止している遊休資産、あるいは本社屋や社宅などの直接収益を生まない固定資産の売却であればメリットはあるでしょう。

3. 正常なキャッシュフローに向けた経営を

　銀行からの資金調達や自社保有の資産売却では限りがあるので、CやDのように営業キャッシュフローがマイナスではいつかは倒産します。したがって、営業キャッシュフローはプラスでなければなりません。マイナスになる期があったとしても連続してのマイナスは絶対に避けなければなりません。

　Bのように多額の設備投資により投資キャッシュフローが大きくマイナス、そして財務キャッシュフローがプラスになるケースはありますが、通常においてはAのような経営を目指すべきです。

　そのためにも売上高や利益率、そして費用の見直しなどは当然ですし、

製造や販売に直接影響する固定資産についても定期的に更新しましょう。

まとめ

- 固定資産の減少が続いているのは減価償却によるものなら問題ないが、売却や除却によるものなら要注意です。業績悪化などが理由で過剰な固定資産を手放したと考えられます。ただし、遊休資産であれば、処分し得た資金を事業に投じることでメリットはあるでしょう。
- 業績が低迷している企業では、借入金残高が多いため返済負担が大きくなっていることがあります。新たな返済負担を考えると思いきった設備投資はできないでしょうが、それがさらに経営に影響を与えることがあります。
- キャッシュフロー計算書を確認しましょう。営業キャッシュフローがマイナスで、投資キャッシュフローがプラスの場合、銀行からの資金調達が不可能で固定資産売却で資金繰りを凌いでいる可能性があります。
- 耐用年数を超え減価償却が終了した固定資産は、販売や製造能力を維持するためにも買い替えが必要です。それができなければ競合他社に遅れをとることになります。

第16章 「繰延資産」が計上されている

すでに代金の支払いが完了または支払義務が確定し、それに対する役務の提供を受けた場合、通常は当期の費用として処理されます。しかし、その支出効果が当期に加え翌期以降にわたる場合もあります。
この場合、その支出を翌期以降の費用として繰り延べるために資産計上する処理が認められます。そのような支出を繰延資産といいます。

創立費 創業準備までの費用
開業費 営業開始までの費用
株式交付費 株式発行などの費用
社債発行費 社債発行などの費用
開発費 市場開拓などの費用
税法固有 権利金など

分析のステップ

- **STEP1** 繰延資産には2種類ある
- **STEP2** 繰延資産を前期と当期で比較してみよう
- **STEP3** 会計上の繰延資産の償却について
- **STEP4** 税法上の繰延資産の償却
- **STEP5** 金銭的価値はまったく無い
- **STEP6** 粉飾決算で使われやすい

STEP1　繰延資産には２種類ある

　貸借対照表の資産の部は大きく流動資産と固定資産に分類されますが、繰延資産はどちらにも該当せず、固定資産の下に表示されます。そして、繰延資産には**会計上の繰延資産**、そして**税法上の繰延資産**の２つがあります。まずは会計上の繰延資産から説明します。

1. 会計上の繰延資産
　会計上の繰延資産の対象になるのは次の５つです。

①創立費
　創立費とは、創業する準備を始めた時から法人設立までにかかった費用です。設立に必要な定款作成費用、登記に必要な登録免許税、司法書士などの報酬、発起人の報酬、他にも法人設立の打ち合わせをした喫茶店などでの会議費、あるいは交通費なども創立費に含まれます。
　創立費は原則として支出時に費用処理しますが、繰延資産として資産に計上することができます。資産計上した場合は法人設立の時から５年以内のその効果の及ぶ期間にわたり定額法により償却をします。

②開業費
　開業費は、土地・建物の賃借料、通信費、広告宣伝費、名刺代、交際費、旅費交通費などで法人設立から営業開始までの期間に支出した費用です。原則として支出時に費用処理しますが、繰延資産として資産計上することもできます。その場合は開業の時から５年以内のその効果の及ぶ期間にわたって、定額法により償却をします。

③株式交付費
　株式交付費とは、新株発行や自己株式処分にかかった費用、例えば株

式募集の広告費、証券会社などの金融機関に支払った取扱手数料、変更登記の登録免許税など、株式の交付などのために直接支出した費用をいいます。原則として支出時に費用処理します。ただし、繰延資産として処理することができます。その場合には株式交付から3年以内のその効果の及ぶ期間にわたって、定額法により償却します。

④社債発行費

社債発行費とは、社債を発行するために必要な費用です。具体的には、社債募集のための広告費、証券会社などの金融機関への取扱手数料など、社債発行のために直接支出した費用です。原則として支出時に費用処理しますが、資産計上した場合は社債償還期間で償却します。

⑤開発費

開発費とは、新技術の採用、資源の開発、新しい市場の開拓などに支出した費用です。新市場を開拓するための展示会出展費、新製品開発のための特許権使用料などが開発費になります。原則として支出時に費用処理しますが、繰延資産として資産計上することもできます。その場合には、支出した事業年度から5年以内のその効果の及ぶ期間にわたって、定額法で償却します。

2. 税法上の繰延資産

会計上の繰延資産とは別に税法固有の繰延資産があります。税法固有の繰延資産は国税庁ホームページにも例示されており、法人税法上はこの税法固有の繰延資産と会計上の繰延資産を含めて繰延資産として扱っています。

◎繰延資産のイメージ

法人税法上の繰延資産

会計上の繰延資産	税法固有の繰延資産

税法上の繰延資産で発生する可能性が高いものとしては、建物を賃借するための権利金程度で他に発生するケースは少ないですが、代表的な例をいくつか紹介します。

①公共的施設等の負担金

この**公共的施設等**とは、自社が直接的または間接的に便益を受ける施設を指し、設置または改良のために支出する費用が該当します。

■公共的施設

国等の行なう公共的施設の設置等により著しい利益を受ける場合における、その費用の一部を負担した場合が該当します。例えば、自社の必要に基づき行なう道路などの設置等のために要する費用です。

■共同的施設

商店街で商売をしている企業が、商店街のアーケードや日よけなど共同の用に供される設備の建設や改良に要する費用の負担金が該当します。

②役務の提供を受けるための権利金

役務の提供を受けるための権利金とは、企業経営に必要な情報を得るために要した費用が該当します。具体的にはフランチャイズ経営で発生する加盟金やノウハウの提供料などが該当します。

③建物を賃借するための権利金等

建物を賃借する際に支払う**権利金**などです。具体的には、退去時に返還されない礼金や権利金などです。敷金は通常であれば該当しませんが、退去時に一部返還されない契約になっていれば、これに該当します。

④広告宣伝用資産

広告宣伝の用に供する資産を贈与したことにより生ずる費用をいいま

す。例えば、特約店などに対して看板やネオンサイン、陳列棚などの資産を贈与した場合には繰延資産となります。企業が自社のために看板などを設置すれば、それは固定資産に該当しますが、自社の特約店などに新商品の広告宣伝用看板を寄贈したら繰延資産として計上します。

⑤その他支出の効果が1年以上に及ぶもの

その他にも、支出効果がその支出の日以降、1年以上に及ぶものは繰延資産として処理します。国税庁のホームページで紹介されている具体例としては、スキー場のゲレンデ整備費用、出版権の設定の対価、同業者団体などへの加入金などが該当します。

STEP2　繰延資産を前期と当期で比較してみよう

では、繰延資産が計上されているか確認してみましょう。貸借対照表を見ると開発費が計上されていますし、当期は前期より増加していました。

前期		当期	
開発費	100万円	開発費	500万円

STEP3　会計上の繰延資産の償却について

計上された繰延資産は資産計上のままにするわけにはいかず、費用の支出効果が及ぶ一定期間内で、償却する必要があります。会計上の繰延資産償却について、償却の期間及び方法は次のとおりです。

1. 償却期間

償却の期間については、創立費、開業費、開発費は5年、株式交付費は3年、社債発行費は社債の償還期間内です。

301

2. 償却方法

　会計上の繰延資産は、そもそも費用として処理することもできますし、償却方法も即時償却、均等償却あるいは任意償却を選択することができます。

　任意償却とは、その名のとおり償却期間内であれば、いつでも、金額も自由に償却できるということです。なお、法人税法上は、償却年数を超えても償却処理は可能ですから、実質的にはいつでも償却可能ということです。したがって、赤字だから償却を実施しないこともでき、償却期間を超えて残っていたとしても問題ありません。

◎法人設立時「創立費50万円」の３つの償却方法 (円)

均等償却	貸借対照表	発生時	1期	2期	3期	4期	5期
	創立費	500,000	400,000	300,000	200,000	100,000	0
	損益計算書						
	営業利益		150,000	130,000	110,000	140,000	120,000
	創立費償却	0	100,000	100,000	100,000	100,000	100,000
	経常利益		50,000	30,000	10,000	40,000	20,000

即時償却	貸借対照表	発生時	1期	2期	3期	4期	5期
	創立費	500,000	0	0	0	0	0
	損益計算書						
	営業利益		600,000	650,000	650,000	700,000	700,000
	創立費償却		500,000	0	0	0	0
	経常利益		100,000	650,000	650,000	700,000	700,000

任意償却	貸借対照表	発生時	1期	2期	3期	4期	5期
	創立費	500,000	500,000	480,000	480,000	180,000	180,000
	損益計算書						
	営業利益		−20,000	30,000	−10,000	400,000	−3,000
	創立費償却		0	20,000	0	300,000	0
	経常利益		−20,000	10,000	−10,000	100,000	−3,000

3. 勘定科目

　貸借対照表には繰延資産に創立費などの勘定科目で計上します。そして、損益計算書には創立費償却あるいは繰延資産償却として計上します。

STEP4　税法上の繰延資産の償却

　税法上の繰延資産について、償却の期間や方法は次のとおりです。

1. 償却方法と期間

　会計上の繰延資産は即時償却が認められていましたが、税法上の繰延資産については、税法所定の償却期間での定額法による月割り償却となります。

　どの業種でも発生する可能性が高いものとして、「建物を賃借するために支出する権利金等」があります。賃貸借契約時に支払う権利金ですが、他にも敷金、礼金、保証金などがあります。税務上、繰延資産に該当するかどうかはこれらの名称に囚われず、将来返還されるものかどうかで判断しなければなりません。返還されないものであれば繰延資産として償却の対象となります。

　償却期間は原則として5年ですが、契約書のなかに契約期間が書かれており、5年未満の場合はその年数で償却します。税法上の繰延資産の償却限度額を算出する計算式は次のとおりで、この償却限度額の範囲内で毎月償却することになります。

> 繰延資産の金額×当期に含まれる償却期間の月数÷
> 　　　　　　　支出の効果の及ぶ期間の月数＝償却限度額

　例えば、事務所を借りるため礼金を60万円支払い、契約期間が3年だった場合、今期12か月分償却できると仮定すると、償却限度額は下のように計算できます。

　今期：償却限度額200,000円＝600,000×12÷36か月

償却額がこれよりも多い場合、法人税の計上では加算といい、超過した分を利益に加えて税額計算する必要が出てきます。

この例では3年で償却しなければなりませんが、業績が悪化しているからといって未償却にしたり、あるいは限度額以内で少額計上をしたりしていることもあります。

2. 勘定科目について

税法上は繰延資産として処理することが要求されていますが、会計上の繰延資産ではありません。そこで貸借対照表には、投資その他の資産の部に計上される長期前払費用として計上されることが多いです。そして償却分は損益計算書において長期前払費用償却などで計上されます。

3. 少額繰延資産の取扱い

税法上の繰延資産は原則として償却期間で費用計上していきますが、支出額が20万円未満のものは、支出時に資産計上せず、費用として計上することができます。

▌STEP5　金銭的価値はまったく無い

ここまで繰延資産について説明してきましたが、自社の決算書を見てもそんな勘定科目を見たことがないという方もいるかもしれません。

売上債権は期日が来れば現金を受け取れますし、棚卸資産は販売することで売上債権に変化し後に現金化されます。固定資産は、本来それを使って製造や販売して利益を獲得し、そのものを売却しても現金を手にすることができます。貸借対照表の資産に計上されているものの多くは、このように現金化できます。

しかし、繰延資産は資産であってもそれができません。資産とはなっていますが、「○○費」とあるように実態は費用としての性質を持ちます。本来は支出時に費用計上するような内容です。しかし、繰延資産は将来、

1年以上にわたって支出の効果が続くことからいったんは資産として計上し、その期だけではなく減価償却のように翌期以降にも費用化することを認めているだけです。

営業開始までにかかった創立費や開業費を誰かが買ってくれることはありません。他のものもそうです。したがって、金銭的価値はまったくありません。

STEP6　粉飾決算で使われやすい

繰延資産は粉飾決算で利用されることがあります。

1. 費用を資産計上

当期の費用として処理すべきものを繰延資産として計上することで、利益を出しやすくなるため、繰延資産は粉飾をしようとする企業にとって非常に便利な科目です。

多額の繰延資産を計上している企業は要注意です。発生原因を確認し、繰延資産として不適切なものが含まれていないか、確認する必要があります。当期純利益が少額で、繰延資産が発生あるいは増加している場合は粉飾の可能性が高いため、注意してください。

◎費用を繰延資産に計上する方法

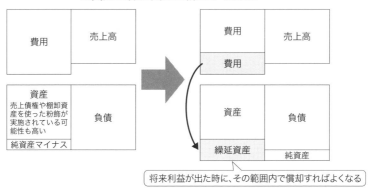

下の数字の推移のように、繰延資産が発生していない１期、２期は利益が出ていたのに、繰延資産が３期以降増加し、さらに金額も増えており、利益が少額になるような場合は、粉飾決算の可能性が濃厚です。この例では、３期目から粉飾をしている可能性があります。

◎少額な利益と繰延資産の増加に注意　（千円）

貸借対照表	1期	2期	3期	4期	5期
繰延資産	0	0	3,000	7,400	10,000
損益計算書					
営業利益	1,000	2,000	500	1,000	1,000
支払利息	100	200	300	300	300
繰延資産償却	0	0	0	600	0
経常利益	900	1,800	200	100	700

３期の300万円のうち60万円が償却され、４期に500万円が発生した

経常利益の実態は					
営業利益	1,000	2,000	500	1,000	1,000
支払利息	100	200	300	300	300
繰延資産償却	0	0	3,000	5,000	2,600
経常利益	900	1,800	−2,800	−4,300	−1,900

2. 任意償却による利益調整はないか

　例えば、創立費が50万円発生したとしましょう。均等償却であれば5年間にわたり10万円ずつ、即時償却であれば発生した年の期末に50万円を償却します。

　しかし任意償却の場合は、赤字が続いているので未償却にして、いつか黒字になった時に償却費として費用計上することもできます。つまり、会計上の繰延資産がいつまでも残っているのは、償却できるだけの利益が計上できなかったからだと考えられます。このように合法的に利益を操作することができるのが繰延資産です。

　決算書作成時に全額償却あるいは一部だけや未償却ができるので、利益調整にも利用できます。いくら法人税法上は認められているとはいえ、会計上の繰延資産については、早期に償却あるいは少なくとも均等償却をしているかを確認しましょう。

3. 経営が相当行き詰まっているのでは？

粉飾決算で真っ先に行なわれるのは在庫の水増し、売上高の架空計上です。そして次に、減価償却費の未計上、仕入債務の未計上が行なわれます。粉飾は流動資産や流動負債から手をつけ、次に固定資産や固定負債、最後に繰延資産に手を出す流れが多いです。

他の粉飾方法に手をつけて、それだけでは間に合わずにやむを得ず繰延資産に手を出すのです。したがって、繰延資産を使うのはかなり切羽詰まった状況にあると推測できます。

また、税務や会計にある程度詳しくなければ、繰延資産を使う粉飾方法に考えが及ばないことが多く、悪いアドバイスを与えている専門家が裏にいる可能性があります。繰延資産が計上される前の決算書は、明らかにおかしな内容になっていないか注意が必要です。

4. 本当に資産計上すべき内容か詳しくヒアリング

繰延資産は、「資産」という言葉を使いながら、本来は費用としての性格を持っています。税法上の繰延資産は定められた期間で償却すべきですが、会計上の繰延資産は発生時に費用計上する内容です。

そのため大前提として、繰延資産が発生するのは異例であり、発生原因もかなり限られています。この企業のように開発費が前期から発生し、さらに残高が増えているのであれば、その理由をヒアリングする必要があります。どのような内容なのか、なぜ資産計上なのか理由を詳しく聞いてみましょう。

理由が明確ではなく、あまり見かけない繰延資産が発生しているということは、疑わしいものが計上されている、あるいは利益を出すためであることが多いと考えます。

銀行員の見方としては、数年にわたって支出の効果があるかもしれませんが、換金性がないため繰延資産は銀行が決算書を分析する際には資産は０円評価になるケースが多いです。

仮に、将来の収益に対する確実な効果が得られ、かつ銀行もそれを認

めたとしましょう。それでも会計上の繰延資産は、償却期間内の早期償却が必要です。税法上の繰延資産でも期間内の償却が必要です。

5. 繰延資産が発生するケース

繰延資産はイメージだけではわかりにくい部分も多いので、実際に起こった開発費の2つの事例を紹介します。

世の中の変化に対応し、企業が生き残っていくためには、新市場の開拓、新事業の開始が不可欠で、それらにかかる費用は、開発費として繰延資産扱いすることができます。

開発費は粉飾方法としても利用されがちです。次のように開業費が計上されている可能性もあるので、注意が必要です。

①新規事業に対する調査費

ペットの販売、そしてペット関連グッズなどの販売を行なっているＡ社は新規事業を検討し、調査費などが発生していました。これは開発費に該当する内容で問題ありません。

ただ、Ａ社は最近数期間、大赤字が続いており、倒産寸前でした。銀行からの支援の打ち切りを恐れ、すでに数期前から売上高や棚卸資産の架空計上を大規模に行ない、粉飾決算を実施していたのです。

銀行から商品在庫が多いと指摘を受け始めたＡ社は、他の粉飾方法として、本来は調査費用だけを計上すべき開発費のなかに、まったく無関係な社員の人件費までも含めて、強引に黒字決算にしました。

結果的に、黒字にはなったものの、明らかに異常な残高となった決算書を見て、取引銀行は融資を見送る対応になってしまったのです。

このケースでは繰延資産の金額を膨らませていますが、それが適正なものなのか異常なものかは外部からはわかりにくいのが実態です。

総額がいくらかは決算書から確認できますが、支払い内容や金額におかしな箇所、特にやたらと高額な支払いがないかヒアリングが必要です。

②広告宣伝の支出効果

　中小企業の広告宣伝を支援するＢ社は、自社及びサービスの知名度向上を目的に展示会への出展を行ないました。新サービスに強い自信を持っていた経営者は、多くの人の目に留まれば売上は急増すると期待していたのです。

　そこでスペースも広く確保した出展費用、装飾費用、ナレーター、コンパニオン、パンフレット、ノベルティグッズなど、約500万円が発生しました。この大規模イベントへ３年連続で出展し合計で約1,500万円を使いました。これは支出時に全額費用処理するのが望ましい会計処理ですが、繰延資産の開発費に該当する内容ともいえます。

　しかし実際は、イベント出展に対する問い合わせは合計で数件程度、当初予定を大きく下回る結果で、３期ともに大幅な赤字決算でした。

　そこで、その経営者は「展示会で名刺交換した企業からすぐに問い合わせが来るとは限らず、数年後になるかもしれない。だったら繰延資産（開発費）として計上し償却するべきではないか」と考えたのです。

　しかし、銀行から融資を受けた資金で行なった展示会は失敗に終わり、返済原資は発生せず、ただちにリスケジュールに。税金や社会保険料も納付が遅れる事態になり、経営は危機的状態に陥りました。赤字が続き、多額の繰越欠損金が発生したため、約10年間は繰延資産を償却できず、15年ほどしてようやく全額償却済みとなったのです。

　このような処理でも税務上は問題ないとはいえ、展示会出展の効果はほとんどなく、かつ明らかな利益調整に使われています。出展費用に資産価値が無いことは明らかですから０円で評価しなければなりません。

　繰延資産は計上されることが稀です。仮に正当な理由があったとしても、増加し続け、かつ償却が進まない企業はかなり経営が悪化していると考えられます。任意償却がいつまでも続いていたり、少額な利益で繰延資産が増加したりしている時は、高い倒産リスクの可能性があるため要注意です。

まとめ

- 繰延資産が発生すること自体は問題ありませんが、創立費と開業費は創業時には発生するにしても、開発費、株式交付費、社債等発行費は中小企業においてはほとんどないか非常に稀なことです。税法上の繰延資産においてもそうです。せいぜい建物を賃借するために支出する権利金程度でしょう。
- 繰延資産が発生した内容は具体的に何にいくらかかっているのか詳しくヒアリングをしてください。企業との関係性にもよりますが、詳しい内容を書類で提出してもらうといいでしょう。
- 繰延資産は粉飾決算の方法として利用されることがあります。多額の繰延資産が計上されている、そして残高が増加している場合は、繰延資産とはまったく無関係の費用を資産計上していることが疑われます。
- 繰延資産を使った粉飾決算を行なう前に、売上高などを使った粉飾方法をすでに実行している可能性が高いです。数期分さかのぼって決算書をチェックすることも必要です。
- 即時償却や均等償却ができない企業は業績面で問題があります。償却が進まず繰延資産が残ったままならば赤字が続いているなどの問題があるはずです。

第17章

「未払費用・未払金」が増加している

貸借対照表

資産		流動資産	負債	流動負債
	固定資産	有形固定資産		固定負債
		無形固定資産	純資産	株主資本
		投資その他の資産		株主資本以外
		繰延資産		

未払費用とは、給与、地代家賃、水道光熱費、利息など、契約に基づき継続的な役務の提供を受けているが、支払いをまだ終えていない費用のうち支払期日が到来していないものを未払い計上する際に使用します。未払金とは、継続的な取引ではなく単発の物の購入やサービスの提供を受け債務が確定しているものを処理する場合に使用する勘定科目です。

—— 未払金 ——
物の購入資金のうち、支払いが完了していないもの

—— 未払費用 ——
水道光熱費などの費用のうち、支払いが完了していないもの

分析のステップ

STEP1 未払金と未払費用を混同して使っていないか？
⇩
STEP2 未払費用などを前期と当期で比較してみよう
⇩
STEP3 増加していたら短期支払い能力を計算
⇩
STEP4 滞納していないか、未払費用などの内訳を確認する
⇩
STEP5 赤字を隠すため未計上にすることも
⇩
STEP6 税金の計上をチェックする
⇩
STEP7 負債で優先順位が低いのは銀行への返済

311

STEP1　未払金と未払費用を混同して使っていないか？

　未払金と**未払費用**は非常によく似ているため、厳密に勘定科目を使い分けていない決算書も多いです。支払期日が到来していない「未払費用」に該当するものを、支払期日が到来している「未払金」で処理している、またはその逆になっていることもあります。

　支払期間が1年を超える未払金は、長期未払金という勘定科目を用いて固定負債に計上します。例えば、車両などの固定資産を購入したが一括で支払えないために分割する場合です。また、厳密には数年間にわたる割賦払いでも1年以内に支払う分は流動負債に未払金で計上しますが、中小企業でそこまで厳密な処理をしていることは非常に少ないです。

　その他にも「未払」が付く勘定科目として、税金に関連する未払法人税等と未払消費税等があります。

STEP2　未払費用などを前期と当期で比較してみよう

　決算書の負債の部にある未払金と未払費用を前期と当期で比較してみましょう。未払金や未払費用、そして未払法人税等及び未払消費税等も確認できます。

前期		当期	
未払金	309万円	未払金	412万円
未払費用	2,178万円	未払費用	2,916万円
未払法人税等	130万円	未払法人税等	7万円
未払消費税等	671万円	未払消費税等	907万円

　未払法人税等以外が増加している影響もあり、流動負債は前期の7,974万円から9,886万円に増加しています。

STEP3　増加していたら短期支払い能力を計算

　給与、社会保険料、地代家賃などの未払い分は、発生した翌月には支払日が到来しますし、未払金に該当するものも、翌月か翌々月には支払う必要があるでしょう。したがって、どちらも流動負債に計上されます。

　流動負債には未払費用・未払金、買掛金以外にも税金の未払い分が計上されます。未払法人税等、未払消費税等がそうですし、役員や従業員から徴収した源泉所得税や住民税は預り金で計上されます。それらは流動負債に計上される代表的な勘定科目です。

　短期に支払うべき流動負債の支払い能力があるのかは、流動比率と当座比率で確認することができます。

1. 流動比率

　流動比率は、企業の短期的な支払い能力を示す指標です。

　計算式は次のとおりです。分母は1年以内に支払期限が到来する流動負債、分子には現預金及び1年以内に現金化される流動資産が入ります。高いほど安全性が高いといえます。

> 流動比率＝流動資産÷流動負債×100（％）

前期：13,815万円÷7,974万円×100＝173.3％
当期：17,701万円÷9,886万円×100＝179.1％

　財政総合政策研究所の調査では、平均は2023年度の流動比率の全産業・全規模は152.3％、製造業は155.6％、非製造業は151.0％です。目標として、調査結果を参考に少なくとも150％以上は必要です。

　前期・当期ともに基準よりも上回っているため問題がないといえそうです。

しかし、流動資産には、一部現金化ができないものが含まれていることがあります。例えば、前払費用、仮払金、貸付金などの資産価値があるのか疑わしいものや、商品や原材料などの棚卸資産は製造や販売の過程を経なければならない資産です。

現金、預金、売上債権は生産や販売などの過程を経なくても流動負債の支払いに充てることができるもの（当座資産）がほとんどですが、売上債権のなかでも売掛金には、取引先の経営状態が悪化し、現金化が見込まれないものが含まれていることもあります。

先ほどの決算書のなかに下のような現金化ができないものが含まれていたと仮定して、再度、流動比率を計算してみると、大きく低下し、先ほどの調査結果よりも低い数値となってしまいます。

	前期	当期	
短期貸付金	150万円	売掛金	2,000万円
仮払金	50万円	棚卸資産	1,000万円
		短期貸付金	1,000万円
		仮払金	150万円

前期：(13,815万円－200万円)÷7,974万円×100＝170.7％
当期：(17,701万円－4,150万円)÷9,886万円×100＝137.1％

2. 当座比率

流動資産には資産性の疑わしいものが含まれていることもあるため、流動比率だけでは正しい短期支払い能力はわかりません。そこで**当座比率**という指標があります。

当座比率＝当座資産÷流動負債×100（％）
※当座資産＝現金預金＋受取手形＋売掛金＋（売買目的の短期保有）有価証券

当座比率は、流動負債への支払財源として確実性の高い当座資産と対

応させて、短期的な債務の支払い能力を流動比率よりもさらに厳しく見ることができる指標です。

しかし、当座資産のなかには回収見込みが低い売上債権、売却が見込めない有価証券などが含まれている可能性もあります。そこは流動比率と一緒ですから注意が必要です。

流動比率と同様に高いほど、当座資産で流動負債を支払う能力があるということです。流動比率よりも厳しい計算式ですから、100％以上あれば短期の支払い能力には問題がないことになります。しかしこの数値は、中小企業では容易ではないかもしれません。

財政総合政策研究所が公表している2023年度の当座比率（全産業・全規模）は91.5％、製造業は93.7％、非製造業は90.6％です。決算書の数字から計算してみましょう。

前期：（現預金4,026万円＋売掛金5,530万円）÷
流動負債7,974万円×100＝119.8％

当期：（現預金3,132万円＋売掛金8,324万円）÷
9,886万円×100＝115.9％

前期・当期ともに当座比率は100％を超えています。しかし、当期の売掛金のうち2,000万円は回収不能です。

当期：（現預金3,132万円＋売掛金8,324万円－2,000万円）÷
9,886万円×100＝95.7％

先ほどとは異なり、当座比率は平均値まで低下しました。

このように、当座資産のなかに架空資産や回収見通しの立たない売上債権などが含まれていれば当座比率はさらに低下しますから、支払能力が大きく悪化する懸念があります。今後も比率をチェックするだけでなく、現預金残高や資金繰りにも注意が必要です。

STEP4　滞納していないか、未払費用などの内訳を確認する

　当座比率などの指標を数字で確認するのも大切ですが、そもそも未払いが発生していないかを確認することも必要です。

　順調に支払いがなされていれば、どの費用もほとんどは月末の未払費用残高は1か月分程度しかないはずです。例えば、給与は月末締めの翌月10日払いなら、各月の給与未払分は1か月分でしょう。

　業績が悪化してくると資金繰りが厳しくなりますから、支払いが遅れ気味になってきます。勘定科目内訳明細書から各費用の未払いが発生していないか確認しましょう。

1. 給与

　給与は、役員なら役員報酬、従業員なら給料手当という勘定科目が使われますが、いずれも「締め日が20日、支払日が25日」「締め日が月末、支払日が翌月の10日」といったように締め日と支払日が決まっています。

　例えば、締め日が月末、支払日が翌月10日の場合、月末に支払いが完了しません。そのため、決算月が3月だとすれば、3月末時点では未払費用として計上しなければなりません。正常に処理されていたら、勘定科目内訳明細書に、1か月分の未払給与が記載されます。

◎買掛金（未払金・未払費用）の内訳書 （円）

科目	相手先		期末現在高	摘要
	名称（氏名）	所在地（住所）		
未払費用	従業員		9,000,000	未払給与

月末締めの給与1か月分が未納　これは正常

　もし、次ページのように、この企業の期末現在高に1,800万円記載されていたとしたら、1か月分の給与の支払いが遅延していることになり

ます。給与支払いが遅れるような企業は倒産間近で、大変危険な状態です。

さすがに従業員への給与の未払いは、そう頻繁に起こることではありませんが、役員報酬の未払いはよく見かけます。経営者が自身の報酬を未払いにすることで資金繰りを調整しているのです。そのため、資金繰りがラクではないことを示しています。ただちに倒産するような状態ではありませんが注意すべき箇所の1つです。

◎買掛金（未払金・未払費用）の内訳書　　（円）

科目	相手先		期末現在高	摘要
	名称（氏名）	所在地（住所）		
未払費用	従業員		18,000,000	未払給与

月末締めの給与が2か月分計上されている。2か月分が未納。これは異常

また、給与の締め日と支払日が、仮に20日締めの25日支払いだったとしましょう。その場合は21日から決算日（期末）までの約10日間分が、給与（役員報酬を除く）の未払いとして計上されます。900万円のうち3分の1にあたる300万円が未払費用として計上されるのです。当然、この費用の分、利益の金額は減ることになります。そのため、締め日から決算日まで未払計上している企業は、「正確な経理処理をする企業」「節税をしたい業績が好調な企業」が多いと推測できます。

◎買掛金（未払金・未払費用）の内訳書　　（円）

科目	相手先		期末現在高	摘要
	名称（氏名）	所在地（住所）		
未払費用	従業員		3,000,000	未払給与

3月20日締めの25日支払いのケースで、3月21日から3月31日までの従業員給与を未払計上
正確な経理処理をする企業、あるいは節税を意識している企業は未払計上をします。

2. 社会保険料

社会保険料は滞納が発生しやすい代表的なものの1つです。業績に関

係なく雇用していれば発生する支出だからです。

　法人であれば、経営者1人でも健康保険料や厚生年金保険料などの社会保険に加入する義務があります。役員や従業員の給与から徴収し、預り金で処理して、企業負担分は法定福利費として費用を計上し、預り金と合算して納付します。

　金額は毎月発生し、どのタイミングで計上するかは企業によって「発生主義」と「現金主義」と異なります。

　発生主義では、給与から徴収された社会保険料を「預り金」として計上します。それと同時に、企業が負担する額は、法定福利費の「未払費用」で計上し、その後、納付が完了した際に「預り金」と「未払費用」を精算します。

　現金主義では、給与から預かった社会保険料を「法定福利費」で計上し、そして納付時に企業負担分と給与負担分を合算した法定福利費で納付します。その結果、差額で企業負担分が計上されます。現金主義では「預り金」も「未払費用」も発生しません。

　しかし、勘定科目内訳明細書を見ると、未払費用や預り金が増加していることがあります。期末時点では問題がなくても期中に異常が発生していることもあります。この場合は「**月次試算表**」を確認してみましょう。次ページのア〜エのように社会保険料に関係する金額の推移を見てみましょう。

◎社会保険料の納付に異常がないか試算表でチェック

		4月	5月	6月	7月	8月
ア	法定福利費	750	750	750	750	750
	未払費用残高	750	750	750	750	750
	預り金残高	750	750	750	750	750

		4月	5月	6月	7月	8月
イ	法定福利費	750	750	750	750	750
	未払費用残高	750	750	1,500	750	750
	預り金残高	750	750	1,500	750	750

		4月	5月	6月	7月	8月
	法定福利費	750	750	0	0	0
ウ	未払費用残高	750	750	0	0	0
	預り金残高	750	750	1,500	2,250	3,000

		4月	5月	6月	7月	8月
	法定福利費	750	750	750	750	750
エ	未払費用残高	750	1,500	2,250	3,000	3,750
	預り金残高	750	1,500	2,250	3,000	3,750

アは、法定福利費が毎月発生しており、未払費用と預り金の残高が増加していないため、正常に納付が行なわれています。

イは、6月の未払費用と預り金が増加しています。これは月末に預金口座から引き落とされるものが土日祝日で翌月に引き落とされたか、あるいは残高不足で引き落とされず翌月に納付されたと考えられます。もし後者が原因であれば資金繰りが悪化しつつあるのかもしれません。

ウは、給与から徴収した預り金が増加し、企業負担分は未計上になっています。資金繰り悪化が常態化し、かつ利益を出そうとしていることがわかります。

エは、毎月必要な仕訳は計上されていますが、5月からずっと未納になっています。未払費用が増加していることで明らかです。

たとえ未払いであったとしても、エのように各月で発生する社会保険料を未払費用で計上しなければなりません。イは注意、ウとエは危険な兆候です。

この社会保険料の企業負担分は、企業にとって大きな負担となり経営を圧迫します。どんなに赤字でも役員や従業員がいるだけで発生するため、滞納する企業が多いのです。実際に、社会保険料滞納による差押え事務所数は、2022年度が27,784件、2023年度が42,072件と非常に多いです。

社会保険料の未納は大きな問題ですし、経営はかなり危険な状態です。毎月発生する分の納付だけでも大変なのに、過去の未納分を分割で納付

するのは容易ではありません。滞納解消は困難となり途中で経営をあきらめざるを得ない企業も多いので注意が必要です。

STEP5　赤字を隠すため未計上にすることも

　赤字決算の場合、期末時点で請求金額が確定している未払いの費用を計上せずに、多少でも利益を出そうと努力する企業も多いです。

　すでに現預金から支払っていれば費用を削除することで利益を出せたとしても現預金が不自然に増加します。しかし、未払い分はそのまま仕訳を削除しても現預金残高には影響がありません。

　したがって、前期の決算書と比較して各費用の未払い分が増加していなかったとしても、未払いの仕訳をそもそも計上していないことが多く、油断はできません。そのため、月次の損益計算書も確認してみましょう。

◎月次推移から費用の未払計上がないか確認　　（千円）

	4月	5月	6月	7月から1月は省略	2月	3月	合計
売上高	10,000	10,000	10,000		10,000	10,000	120,000
仕入高	7,000	7,000	7,000		7,000	7,000	84,000
給料手当	2,000	2,000	2,000		2,000	2,000	24,000
その他費用	1,100	1,100	1,100		1,100	1,100	13,200
利益	−100	−100	−100		−100	−100	−1,200
3月の給与を未払いに							
売上高	10,000	10,000	10,000		10,000	10,000	120,000
仕入高	7,000	7,000	7,000		7,000	7,000	84,000
給料手当	2,000	2,000	2,000		2,000	0	22,000
その他費用	1,100	1,100	1,100		1,100	1,100	13,200
利益	−100	−100	−100		−100	1,900	800

本来は120万円の赤字だったが、給与の未払い分を削除したことで黒字にできた

　税理士が、赤字企業である顧問先から何とか利益を出したいと相談を受けた際、「未払い分は未計上にすることで利益が出ます」とアドバイスをしていることも多いです。

　未計上は会計のルールとしては間違っていても、利益が出て納税が発

生するのなら税務署からも文句をいわれるわけではないからです。

　例えば前ページのように、給与が「月末締めの翌月支払い」にもかかわらず、決算書に給与の未払いが計上されていなければ、つまり負債を隠して未計上にしているということです。他の費用でも同様のことが行なわれる可能性があります。

▌ STEP6　税金の計上をチェックする

　企業が納める税金としてイメージするのは、法人税、消費税、そして役員報酬や給与から徴収する源泉所得税及び住民税でしょう。それらの未納がないかにも注意が必要です。

1. 法人税

　利益が出たら税金を納めるというイメージが強いですが、赤字でも地方税に該当する均等割りという税金が発生します。例えば、「資本金が1,000万円以下かつ従業員数が50名以下の東京都の企業」は赤字でも7万円が発生します。これは資本金そして都道府県によって税額が異なります。つまり、利益に関係なく企業には税金が発生するのです。

　損益計算書なら「法人税・住民税及び事業税」などの勘定科目で計上され、それを差し引いた金額がその下の、税引後当期純利益になります。貸借対照表には未払法人税等という勘定科目で流動負債に計上されます。

　税引前当期純利益が100万円だったとします。地方税も含めて税率が35％としたら税額は35万円で、税引後当期純利益は65万円となります。

2. 消費税

　消費税とは商品や製品の購入、あるいはサービスを受けたりする際に発生する税金です。

　消費税の会計処理には**税抜経理方式**と**税込経理方式**の2つがあります。どちらを採用しても税額は同じで、企業の任意となっていますが、採用

する方式によって使用する勘定科目が異なってきます。まずは下の例を使って、税抜経理方式と税込経理方式についてご説明します。

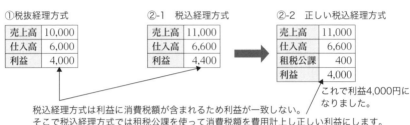

◎税抜経理方式と税込経理方式の違い

①税抜経理方式

税抜経理方式とは、売上高や仕入高などに消費税額を含めない会計処理を行なう方法です。

売上高では、売価11,000円であれば「売上高10,000＋仮受消費税1,000」、仕入高では、仕入値6,600円であれば「仕入高6,000＋仮払消費税600」で計上します。仮受及び仮払消費税という勘定科目で消費税額は別に管理されるため、期中でも正確な利益を把握することができます。

そして決算書には、仮受消費税額と仮払消費税額の差額が未払消費税等で負債に計上されます。

税抜経理方式のメリットは、毎月の利益が把握できるだけでなく、試算表で仮受消費税と仮払消費税の差額から各月の消費税額を把握できるところにあります。

②税込経理方式

税込経理方式とは、消費税額を売上高や仕入高などに含めて会計処理を行なう方法です。

②-1、②-2に計上されている売上高、仕入高にはそれぞれ、消費税の金額が含まれています。そのため、「売上高−仕入高＝利益」で利益を求めてしまうと、納めるべき消費税額が利益に含まれてしまい、正しい金額と乖離が生じます。そこで、②-2のように、消費税の分を「租税公課／未払消費税等」として仕訳を1つ追加し、正しい利益を計算します。

①税抜経理方式は、取引ごとに消費税の金額を計算して仮受や仮払に計上しなければならないのに対し、②税込経理方式は、とりあえず消費税が含まれた金額で計上しておいて、最後に「租税公課／未払消費税等」の処理をすればよいので、経理処理としては便利です。

しかし、見方を変えると、期の途中経過として作成する試算表には、「租税公課／未払消費税等」が含まれていないことも非常に多く、消費税の分だけ利益が多く計上されているので注意してください。税込から税抜にしたら黒字だったのが赤字になったなんてことはよくあります。

また、この便利さを悪用し「租税公課／未払消費税等」の仕訳を未計上にすることで、売上高や利益額を大きく装う企業があります。

例えば次ページの場合、本来は第4期に売上高が減少し80の赤字が生じたにもかかわらず(A)、Bでは消費税額392の租税公課、未払消費税等の仕訳を未計上にすることで、利益を出しています。つまり税込経理方式の企業では、毎期租税公課と未払消費税等で消費税額が計上されているか、チェックする必要があるのです。

企業もできれば税抜経理方式を採用したほうがいいですが、税込経理方式であれば、消費税額を毎月、租税公課で計上して本当の利益額を把握するべきです。

◎税込経理方式は未計上により粉飾が可能

(千円)

A 粉飾前の正しい決算書		1期	2期	3期	4期
損益計算書	売上高	13,200	11,000	10,890	10,780
	仕入高	7,920	6,600	6,534	6,468
	給与	4,000	4,000	4,000	4,000
	租税公課	480	400	396	392
	利益	800	0	−40	−80
貸借対照表	未払消費税等	480	400	396	392

(千円)

B 粉飾後の決算書		1期	2期	3期	4期
損益計算書	売上高	13,200	11,000	10,890	10,780
	仕入高	7,920	6,600	6,534	6,468
	給与	4,000	4,000	4,000	4,000
	租税公課	480	400	396	0
	利益	800	0	−40	312
貸借対照表	未払消費税等	480	400	396	0

(千円)

C 消費税の未納が発生		1期	2期	3期	4期
損益計算書	売上高	13,200	11,000	10,890	10,780
	仕入高	7,920	6,600	6,534	6,468
	給与	4,000	4,000	4,000	4,000
	租税公課	480	400	396	392
	利益	800	0	−40	−80
貸借対照表	未払消費税等	480	400	396	788

③滞納が多い消費税

　消費税は利益の有無に関係なく発生する税金です。上のような企業は、3期と4期が赤字決算になったものの、消費税が含まれない費用（ここでは給与）が多額にあるため、消費税を納税する必要が出てきます。消費税が発生しない費用としては、役員報酬、給与、法定福利費、保険料、租税公課、支払利息などがあります。

　赤字で経営が苦しくても消費税は発生することが多いので、滞納額と件数が大きい税金です。

④未払消費税等の残高が増加していないか

　税込経理方式、税抜経理方式どちらを採用しても、決算書には未払いの消費税額が未払消費税等に計上されます。消費税は原則として、決算日から2か月後の申告期限までに納付する必要があるため、当期発生分以上の未払いがあるというのは、前期分の未納があり分割納付しているということです。

　前ページのCの未払消費税等は前期と当期の合計額です。なお、実際には前期分を1年間放置するようなことは税務署が認めませんが、わかりやすく2期分の合計としています。

3. 源泉所得税と住民税

　未払費用や未払金ではありませんが、税金や社会保険料に関連する勘定科目として預り金があります。

　源泉所得税や住民税は、役員の報酬や従業員の給与から企業が徴収し納めます。預かった税金は預り金で処理され、納税時の仕訳は「預り金／現預金」となります。

　源泉徴収した所得税は、原則として、給与や報酬などを支払った月の翌月10日までに納付しなければなりません。

　ただ、給与などを支給する人員が常時10人未満なら、毎月ではなく年2回の納付が認められています。源泉所得税なら1月から6月分を7月10日までに、7月から12月分は1月20日までです。住民税でも同様の制度があります。したがって、この場合は預り金残高が増加しても問題ではありません。

　預り金という勘定科目が使われるのですが、この科目の残高が増加してくると、預かった税金を納付できていないか、先ほどの社会保険料が未納になっている可能性が高いです。勘定科目内訳明細書にもそれが記載されています。

STEP7　負債で優先順位が低いのは銀行への返済

　企業が資金繰りに苦しみ、すべての支払いができなくなった場合、限られた資金で何に支払いをするか、優先順位をつけなければなりません。

　優先順位が高いのは給与と仕入です。そしてその次が地代家賃、リース料、水道光熱費など、その後に税金や社会保険料、そして最後が銀行への返済です。銀行は、その他の支払いに比べて、長期にわたっての返済には柔軟に対応してくれることが多いからです。

　税金や社会保険料も未納が発生した場合は分割納付が可能ですが、銀行ほど柔軟には対応してくれず、未納が続くと差押えに出されてしまう可能性があります。特に社会保険料は厳しいです。

　税金や社会保険料の未納が早期に解消できないほどの残高になっていたら、経営は相当に厳しい状況にあり倒産リスクは非常に高いです。

　社会保険料や税金の未納状態にもかかわらず、銀行への返済を続けている企業があります。至急改め、銀行への返済よりも税金そして社会保険料が絶対優先です。返済を猶予してもらい、それで浮いた資金で未納解消を優先させます。銀行も「税金よりも当行の返済を優先させてください」とはいえないので、協力を得られやすいでしょう。

まとめ

- 未払費用・未払金の増加は資金繰りが苦しいことが原因の可能性があります。流動比率・当座比率が低下していないか、そして資金繰りに異常がないかを確認しましょう。
- 税金や社会保険料は早期解消が困難なら差押えにより事業継続が困難になるリスクが高いです。
- 未払費用・未払金を未計上にすることで利益を出そうとする場合もあります。未計上がないかを試算表や勘定科目内訳明細書で確認を。

第18章 「役員借入金」が計上されている

貸借対照表

資産	流動資産	負債	流動負債
	固定資産：有形固定資産／無形固定資産／投資その他の資産		固定負債
	繰延資産	純資産	株主資本
			株主資本以外

役員（主に経営者）から資金を借り入れた場合（経営者からすれば貸付けになります）、決算書では短期または長期の借入金として計上されます。しかし、銀行からの借入金と分けて計上するための勘定科目として役員借入金があり、主に固定負債に計上されます。

分析のステップ

STEP1 役員借入金を前期と当期で比較してみよう

STEP2 役員借入金の発生理由

STEP3 銀行からの借入金と分ける意味

STEP4 役員借入金の解消方法

STEP5 役員借入金が大きく減少した場合の注意点

STEP6 役員借入金を使った粉飾の見抜き方

STEP1　役員借入金を前期と当期で比較してみよう

貸借対照表の負債に役員借入金が当期になって発生しています。

前期		当期	
役員借入金	0万円	役員借入金	546万円

STEP2　役員借入金の発生理由

創業期は資金調達力が弱く、経営者が個人資産を投入するケースはよくあります。成長期や成熟期には銀行からの資金調達がしやすくなり、このような借入金は減少していくはずですが、それでも役員借入金が計上されていれば、何らかの問題が発生しているのかもしれません。

役員借入金の発生理由としては、以下が考えられます。

1. 銀行から融資が受けられない

借入過多、赤字あるいは債務超過などを理由に銀行から融資が受けられず、経営者が資金を貸し付けたような場合です。銀行以外の資金調達も容易ではなく、経営者は自己資金で資金繰りを回すしかなくなります。

①は赤字で純資産が5から3に減少、②は銀行からの借入金が3から0になり、どちらも現預金の減少分を役員借入金で補填しています。

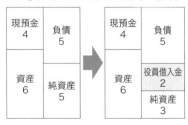

銀行からの借入金3を返済、減少した資金を役員借入金で補填

銀行からの借入金がまったくない、あるいは返済だけが続いて役員借入金の増加が続いている場合は、取引銀行が融資をできない深刻な問題があるのかもしれません。

2. 役員報酬の未払い

　役員報酬は、従業員の給与と同じく経営者が毎月受け取り、利益の見通しから適正かつ十分に受け取ることが可能な報酬額を設定しているはずです。しかし、多くの中小企業において、経営者は自身の役員報酬を自由に決められる立場にあります。

　そこで、法人税を支払いたくない理由から、利益を抑えるために役員報酬を高めに設定することがあります。そして、資金繰りが悪化してきたら、高めに役員報酬を設定したことで受け取った資金から貸し付けるのです。あるいは当初予定よりも業績が振るわず、資金繰りが苦しい場合に役員報酬を全額受け取れない場合があります。その時に役員報酬の一部を未払いとして計上します。

　少額ならまだしも、何か月分もの役員報酬の未払い分が勘定科目内訳書に記載されてしまうのは、銀行にあまりいい印象を与えません。そのため、下のように支払ったとして処理し、それを役員借入金に振り替えることがあります。経営者から借り入れをしたように固定負債に計上したほうが見た目は良くなるからです。

◎③役員報酬の未払い分を役員借入金へ振り替え

現預金 4	負債 5 (うち役員報酬 未払い分は3)
資産 6	純資産 5

現預金 4	負債 2
	役員借入金 3
資産 6	純資産 5

3. 費用を役員が負担した

　経営者が消耗品費や交際費などを、個人の現金やクレジットカードで

支払うことがあります。それを未精算のまま放置している場合に役員借入金が発生します。ただ、手持資金に余裕がない企業であれば、返済が困難であるため役員借入金がそのままになっているのです。

4. 銀行以外の外部から調達した資金

ノンバンクなどから高金利で融資を受けたことを隠すために、経営者からの借入金として処理することがあります。高金利の融資を受けたことを銀行に知られたくない経営者が、自分が出したと偽って役員借入金処理しているのです。勘定科目内訳明細書には、もちろんわからないように経営者の名前しかありません。

親族や知人から資金を提供してもらう場合もあるでしょうが、その場合も経営者自身が個人資産を持っているように見せるため、役員借入金にしていることが多いです。

すでに銀行からの融資が困難になっている企業は、まず経営者が個人資産を持っている場合はそれを入れてきます。しかし、すでに使い切ってしまっていたり、あるいは、そもそも個人資産がほとんどなかったりする経営者もいます。

そんな状況で経営者が考えるのは、高金利でも何とか資金を調達したいということです。役員借入金が急増していたら、その疑いがあると考えられます。または経営者が個人ローンで調達していることもあります。

すでにどこの銀行からも融資が受けられず、経営者個人の口座にはほとんど残高がないのであれば可能性は高いです。

5. 負債隠しが目的の場合も

悪質なケースは、仕入債務や未払金・未払費用などの負債を隠す目的で役員借入金が発生した可能性もあります。

売上高は横ばいなのに買掛金が増加していたら、仕入代金の支払い遅延が発生していると考えられます。他にも未払費用や預り金が増えていたら「その他の支払い」の遅れや、社会保険料や税金の未納も疑われる

ため、未払い分を隠すために役員借入金で処理することがあります。

　下の表のような「買掛金／役員借入金」の仕訳で多額になった買掛金残高を隠し、決算書を作成します。流動負債から固定負債に振り替えれば、流動比率などの財務指標にもプラスに影響します。

◎買掛金の支払い遅延を隠す例

令和７年３月度・残高試算表　（千円）

勘定科目	前月繰越	当月借方	当月貸方	当月残高
買掛金	33,338	12,600	13,200	33,938
仕入債務合計	33,338	12,600	13,200	33,938
その他流動負債	34,572	16,755	17,057	34,874
流動負債合計	67,910	29,355	30,257	68,812
長期借入金	125,200	2,087	0	123,113
役員借入金	0	0	0	0
固定負債合計	125,200	2,087	0	123,113

令和７年３月度・残高試算表　（千円）

勘定科目	前月繰越	当月借方	当月貸方	当月残高
買掛金	33,338	32,600	13,200	13,938
仕入債務合計	33,338	32,600	13,200	13,938
その他流動負債	34,572	16,755	17,057	34,874
流動負債合計	67,910	49,355	30,257	48,812
長期借入金	125,200	2,087	0	123,113
役員借入金	0	0	20,000	20,000
固定負債合計	125,200	2,087	20,000	143,113

6. 増加運転資金の発生

　業績が好調で、銀行から融資が受けられる企業でも、増加運転資金が発生した場合、役員借入金が発生することがあります。

　法人相手に商売をしている企業では、売上高が増加すればそれだけ売上債権も増加します。そして商品や原材料などの仕入れも原則同じ動きをして、棚卸資産も増加していきます。売上債権や棚卸資産が増加したということは、将来現金になるものが増えたということです。

　資産が増えると非常に良いことに思えますが、すでに代金を支払って仕入れた棚卸資産や販売して発生した売上債権は、どちらも現金化されるのを待っている状態です。

　例えば、月商が10の場合に、月末に売上債権と棚卸資産が月商の１か月分、仕入債務が月商の0.5か月分あったとします。この場合、入金を待っているのは20、支払いを待たせているのが５、つまりその差額の15だけ資金繰りが悪化していることになります。

　月商が２倍の20になると、取引条件に変更がなければ、どれも２倍に増えますから30だけ資金繰りを悪化させます。

このように売上高の増加に伴う資金需要に対しては、銀行は融資で対応を検討するので、資金調達に成功する可能性は高いでしょう。

しかし、売上債権回収前に発生する仕入代金や給与などの固定費支払い、そして借入金返済も増加していきます。したがって、いくら損益計算書では利益が出ており、貸借対照表にはそれに見合った現預金残高があったとしても、月の途中において支払いが先行し資金繰りが不安定になることがあります。

そうなると銀行からの融資だけでは足りず、経営者からの借入れが発生したり、先ほどSTEP2で説明した経営者自身の役員報酬は後回しになる傾向があります。その結果、経営者への未払報酬が発生し、それが役員借入金へ振り替えられることがあります。

7. 今回の発生理由は？

前期と当期で比較してみると、売上高は減少し、役員借入金は増加しています。

そこから考えると、銀行からの資金調達が徐々に困難になってきたことから、経営者が自己資金を投入した、または外部から調達した可能性が高いです。

これまで見てきたように役員借入金は、業績が好調な企業よりはどちらかというと悪化している企業で発生しやすい勘定科目です。

資金繰りを経営者個人の自己資金に依存するのは、「赤字続きにより資金が流出しているが、銀行から融資が受けられない（受けづらい）」「経営者が自己資金を入れたり、ノンバンクや知人親戚から資金を調達したりしている」「資金繰りが不安定なため役員報酬を毎月満額受け取ることができない」など、主に銀行が融資できない理由があります。

業績が悪化していたり、すでにかなりの借入金残高があって借入金の返済を止めてもらうリスケジュールをしていたりする企業も該当します。

リスケジュール中の企業は、原則として新たな融資を受けられず、企業と経営者が持つ資金でやりくりしなければなりません。したがって、

役員借入金が増加し続けるかもしれませんが、それが続かなければ資金はショートし倒産に至ります。

　一時的に資金繰りが苦しくなった場合に、役員借入金が発生することはそれほど問題にすることではないでしょう。しかし、役員借入金が増加傾向にあるのなら要注意です。

　今回は546万円と少額ですが今後も注意が必要です。定期的に試算表を提出してもらい期中も管理していきましょう。

STEP3　銀行からの借入金と分ける意味

　会計ソフトの初期設定では、この役員借入金という勘定科目はありません。本来であれば銀行からの借入金と一緒に、短期借入金や長期借入金に含めればいいのですが、あえて役員借入金として計上する理由があります。

　それは銀行からの借入金はその多くが毎月返済を求められますが、経営者からの借入れであれば、返済義務のない資本金に近い性格のものと銀行に解釈してほしいからです。実際に、「毎月の返済が無理だから余裕ができたら返済してもらえばいい」「そもそも自分の会社だし今の経営からは返済が容易ではないから求めない」という性質であることが多いです。銀行に対し、役員借入金は返済を求めるものではないと説明し、実質資本金として評価してもらえるケースもあります。

◎役員借入金を資本金とみなす場合

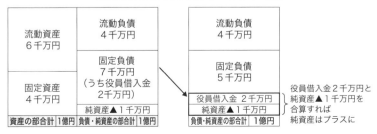

金融庁は平成11年7月、銀行の健全な経営を維持するために定期的に検査に入り、銀行の資産状況や業務体制などをチェックする際の指針として「金融検査マニュアル」を作成しました。

　さらに中小・零細企業の特性に配慮した検査が必要ということで、平成14年2月に「金融検査マニュアル別冊（中小企業融資編）」が作成されました（令和元年12月に廃止されています）。

　中小企業向けに書かれた金融検査マニュアル別冊（中小企業融資編）には、役員借入金について次のような内容が記載されています。

債務者区分の判断にあたり、代表者からの借入金について返済を当面要求しないことが認められるのであれば、これを自己資本相当とみることは可能である。しかし、代表者が返済を要求することが明らかとなっている場合（決算書等における代表者からの借入金の推移により確認等）には、これを自己資本相当額とみなすことには問題があると考えられる。

　これを根拠に、銀行の評価を下げずに済んだケースもありますが、銀行によって対応に差があります。「可能である」というだけで、金融庁が銀行に対してそう対応しろと命じるものではなかったからです。

　廃止された現在も、役員借入金を資本金相当に該当するから自己資本としてみなす銀行もありますが、役員借入金を債務として認識する銀行は債務免除してもらって初めて資本とみなすこともあるのです。

　いくら経営者が返済を求めなくても、確約されたものではありません。依然として返済義務を負っているのは間違いないからです。それに経営者が亡くなり相続が発生すると、企業と無関係の相続人は銀行と同等の債権者になり得ます。そう考えると、銀行の有利子負債と同じ扱いと見ることも間違いではないのです。

　取引銀行が役員借入金をどう扱っているのかを確認してもいいでしょう。自己資本と同一とみなしてくれるのであればそのままでもいいかも

しれませんが、そうでない場合は次に述べる方法で解消することも必要
でしょう。

STEP4　役員借入金の解消方法

役員借入金については次の方法で解消することを検討します。

1. 役員に返済

企業が経営者から借り入れた、または経営者への未払い分ですから、
これらを返済します。もっともわかりやすい方法です。とはいえ、そも
そも資金繰りが苦しいために、こんな借入金が発生したので、それだけ
の資金余力はないかもしれません。

2. 役員報酬を減額

資金がなければ役員報酬を減額して返済することを検討します。

役員報酬が月額100万円であれば60万円まで減額し、差額40万円は役
員借入金から返済するような場合です。そうすれば社会保険料や所得税
などを減らすこともでき、経営者が受け取る金額に大きな変化はありま
せん。

ただし、役員報酬は費用になりますが、借入金返済は費用ではないの
で、減額した分だけ利益にはプラスに影響します。したがって、法人税
などの税額に影響を与える可能性があります。赤字決算が続き繰越欠損
金が発生している企業であれば税金発生を抑えつつ、返済ができます。

役員報酬が高額なのであれば、減額する方法で企業は利益面で改善で
きますし、銀行も融資に前向きになりやすいでしょう。

3. 債務免除

資金繰りの都合から企業としては返済が難しく、経営者自身も返済を
求めないのであれば、債務免除を受ける方法があります。経営者からす

れば債権を放棄するということです。企業は借入金を免除してもらえる代わりに債務免除益が発生します。収益が発生するため、法人税が発生する可能性があります。

下のような企業があったとしましょう。資本金1,000万円に利益剰余金▲2,000万円で債務超過額が1,000万円です。負債には役員借入金が2,000万円あります。そこで役員借入金の全額を債務免除益として損益計算書の特別利益に計上すれば、利益剰余金は1,000万円のプラスとなりこのケースでは債務超過が解消されます。

◎債務免除を受けた場合

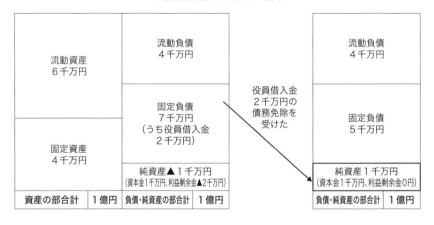

債務免除益によって利益が出ても、それ以上の繰越欠損金が残っていれば、税金負担がなく債務超過を解消できます。ただし、経営者が今まで貸した資金を返済してもらえなくなります。

この方法は過去の赤字によって多額の繰越欠損金が残っており、役員借入金も相当な残高になっている債務超過の企業で有効です。そこで、繰越欠損金を使って法人税を発生させずに債務超過を改善することができます。

銀行が役員借入金を資本金と同等に扱ってくれなかったとしても、これで一応は自己資本比率などの指標が改善されます。

4. 資本金へ振り替え

　役員借入金を資本金に振り替える方法もあります。債務免除と同様に純資産の金額が増加するので、自己資本比率のアップに効果があります。

　先ほどの金額を用いれば、役員借入金2,000万円で増資をしますから、1,000万円の債務超過は解消されます。

　しかし、債務超過の企業が役員借入金2,000万円をそのまま資本金に振り替えるのは問題があります。流動資産及び固定資産の合計額が10,000万円で、すべて換金できる価値があるとします。負債は役員借入金を除くと流動及び固定を合わせれば9,000万円あります。残りは1,000万円です。つまり役員借入金のうち、回収可能額は1,000万円だけになります。

　したがって、下の図では資本金には1,000万円、差額の1,000万円は債務消滅益が発生します。それによって利益が出ても、それ以上の繰越欠損金があれば法人税を発生させずに済みます。

◎増資の場合

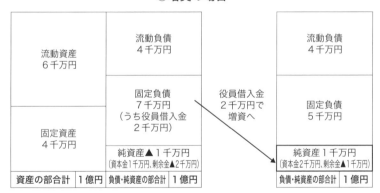

　資本金が増えたことで今後の税金に影響を与えることには注意が必要です。一番わかりやすい税金としては均等割りがあります。

　赤字企業でも発生する地方税は資本金によって税額が決まります。例えば東京都23区内にある企業で、資本金が1,000万円以下かつ従業員数が50人以下なら均等割り額は7万円です。しかし、増資によって1,000

万円超〜10,000万円以下になってしまうと18万円に増加します。それが赤字であっても毎期発生しますから、それを避けたいのであれば先ほどの債務免除を選択したほうがいいでしょう。なお、詳しい税額計算については税務署や顧問税理士などに必ずご確認ください。

5. 銀行が融資で肩代わり

　役員借入金があっても特に業績に問題がなく銀行が融資できる企業であれば、融資をするので役員借入金を返済しようとの提案を銀行がしてくることがあります。

　この提案を受ければ役員借入金を解消でき、経営者には現金が返ってくるメリットはあります。しかし、役員借入金は資本金的な意味合いがあり約定返済は原則不要でしたが、銀行からの借入金になれば毎月返済が発生することに注意が必要です。

　銀行からの借入金残高が増えるため今後の融資が難しくなる可能性もあるため、今後の資金繰りに備えて温存しておくようにしましょう。

STEP5　役員借入金が大きく減少した場合の注意点

　資本金への振り替え、債務免除、あるいは銀行融資によって役員借入金が減ることはありますが、それ以外ではよほど資金繰りにゆとりができない限り、役員借入金が急激に減少することはありません。それらに該当しないにもかかわらず大きく減少していた場合は、決算書の内容を良く見せようと次のような経理処理をしている可能性があります。

1. 不良・架空資産との相殺

　貸借対照表の資産には不良資産（回収不能売上債権など）、あるいは架空資産が存在していることがあります。よくあるのは、倒産先や経営が悪化している取引先からほとんど入金が期待できない売上債権です。あるいは、これまで銀行対策用に粉飾した決算書を作っていれば、架空

資産（特に売上債権や棚卸資産）もあるため、それらの資産と役員借入金を相殺します。

　これにより増加した売掛金ならば削除することで、売上債権回転期間が正常化されますし、余計な資産と負債が減少するので安全性を見るうえで重要な指標、自己資本比率の改善にも寄与します。

2. 売上高に振り替え

　役員借入金の解消方法である債務免除を受ければ、債務免除益が損益計算書の特別利益に計上されることになります。それによって税引後当期純利益は改善されます。しかし、企業の収益力として重視される営業利益や経常利益には何の影響も与えません。

　そこで銀行が重視する営業利益及び経常利益の改善を目的に、債務免除益ではなく売上高として処理してくることがあります。

　それを実行すれば下表の右側のように、当期の売上高は35,884万円から36,430万円、営業利益は369万円から915万円へ、経常利益は94万円の赤字から452万円の黒字へ改善されます。

◎役員借入金を売上高に計上した場合 （千円）

	当期	特別利益に計上	売上高に計上
売上高	358,840	358,840	364,296
売上原価	268,967	268,967	268,967
売上総利益	89,872	89,872	95,328
粗利益率	25.05%	25.05%	26.17%
営業利益	3,692	3,692	9,148
営業利益率	1.03%	1.03%	2.51%
経常利益	−936	−936	4,520
経常利益率	−0.26%	−0.26%	1.24%
債務免除益	0	5,456	0
固定資産売却損	2,400	2,400	2,400
税引前当期純利益	−3,336	2,120	2,120

各利益率に変化なし　　　各利益率が改善

STEP6　役員借入金を使った粉飾の見抜き方

　このように役員借入金が短期間に大幅減少していたら、不正な方法を使って決算書を良く見せようとしている可能性が考えられるので、少なくとも次の点には注意しましょう。

1. 利益率の確認

　債務免除益にすべきものを売上高として処理すれば利益率に異常が出てきます。企業が販売する商品・製品の利益率は短期間でそう大きく変わるものではありません。そこで粗利益率に変化が出るか確認してみましょう。

　「当期の売上高35,884万円＋546万円、売上総利益8,987万円＋546万円」、そこから計算すると、「9,533万÷36,430万×100＝26.17％」です。粉飾する前は25.05％なので、改善していることがわかります。

　今回は1.12％の改善ですが、大赤字でも何とか銀行からの融資を受けたい経営者は、多額の役員借入金を売上高に振り替えてきます。その場合は明らかに利益率に変化が出てくるでしょう。

2. 試算表の確認

　決算書は１会計期間をまとめたものですから、期中の動きはわかりにくいのが欠点です。そこで試算表を提出してもらうことで、役員借入金の異常な動きがないかが確認しやすくなります。STEP2の５で示した表では買掛金との調整により増加したケースでしたが、資産科目との相殺や売上高への振り替えで減少した場合も発見が容易になります。

　次ページのケースは、３月の決算月に役員借入金を売上高に振り替えた場合の試算表です。月商が平均5,000万円、普通預金の入金も出金も同程度だったとしましょう。もし役員借入金を全額返済したら、預金の貸方は10,144万円になり残高は大きく減少することになります。それが

なく売上高が急増していれば、役員借入金を売上高に振り替えたと考えられます。

◎月次試算表の確認

残高試算表
令和7年3月度・貸借対照表　（千円）

勘定科目	前月繰越	当月借方	当月貸方	当月残高
現金	167	200	220	147
預金	60,990	49,800	51,442	59,348
現預金合計	61,157	50,000	51,662	59,495
買掛金	33,338	12,600	13,200	33,938
仕入債務合計	33,338	12,600	13,200	33,938
その他流動負債	34,572	16,755	17,057	34,874
流動負債合計	67,910	29,355	30,257	68,812
長期借入金	125,200	2,087	0	123,113
役員借入金	50,000	0	0	50,000
固定負債合計	175,200	2,087	0	173,113

→

残高試算表
令和7年3月度・貸借対照表　（千円）

勘定科目	前月繰越	当月借方	当月貸方	当月残高
現金	167	200	220	147
預金	60,990	49,800	51,442	59,348
現預金合計	61,157	50,000	51,662	59,495
買掛金	33,338	12,600	13,200	33,938
仕入債務合計	33,338	12,600	13,200	33,938
その他流動負債	34,572	16,755	17,057	34,874
流動負債合計	67,910	29,355	30,257	68,812
長期借入金	125,200	2,087	0	123,113
役員借入金	50,000	50,000	0	0
固定負債合計	175,200	52,087	0	123,113

残高試算表
令和7年3月度・損益計算書　（千円）

勘定科目	前月繰越	当月借方	当月貸方	当月残高
売上高	550,000	0	50,000	600,000
売上高合計	550,000	0	50,000	600,000

残高試算表
令和7年3月度・損益計算書　（千円）

勘定科目	前月繰越	当月借方	当月貸方	当月残高
売上高	550,000	0	100,000	650,000
売上高合計	550,000	0	100,000	650,000

役員借入金の残高が大きく減少していたらぜひ確認してください。

まとめ

- 役員借入金の発生は赤字や資金繰りの悪化など、経営に問題を抱えていることが多いです。
- 役員借入金とはいっても経営者からとは限らず、ノンバンクなどからの資金調達を隠していることもあります。
- 銀行からの資金調達を優先し、経営者個人の現預金は非常時に備えて保有すべきです。
- 増資や債務免除が発生していないにもかかわらず、役員借入金が大きく減少していたら粉飾決算が行なわれた可能性があります。

第19章 「役員報酬」が減少している

損益計算書

役員報酬とは、役員に対して支払われる賞与や退職金以外のもの、つまり役員の給与を処理する勘定科目です。取締役や監査役、会計参与といった企業経営において責任を有する役職に就いている人に支払う報酬のことです。従業員の給与は原則的に全額を費用計上できますが、役員報酬の場合は一定のルールが存在します。

分析のステップ

STEP1 役員報酬は税務上の制約を受ける

STEP2 前期と当期で役員報酬額を比較してみよう

STEP3 儲かっていない企業の役員報酬は減額

STEP4 企業より経営者及び一族の儲けが優先される傾向

STEP5 役員報酬は高額

STEP6 法人と個人と一体で判断

STEP7 役員貸付金及び借入金の増減にも注意

STEP8 その他役員で注意すべきこと

STEP1　役員報酬は税務上の制約を受ける

　経営陣は、自分たちの役員報酬を毎月好き勝手に決めることはできません。役員報酬は法人税法によって大きな制約を受け、事業年度ごとに決めることができますが、期首から3か月以内と制限があります。そして、決めた役員報酬額は原則的に1年間一定額にする必要があります。

　税法上、損金として認められる役員報酬には、定期同額給与、事前確定届出給与、業績連動給与の3種類があります。損金とは法人税法上の費用とお考えください。

1. 定期同額給与

　定期同額給与とは、一定の金額が一定期間支給される役員報酬です。報酬額が変更できるのは原則として期首から3か月以内の年に1回です。

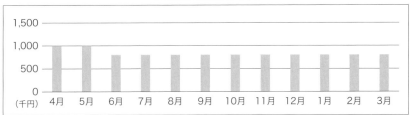

◎定期同額給与の例

　日本企業の多くが中小企業で、かつ同族会社です。業績に応じて変更が頻繁にできるようでは税収に影響を及ぼします。そのため、経営者一族が役員報酬額を頻繁に変更することを避けるため制限が設けられているのです。株主総会のタイミングで定期的に行なわれる改定の他にも、専務取締役から代表取締役になったなどの役員の職位が変更した際は増額でき、資金繰りが極めて厳しく、銀行に返済条件の変更を認めてもらったなどのケースでは、期中でも報酬額を減額変更することが可能です。

言い換えれば、特殊な場合を除いて役員報酬は一定額である必要があります。前ページのグラフでは、5月まで毎月100万円でしたが6月からは80万円になり、その後は一定額になっていることがわかります。減額したものの予想より業績が良くなったために下のように増額しても、増額前と後の差額分40万円（120万円－80万円）は税金の計算上は損金として認められません。

◎期中に増額した場合

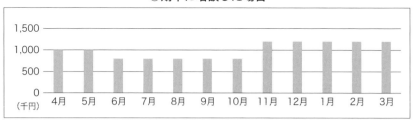

2. 事前確定届出給与

　事前確定届出給与とは、所定の時期に確定した金額を支給できる役員報酬で、役員の賞与に当たるものです。賞与月の6月と12月は増額したい場合、通常は増額分の損金計上はできませんが、「役員報酬に関する決議を行なった株主総会などの日から1か月以内」か「事業年度開始の日から4か月以内」のいずれか早い日までに税務署へ届け出ることで支給が認められます。

◎事前確定届出給与の例

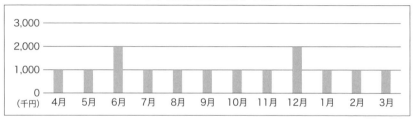

3. 業績連動給与

業績連動給与とは、企業の利益や株価などに応じて支払われる役員報酬です。しかし、「同族会社以外」「有価証券報告書への記載・内容が開示されている」などの厳しい要件があり、ほとんどの企業は適用外となります。

このように役員報酬は税務上の制限を受けます。したがって、今期は経営が好調であると予想されるなら役員報酬は増額、悪化なら減額をしなければ、資金繰りや納税額、そして銀行取引にも影響してきます。

役員報酬額を毎月変更することはできないので、事業年度がスタートした時点で今期の収支計画を策定し、そのなかで役員報酬額を決める必要があります。収支計画の策定を実施している企業は、売上から利益までの計画や目標、そして役員報酬を毎期決定しているため、一般的に経営力が高く、かつ銀行からの評価もプラスに働きます。

しかし、そこまでよく考えずに報酬額を決めている、あるいは役員報酬はずっと同額のままにしている中小企業は少なくありません。

STEP2 前期と当期で役員報酬額を比較してみよう

決算書の損益計算書をご覧ください。当期は前期と比べ役員報酬が減少していることがわかります。

前期		当期	
役員報酬	3,105万円	役員報酬	2,500万円

売上高も同じく前期比で20%減少しています。これだけでは断言できませんが、あらかじめ予想して、役員報酬を減額したと考えられます。業績悪化の局面においては売上増加と費用削減の両方が必要となりますが、売上増加策を実行してもすぐに結果が出るとは限りません。すぐに

収益力の改善をしたいのであれば費用削減です。

　そのなかでも特に手をつけたいのは、支出に占める割合が大きい人件費です。しかし、強引な解雇は労働問題に発展しやすく、給与の引下げや、これまで支給された賞与が出ないとなれば労働意欲に影響を及ぼします。その結果、優秀な社員の退職が増え、かえって業績悪化に向かう可能性が高いでしょう。

　業績悪化に対して役員も経営責任を取る必要があるので、人件費で一番手をつけやすく、かつ削減効果があるのが役員報酬なのです。

STEP3　儲かっていない企業の役員報酬は減額

　役員報酬の減額理由について考えてみます。

1. 経営悪化

　これまで述べたように減額理由のほとんどは経営の悪化です。経営が悪化すれば通常は減額して利益を出そうとし、下のように見通しが厳しいものなら役員報酬を減額して対応します。

◎利益と役員報酬の関係

(千円)

	実績	実績	実績	実績	予想1年目	予想2年目
売上高	100,000	100,000	90,000	80,000	80,000	75,000
売上総利益	30,000	30,000	27,000	24,000	24,000	22,500
役員報酬	10,000	10,000	10,000	10,000	10,000	10,000
その他費用	16,000	16,000	16,000	16,000	16,000	16,000
営業利益	4,000	4,000	1,000	−2,000	−2,000	−3,500

(千円)

	減額後	減額後
売上高	80,000	75,000
売上総利益	24,000	22,500
役員報酬	7,000	5,500
その他費用	16,000	16,000
営業利益	1,000	1,000

役員報酬を減額して赤字を回避

利益が出れば法人税などの税金を納める必要が出てきますが、赤字の場合は均等割りという地方税しか発生しません。東京都23区に本店がある企業を例にすると、資本金が1,000万円以下かつ従業員が50人以下の企業なら7万円です。仮に役員報酬額を減額せず赤字幅を増やしても税金には何ら影響がありません。人件費ですから消費税額を減らす効果もありません。

そのため、経営者自身の役員報酬を減額することで、個人の税金や社会保険料の削減ができ、銀行との付き合いにもプラスに働きます。特に2期以上連続して赤字になるようであれば、銀行内の審査も慎重になるため、役員報酬の減額に向けて行動するでしょう。

逆に役員報酬を増額している企業は、仮に増額した役員報酬が原因で赤字になっていても、増額するだけの根拠があったはずです。

2. 繰越欠損金の活用

業績の好不調に関係なく、役員報酬は**繰越欠損金**の影響を受けることがあります。ここで、繰越欠損金について簡単に説明します。

企業が法人税を計算する際、決算書の利益に対して法人税法のルールによって調整した税務上の利益（**所得**といいます。ここでは利益＝所得と仮定します）を算出し、それに法人税率をかけて税額を計算します。

利益が出れば税率をかけて法人税が計算されますが、赤字の場合もあります。その赤字は一部の例外を除き、青色申告をしている企業であれば10年間繰り越すことができます。それが繰越欠損金です。なお、繰越しは10年間しか認められず、それ以降は切り捨てられます。

次ページ①の企業は繰越欠損金が累計で300万円あることがわかります。そして、それは今後の利益と相殺することができます。

②の繰越欠損金がない場合、税率を35％と仮定すれば、100万円の利益に対して、35万円の税額が発生します。しかし、繰越欠損金がある③の場合、利益と相殺されるため、法人税は発生しません（地方税の均等割りのみ）。

繰越欠損金がいくらあるかは、法人税申告書の別表1に合計額が、別表7には各事業年度の欠損金額、そして合計額が記載されています。

　もし③のような企業が、翌期に繰り越せない欠損金が300万円あったとしましょう。その場合、利益は100万円ですから200万円は繰り越せず無駄になってしまうのです。

　欠損金がある企業で、経営者の節税意識が高い場合、役員報酬を減額して利益を捻出し繰越欠損金を無駄なく使おうと行動するのです。

◎①繰越欠損金がある場合

（千円）

		2021年3月期	2022年3月期	2023年3月期
損益計算書	売上高	90,000	90,000	90,000
	売上総利益	27,000	27,000	27,000
	役員報酬	10,000	10,000	10,000
	その他費用	18,500	18,000	17,500
	利益	−1,500	−1,000	−500

（千円）

別表7	繰越欠損金	−1,500	−1,000	−500
	欠損金累計額	−1,500	−2,500	−3,000

②繰越欠損金がない場合

（千円）

		2024年3月期
損益計算書	売上高	90,000
	売上総利益	27,000
	役員報酬	10,000
	その他費用	16,000
	利益	1,000
法人税等		350
税引後利益		650

税率は35％と仮定（均等割は考慮せず）

③繰越欠損金がある場合

（千円）

		2024年3月期
損益計算書	売上高	90,000
	売上総利益	27,000
	役員報酬	10,000
	その他費用	16,000
	利益	1,000
法人税等		70
税引後利益		930

利益は100万円出ているが、繰越欠損金300万円があるので法人税は0円。均等割り（ここでは7万円）のみとなる

3. 期中の減額について

　基本的には期中に役員報酬を減額することは認められませんが、企業の経営状況が著しく悪化し、第三者の利害関係者（株主、債権者、取引

先など）との関係上、役員報酬を減額せざるを得ない事情が生じていれば期中でも認められます。

国税庁から平成20年12月（平成24年４月改訂）に出された「役員給与に関するＱ＆Ａ」において、業績悪化改定の理由として次の３つを例示しています。

①株主との関係上、業績や財務状況の悪化についての役員としての経営上の責任から役員給与の額を減額せざるを得ない場合
②取引銀行との間で行われる借入金返済のリスケジュールの協議において、役員給与の額を減額せざるを得ない場合
③業績や財務状況又は資金繰りが悪化したため、取引先等の利害関係者からの信用を維持・確保する必要性から、経営状況の改善を図るための計画が策定され、これに役員給与の額の減額が盛り込まれた場合

①は同族会社の多い中小企業ではそう多く生じないですが、②や③では債権者の支援を得るために、経営改善計画を策定し、経営者自らの責任として減額が必要になるでしょう。

これら経営に大きな問題が発生した場合は期中での減額が認められますが、「資金繰りがラクではない」あるいは「赤字になりそうだから」という程度で減額することはできません。会計上は減額するのはかまいませんが、法人税法上は減額前後の差額は損金とならないのです。

STEP4　企業より経営者及び一族の儲けが優先される傾向

中小企業の特徴は、経営者やその一族がすべての株式を保有することが多いことです。株主であり経営のトップですから、自分たち個人の収入を最大化することを意識する傾向にあります。

そのための方法として役員報酬が一番大きいのですが、それ以外にも次の方法で個人に資金を流すことが考えられます。

1. 地代家賃

経営者が保有する不動産を企業に貸し付けて収入を得ているケースがあります。賃貸収入を得ることは問題ありません。企業は地代家賃として費用計上し、節税ができます。地代家賃は勘定科目内訳明細書で貸主の名前や住所、借りている場所や住所、目的が書かれるので、経営者あるいは一族の名前があれば、家賃収入を得ていることがわかります。

賃料は、本来であれば不動産価値の影響を受けて決まり、企業業績とは無関係なはずです。しかし、業績が好調だと高く設定し、悪化してくると役員報酬を減らすだけでなく、地代家賃も減額している可能性があります。役員報酬と同じく地代家賃の動きも確認しましょう。

2. 配当金

経営者が自身の収入のために多額の役員報酬を取るだけでなく、株主であれば配当金を受け取ることも可能だと考えるかもしれません。

そのとおりでたしかに受け取ることもできますが、中小企業においてはその方法はあまり使われません。なぜなら、企業が配当を行なっても、費用として処理できず、節税には役に立たないからです。法人税を減らしながら経営者個人に利益が移転できるようにしたいと考えるため、あまりメリットがないわけです。

逆にいえば、中小企業でも配当を実施している企業は、不特定多数の株主がいて、上場企業のように経営陣をしっかり管理できている企業と考えられます。

3. その他

一部の同族会社では、家族や知り合いとの食事代を会議費や交際費、福利厚生費に含めたり、経営者個人が購入したものを取引先などへのプレゼントとして処理したりすることがあります。これも役員報酬と同じく、経営が好調なら増加し、不調なら減少する傾向にあります。個人的な支出ですから、本来は費用として（もちろん税法上も）認められません。

STEP5　役員報酬は高額

　中小企業の経営者の平均的な年収は、日本実業出版社『「役員報酬・賞与・退職金」「各種手当」中小企業の支給相場2023年版』によると、2022年に調査した結果は平均1,900万円です。私が勤めた銀行は小規模企業が多かったため、やや高い印象ですが、コンサルタントとしてお手伝いしている顧問先企業を見ると、この水準の企業は多くあります。

　従業員の平均年収460万円（国税庁より）に比べると大きな差があります。業績が悪く借入金の返済が滞りがち、またはリスケジュール中なら、「役員報酬を減額して返済に回せ」となるかもしれません。しかし、業績に問題がなければ、中小企業経営者は相当なリスクを負っているので、高額な役員報酬でも誰も口をはさむことはできません。

　徐々に経営者保証や担保を取らない方向に進みつつありますが、経営者が自宅などの不動産を担保に入れ、連帯保証人になりながら経営をしている企業は多いです。経営者はいざとなれば自身の役員報酬を大幅に削減して自社を守ります。その責任の重さを考えれば、上記の役員報酬もそう高額とはいえないでしょう。

　また、銀行の立場からすると、役員報酬は基本的には高いほうが評価されます。なぜなら、役員報酬が高額でも利益が出ていれば、業績が悪化した時には自身の判断で大幅に削減することも可能だからです。さらに、経営者は高額な役員報酬を受け取りながら、それを万が一のために個人資産で保有してくれていれば、返済が困難になった時も法人ではなく個人で返済できる能力があると見ます。

　したがって、儲かっている時に高い役員報酬を受け取り、しっかり預金などの個人資産として貯蓄しておくのが賢い経営者です。銀行からいつでも融資が出るような良好な関係を日頃から築いていても、大口の取引先からの入金が遅れるなどの理由で資金繰りが狂うことがあります。

　資金繰りが狂うと、銀行のみならず従業員や取引先から信用を失うか

もしれません。

　万一に備えて貯蓄をしている経営者は、急な資金ショートにも対応できるため、銀行はプラスに評価しますし、リスケジュールなどが原因で銀行から融資が出なくなったとしても、使える資金があれば企業の再生にも大きなメリットがあります。

　経営は順調な時ばかりではありません。悪い時もあります。非常時に対応できるよう備えておくことです。

STEP6　法人と個人と一体で判断

　決算書を見て、「赤字だからただちに倒産が近い企業」と判断するのは正しいとはいえません。なぜなら、利益の3割超を税金で納めなければならず、利益を出したくないと考えている経営者も多いからです。特に同族会社であれば経営責任を問われることもないので、極力利益を減らして、できるだけ自分の報酬を得たい、そのためなら赤字でも構わないと考える経営者も多いのです。

　銀行からすれば、役員報酬が高額で赤字だった場合、収益力が低く返済ができるのか不安になるのは仕方がありません。しかし実際には、役員報酬が高いことが理由で赤字の場合、返済不能になるリスクはそれほど高くありません。

　法人と個人は一体と見て、利益だけでなく、役員報酬も含めて考えるべきです。たとえ赤字でも、多額の役員報酬を受け取っていれば、経営は悪化しているとは限らないのです。むしろ、業績の悪化時には、役員報酬を減額し、税金や社会保険料を削減しつつ、自己資金を投入し、資金繰りの改善を図ることができます。

　一方で、注意すべきは業績悪化が続き、それに伴い役員報酬も年々減少傾向が続いている、次ページのような場合です。

　2019年度と2020年度は役員報酬が1,000万円以上ありますが、2021年度には500万円まで減額して役員報酬と営業利益の合計がたった300万円

のプラスです。借入金にもよりますが、すでに返済が苦しいでしょうし、経営者が十分に役員報酬を受け取れないような資金繰りになっている可能性が高いでしょう。

そして、2022年度以降のように役員報酬を大幅に減額しても、「利益＋役員報酬」の合計額が少額になったり、マイナスになったりするようでは、経営はかなり苦しく倒産に近いと考えられます。役員報酬を減額しても利益計上が追いつかないようでは倒産が近い兆候です。

その頃には赤字計上だけでなく手持資金の減少により極めて資金繰りは悪化しますし、借入金の増加が見られます。

生活できないレベルの役員報酬であれば、生活費が企業の資金から流れている、さらには個人的な銀行以外からの借入れも増えている可能性があります。そのような企業との取引には慎重になる必要があります。

◎役員報酬と利益のバランス

（千円）

	2019年度	2020年度	2021年度	2022年度	2023年度	2024年度
売上高	100,000	80,000	60,000	50,000	40,000	40,000
売上総利益	30,000	24,000	18,000	15,000	12,000	12,000
役員報酬	20,000	10,000	5,000	3,000	3,000	1,000
その他費用	15,000	15,000	15,000	15,000	15,000	15,000
営業利益	−5,000	−1,000	−2,000	−3,000	−6,000	−4,000
役員報酬＋営業利益	15,000	9,000	3,000	0	−3,000	−3,000

STEP7　役員貸付金及び借入金の増減にも注意

業績が悪化して赤字が続いている場合や、赤字転落が明らかである場合には、役員報酬を削減して収益力と資金繰りの改善を図ります。

しかし、自分の手取り額を減らしたくないと考える経営者は、他の勘定科目を使って自分に流そうとします。例えば、損益計算書なら交際費などに経営者の個人的な使用分が含まれていることがあります。

ただ、それでは費用が増加するため、役員報酬を減額した意味があり

ません。そこで貸借対照表の勘定科目を使うようになります。

　主に貸付金の残高が増加、あるいは借入金が減少する動きが見られるかもしれません。役員報酬の減額分を別途、企業の手持資金から経営者個人に流すのです。それを貸付金として処理すれば費用が増えることはありません。これまで企業に貸付けてきた分（企業からすれば借入金）があるのであれば、それを経営者に返済することも可能です。あるいは資金繰りが苦しいために役員報酬を受け取れていない場合は、未払金が計上されているでしょうから、それを支払った処理にすることも考えられます。

　その結果、損益計算書はキレイになっても、経営者個人に流れた資金は役員報酬減額前と変わらないということなのです。

　下の図は役員報酬と役員貸付金の動きを表しています。役員報酬が減額されるにつれて貸付金残高が増加していることがわかります。

◎役員報酬が減額されたら他勘定科目の動きにも注意

損益計算書　　　　　　　　　　　　　（千円）

	前々期	前期	当期
役員報酬	10,000	8,000	4,000

400万円減額

貸借対照表　　　　　　　　　　　　　（千円）

	前々期	前期	当期
役員貸付金	0	2,000	6,000

400万円増加

減額した報酬の分だけ経営者への貸付金などが増加していたら、実態は減額していないのと同じ。注意が必要です。

　キャッシュフロー計算書であれば、より動きが明らかです。

　次ページのように、税引前利益が０円の企業が、役員報酬を400万円減額したとします。これにより営業キャッシュフローは500万円のプラスに改善されたものの、経営者への貸付金が同額発生したため、銀行への返済原資になるフリーキャッシュフローは100万円のままであることがわかります。

仮にこの企業が銀行に、リスケジュール（返済条件の変更）の相談を
して、提出された経営改善計画書のなかに役員報酬の減額を盛り込んで
いたとします。しかし、実際には今までどおりの金額を受け取っていた
ことがわかれば、銀行としても良い感情は持たないでしょう。

損益計算書を見て、約束どおりに削減されているからと安心はできな
いのです。「経営者責任として自分の役員報酬を減額すれば銀行も納得
するだろう。でも自分の生活レベルは下げたくないから別の勘定科目で
自分に資金を流そう」、そんなふうに考える経営者もいます。そのため、
銀行は役員報酬以外で資金の流れが発生していないかよく確認します。

◎キャッシュフロー計算書をチェック　（千円）

	役員報酬減額前	役員報酬減額後
税引前利益	0	4,000
減価償却費	1,000	1,000
営業キャッシュフロー	1,000	5,000
貸付金の増加	0	−4,000
投資キャッシュフロー	0	−4,000
フリーキャッシュフロー	1,000	1,000

※営業キャッシュフロー：本業で稼ぎ出した資金
※投資キャッシュフロー：投資活動（固定資産の取得や売却、有価証券の取
　得や売却、貸付けや貸付金の回収）で使ったあるいは得た資金
※フリーキャッシュフロー：営業キャッシュフローから投資キャッシュフロ
　ーを差し引いたもの。

STEP8　その他役員で注意すべきこと

役員報酬は、税務や銀行取引に影響がある勘定科目ですが、他にも役
員について次のような点に注意が必要です。

1. 経営者より保有株式や出資額が多い役員がいる

中小企業では、経営者が株の大半を保有し強い権限を持つ「ワンマン
経営」が多いです。何となく経営者の好きにできる悪いイメージを持つ

かもしれませんが、迅速に意思決定ができるメリットがあります。

一方で、経営者よりも保有する株数が多い人物がいる場合、実際の経営者はその人であり、経営に大きな影響力を持っている可能性があります。意思決定がスムーズにいかない企業であると見られかねません。

2. 反社会的勢力の存在や過去に銀行などとトラブル

反社会的勢力の人物が役員におり、それが銀行にバレたりすれば銀行からの資金調達はできません。経営者なら誰もが知っていることかと思いますが、それ以外にも過去に銀行や信用保証協会とトラブルになった人物が役員に就任していないかにも注意が必要です。

これは私が過去に経験したことで、複数人が出資し取締役になった企業がありました。初めての融資申込みで、メインバンクからは信用保証協会の利用を求められたのですが、保証協会の担当者からは、「個人情報なので具体的に誰とはいえないのですが、今回保証するにあたり問題になる方がいます」という回答でした。

役員が集まり内容を報告すると、自分だと名乗り出てくれた役員がいました。役員辞任そして株主からも降りてもらいましたが、「社員としてあるいは外注先として関係が続いているのでは？」との疑いが晴れるまで数か月かかりました。

このような理由から、安易に役員や株主になってもらうのは避けたほうがいいでしょう。

まとめ

- 中小企業においては、企業の利益よりも経営者やその一族の儲けが優先される傾向にあります。
- 高額な役員報酬が原因での赤字なら、倒産の可能性はそれほど高いとはいえません。
- 役員報酬以外にも、貸付金などの勘定科目で経営者に資金が流れていることがあります。

第20章
「減価償却費」が少額で計上されている

損益計算書

費用	売上原価
	販管費
	営業外費用
	特別損失
	税金他

収益	売上高
	営業外収益
	特別利益

建物、機械、車両など、長期にわたって使用できる固定資産は、収益を得るために使用する過程で徐々にその価値が減少していきます。そして、いずれは使用できなくなります。その価値の減少を減価といい、減価額を費用として計上する手続きを減価償却といいます。減価償却により費用として計上した価値減少分が減価償却費です。

分析のステップ

STEP1 減価償却費について知る

STEP2 定額法と定率法、直接法と間接法

STEP3 会計と税務で対応が異なる

STEP4 減価償却費が未計上・少額計上になっていないか

STEP5 別表16や固定資産台帳を確認する

STEP6 未計上や少額計上は粉飾によるもの

STEP7 返済能力でプラスされる費用

STEP8 減価償却費の計上について

STEP1 減価償却費について知る

　減価償却という言葉自体は知っていても、理解するには難しいと感じる方が多いようです。簿記検定や決算書の見方を学ぶ際、つまずく原因の1つでもある減価償却について、説明をします。

1. なぜ減価償却が必要か

　機械、建物、車両などの固定資産は、毎年買い替えるようなことはせず何年間も使い続けることがほとんどです。そして、使い続けるうちに金銭的価値は減少していきます。

　例えば10年使える機械を9,000万円で購入しても、10年後には資産価値は0円、あるいはそれに近い金額でしか売却できない価値になっていきます。仮に、9,000万円の機械が10年後には1円の価値しかないとなると、毎年900万円の価値の減額を決算書に計上します。

　減少分を費用として計上するために「減価償却費」という勘定科目が必要になります。「減価償却費900万円／機械装置900万円」の仕訳で減価償却費を計上し、貸借対照表の機械の金額を減少させていくのです。

　これは各期の正しい利益を計算するためにも必要になります。下図①のように購入した期で全額費用計上してしまうと、1期目だけ売上総利益が大きく減少し、それ以降は多くなってしまいます。

◎①もし購入時に全額を費用計上したら

	1年目	2年目	3年目	4年目	5年目
売上高	300,000	300,000	300,000	300,000	300,000
原材料	100,000	100,000	100,000	100,000	100,000
給与	40,000	40,000	40,000	40,000	40,000
減価償却費	90,000	0	0	0	0
その他費用	30,000	30,000	30,000	30,000	30,000
売上総利益	40,000	130,000	130,000	130,000	130,000

機械を同じだけ稼働させて売上が発生しているのであれば、下図②の
ように均等に減価償却費を計上したほうが、各期の正しい利益を表示し
ているといえるでしょう。

◎②10年間で均等に減価償却費を計上したら

	1年目	2年目	3年目	4年目	5年目
売上高	300,000	300,000	300,000	300,000	300,000
原材料	100,000	100,000	100,000	100,000	100,000
給与	40,000	40,000	40,000	40,000	40,000
減価償却費	9,000	9,000	9,000	9,000	9,000
その他費用	30,000	30,000	30,000	30,000	30,000
売上総利益	121,000	121,000	121,000	121,000	121,000

2. 耐用年数について

　固定資産が使える年数は、使用時間や使用する環境、定期的なメンテ
ナンスによって、まったく同じ固定資産でも大きく異なるはずです。

　故障して使えなくなるまで使い続ける企業もあれば、資金に余裕があ
り短期間で買い替える企業もあります。

　そのため、企業ごとに年数を決める考え方もありますが、それでは課
税の公平性の観点から問題があります。儲かっている企業は節税のため
に、年数を短くして減価償却費を多額に計上しようとし、赤字の企業は
できるだけ年数を長期化して減価償却費を少額に抑えたいと考えるから
です。

　そんな恣意性を排除するべく、原則として税法では画一的に定めた年
数に従うことを要求しています。それが耐用年数です。耐用年数は固定
資産ごとに細かく定められています。国税庁ホームページには、車両運
搬具のなかでも、一般的な営業車は6年、小型車なら4年と細かく掲載
されています。

　また、企業が耐用年数に従わず、都合の良いように減価償却の金額を
計算していても、法人税額を計算する際、限度額を超過する分を調整す

る必要があります。なお、逆に償却不足額が発生しても、翌期の償却限度額に上乗せをすることはできません。

例えば、下のように減価償却費の限度額が100万円にもかかわらず、企業が400万円を計上していたとします。この場合、超過分の300万円を法人税の計算時に加えて調整するのです。これにより、税額を計算する際の利益（所得金額）はどちらも500万円になり、納めるべき法人税額は同額になります。そのため、減価償却費の金額分、最終利益に差が出る結果となります。

いずれにしても支払うべき法人税額は変わりませんし、利益に影響が出ないよう多くの企業が、耐用年数に従い減価償却費を計上するのです。

◎減価償却費を限度額以上に計上した場合

	限度額まで計上	限度額を超えて計上	
減価償却費	1,000千円	4,000千円	← 限度額は100万円、300万円超過
決算書の税引前利益	5,000千円	2,000千円	
加算	0	3,000千円	← 超過分300万円が税金の計算時に加算
所得金額	5,000千円	5,000千円	
法人税額（税率35%）	1,750千円	1,750千円	← 納めるべき法人税額は同額

決算書

税引前利益	5,000千円	2,000千円	
法人税額	1,750千円	1,750千円	
決算書の税引後利益	3,250千円	250千円	← 最終利益に差が出てしまう

STEP2　定額法と定率法、直接法と間接法

減価償却費の計算には定額法と定率法があります。

1. 定額法

定額法とは、次ページの棒グラフのように減価償却として毎期均等額を費用計上する方法です。

つまり固定資産の資産価値は一直線に減少します。特徴としては、計

算がわかりやすく、毎期均等に償却費を計上することができるメリットがあります。

◎定額法における償却額と残存価額の推移

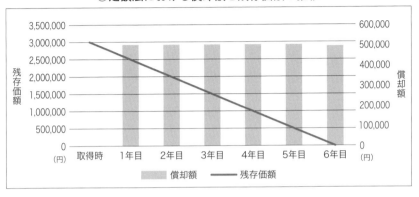

2. 定率法

定率法とは、毎期同じ償却率で償却する方法です。下の棒グラフのように、初期に多額の減価償却費が発生します。そのため、折れ線グラフのように資産価値の初期の減少が定額法よりも大きいのが特徴です。

償却率は、耐用年数に応じて定められています。例えば、耐用年数が5年なら0.400、6年なら0.333です。期首の未償却残高にこの償却率を乗じて減価償却費を計算します（期中なら取得額）。

◎定率法における償却額と残存価額の推移

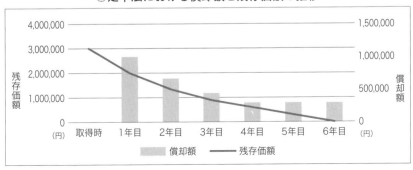

定額法と定率法によって、減価償却費と利益の対応はどのように変わるのか、耐用年数10年、9,000万円の機械で比較してみます。

　定額法であれば減価償却費は900万円になり、定率法であれば、1年目は1,800万円、2年目は1,440万円と、徐々に減少していきます。

◎定額法と定率法による償却額・利益の違い

定額法	1年目	2年目	3年目	4年目	5年目
売上高	300,000	300,000	300,000	300,000	300,000
原材料	100,000	100,000	100,000	100,000	100,000
給与	40,000	40,000	40,000	40,000	40,000
減価償却費	9,000	9,000	9,000	9,000	9,000
その他費用	30,000	30,000	30,000	30,000	30,000
売上総利益	121,000	121,000	121,000	121,000	121,000

定率法	1年目	2年目	3年目	4年目	5年目
売上高	300,000	300,000	300,000	300,000	300,000
原材料	100,000	100,000	100,000	100,000	100,000
給与	40,000	40,000	40,000	40,000	40,000
減価償却費	18,000	14,400	11,520	9,216	7,373
その他費用	30,000	30,000	30,000	30,000	30,000
売上総利益	112,000	115,600	118,480	120,784	122,627

	メリット	デメリット
定額法	①同じ金額を償却するので計算がわかりやすい ②定率法より初期の償却費が少なく利益を出しやすい	①固定資産の実態価値を反映しているとはいえない ②初期の節税効果があまり期待できない
定率法	①使用した時点で、中古品となり資産価値が一気に下がるため、貸借対照表に実態に近い金額が反映される ②故障せず稼働し多くの収益が得られる初期に償却額が多く、故障が増え能力が低下する経過に沿って徐々に逓減する効率的な費用配分が可能 ③固定資産導入直後は多額の減価償却費が発生し高い節税効果が得られる	①定額法より計算が複雑 ②初期に発生する多額の減価償却費で赤字になりやすい ③売上高が毎期同程度でも、減価償却費が一定ではなく、各期の利益が異なる

3. 定率法を選択する傾向が強い

建物（平成19年4月1日以後取得）、建物付属設備及び構築物（平成28年4月1日以後取得）、無形固定資産は定額法のみとなっています、それ以外の固定資産は定額法と定率法どちらかを選べます。

法人は税務署に届け出なければ、「定率法」で計算することになります。税理士は顧問先の節税を第一に考える傾向が強く、定率法を選択していることが多いです。しかし、中小企業の半数以上は赤字決算です。節税を気にするほど利益が出ていない企業も多いので、定額法を選択する方法もあり、税務署への届け出で定率法から定額法へ変更できます。

銀行は融資先からこのような変更がなされた決算書を受け取ったらどう評価するかについてですが、変更によって利益を出そうとする方法が審査においてマイナスに見られるのではと気になるかもしれません。

たしかにそのような見方もできます。しかし、償却方法の変更は認められている手続きですし何ら違法なことではありません。その限度額で減価償却を行なっているのであれば、それほど大きな問題にはならないと考えられます。

4. 直接法と間接法

減価償却の仕訳方法には**直接法**と**間接法**の2種類があります。

■直接法

直接法とは、減価償却費を固定資産から直接に減額する方法です。

9,000万円の機械に対して発生した減価償却費（定率法）を1,800万円直接減額するので、機械装置の残高は7,200万円となります。

■間接法

間接法とは、資産の取得額は購入時のまま、資産のマイナス勘定科目として減価償却累計額を使用します。固定資産は減額されないので、機械装置の残高は9,000万円のままです。

363

直接法と間接法は、どちらを使用しても間違いではありませんが、資産の取得価格と現在の減価償却累計額の両方が記載されているほうが、見やすいというメリットはあるでしょう。

STEP3　会計と税務で対応が異なる

これまで減価償却費について説明してきましたが、実は税法上は、減価償却費の計上は任意とされています。計上してもしなくても問題はありません。会計上のルールである「企業会計原則」では償却限度額まで計上することが求められますが、これは法律ではないので特に罰則はありません。

中小企業にとって、決算書を作成する目的は、税務申告と銀行融資が大きいでしょう。減価償却費を全額計上しなくても税務署から何かいわれることもなく、費用を計上しないので利益が生じた決算書を銀行に提出できるため、利益を見て償却額を調整する中小企業は多いのです。

本来、減価償却は規則的に行なわれる必要があります。その時々によって償却額を増減することは期間損益計算をゆがめることになります。

STEP4　減価償却費が未計上・少額計上になっていないか

決算書を確認すると、減価償却費の合計額が前期2,973万円から当期1,270万円へと減少しています。

前期		当期	
（製造） 減価償却費	2,865万円	（製造） 減価償却費	1,210万円
（販管費） 減価償却費	108万円	（販管費） 減価償却費	60万円

減価償却費が前期よりも大幅に減少していたら限度額まで償却していない可能性があります。

前期よりも売上高が減少したために売上総利益は減少していますし、販管費も大幅に削減されて、ようやく営業利益が369万円のプラスになっています。したがって、これだけを見ても製造原価の減価償却費を大幅に削減している可能性が高いでしょう。減価償却費が限度額まで計上されているかの確認方法を見ていきましょう。

STEP5　別表16や固定資産台帳を確認する

減価償却費を耐用年数から求めた償却限度額まで計上しているかは、決算書の個別注記表に記載される可能性もありますが、減価償却不足を注記していることはまずありません。

1. 別表16

減価償却費の状況を確認するためには、まず法人税申告書のなかにある別表16を確認しましょう。

別表16には固定資産ごとに、資産名、取得日、取得価額、減価償却方法、法定耐用年数、取得価額、減価償却限度額そして償却額、減価償却不足額あるいは超過額などが記載されます。

もし償却不足額の欄に数値があれば、限度額まで計上せず利益調整が行なわれているということになります。

当期分の償却限度額は税務上の限度額であり、当期償却額は損益計算書に計上した額です。それが一致しておりその下の償却不足額に何も記載がなければ問題ありません。

しかし、税理士だからといって丁寧に申告書を作成しているとは限りません。不足額があることがバレないよう、当期償却額だけが記載されて、限度額が記載されていないこともあります。

◎別表16に償却不足額がないか注意

			限度額まで 償却した場合	限度額全額を 未計上	限度額の 一部を未計上
当期分の償却限度額	当期分の普通償却限度額等	30	18,000,000	18,000,000	18,000,000
	特別償却又は割増償却による特別償却限度額 / 租税特別措置法適用条項	31	0		
	特別償却限度額	32	0		
	前期から繰り越した特別償却不足額又は合併等特別償却不足額	33	0		
	合計	34	18,000,000	18,000,000	18,000,000
当期償却額		35	18,000,000	0	5,000,000
差引	償却不足額	36	0	18,000,000	13,000,000
	償却超過額	37	0		

ここをよく
確認しましょう。

2. 固定資産台帳の確認

　別表16でわからない場合、固定資産台帳を提出してもらいましょう。会計ソフトに固定資産を管理する機能がついていることがありますし、エクセルなどを使って管理している企業もあります。

　別表16と同じように資産ごとに資産名、取得日、償却方法、耐用年数、取得価額、減価償却費、期末帳簿価額などが記載されています。

　別表16がいい加減に作成されていたとしても、この台帳は正確な内容を管理する目的に作成されるため、償却不足がわかり、提出を渋るようであれば粉飾の疑いが濃厚です。

　また、下のＡ会社のような例であれば固定資産の減価償却費を未計上にしたことがわかります。このように０円になっていれば未計上が明確なのですが、少額の計上、例えば1,800万円の限度額を900万円とされてしまうと見落とす可能性があります。過去の別表16や固定資産台帳を参考にして、異常に少額でないか確認してください。

◎固定資産台帳の例

管理番号	勘定科目	資産名	数量	取得年月日	償却方法	耐用年数	取得価額	期首帳簿価額	期中増加資産	期中減少資産	当期償却額	期末帳簿価額	償却累計額
1	機械装置	A機械	1	令和6年4月1日	定率法	10	90,000,000	90,000,000	0	0	18,000,000	72,000,000	18,000,000
2	車両運搬具	B車両	1	令和6年4月1日	定率法	6	3,000,000	3,000,000	0	0	999,000	2,001,000	999,000

[A会社]

管理番号	勘定科目	資産名	数量	取得年月日	償却方法	耐用年数	取得価額	期首帳簿価額	期中増加資産	期中減少資産	当期償却額	期末帳簿価額	償却累計額
1	機械装置	A機械	1	令和6年4月1日	定率法	10	90,000,000	90,000,000	0	0	0	90,000,000	0

減価償却費未計上の場合

3. 耐用年数を調整する場合も

　減価償却費を使った粉飾は、限度額より金額を抑える場合がほとんどですが、他に耐用年数を意図的に長くしている場合もあります。銀行員は限度額や実施額だけに目が行きがちです。それはやむを得ないことかもしれません。そこを狙って、実際は10年の耐用年数を15年として処理することで、償却額を抑えようとします。

　過去に同じ固定資産が同じ耐用年数になっているか、他社とも見比べてみるといいでしょう。

[B会社]

管理番号	勘定科目	資産名	数量	取得年月日	償却方法	耐用年数	取得価額	期首帳簿価額	期中増加資産	期中減少資産	当期償却額	期末帳簿価額	償却累計額
1	機械装置	A機械	1	令和6年4月1日	定率法	15	90,000,000	90,000,000	0	0	11,970,000	78,030,000	11,970,000

耐用年数10年を15年にすると
限度額1,800万円を大幅に減らせる

4. 限度額まで計上して利益を再度計算

　製造原価報告書には前期2,865万円の減価償却費がありましたが、別表16や固定資産台帳から当期の償却限度額も前期と同額だったとしましょう。前期との差額は1,655万円です。

　その結果、当期の損益計算書は、営業利益は369万円でしたが1,286万円の赤字、経常利益は94万円の赤字が1,749万円まで拡大することがわかりました。

STEP6　未計上や少額計上は粉飾によるもの

　償却限度額まで計上されていなければ、利益調整、つまり粉飾決算が行なわれています。小規模企業ならそう頻繁に固定資産を購入できず、減価償却が終了しても使い続けることはありますが、その他多くの企業では適度に設備を買い替えるため、減価償却費が定率法によって減少し続けることはあっても、0円になることはまずないでしょう。

1. 減価償却費を使った粉飾は見つかりやすい

業績が悪化した際、減価償却費を減額したり未計上にしたりして、何とか利益を出そうとする企業は多いです。

減価償却費は法人税法上任意となっていることもあり、それほど悪いという認識がないのか、非常に頻繁に行なわれる粉飾の手法です。この粉飾決算には次のデメリットがあります。

①利益が増えるため、本来納めるべき以上の法人税が発生する
②銀行員は減価償却費の計上額をよく確認するため見つかりやすい
③見つかれば限度額まで償却したとして決算書を見られる

このように余計な納税額は発生し、見つかる可能性が極めて高いので、未計上はデメリットしかありません。それでも減価償却費による利益調整を行なうのには、銀行からの強い要求による影響があります。銀行の担当者は自分の融資先に対して、利益を出した決算書を要求することがあります。

「赤字だから融資が不可能」というわけではありませんが、業績は好調なほうが承認を得やすくなります。効率良く営業目標をクリアするにはそのような要求をするのです。銀行からはお願い程度でも、経営者からすれば今後の資金調達に影響があるのではないかと、かなり強いプレッシャーを感じる方もいます。そんな時、あまり悪質な粉飾をしたくない経営者は減価償却費を使って調整するのです。

2. 償却予定額の把握

会計ソフトや償却資産管理ソフトで固定資産を管理していれば、今後の償却予定額を出力する機能もついているので、銀行はそれを提出してもらうことで今後の少額計上をけん制することができます。あるいは決算が近くなってきたら、「今期も前期ぐらいの償却費になりますかね」などと減価償却費について確認することも有効でしょう。

STEP7 　返済能力でプラスされる費用

　減価償却費は、固定資産を耐用年数に応じて分割し費用化していくだけなので、現金支出を伴う費用ではありません。損益計算書の利益が仮に0円でも、減価償却費の分は現金が残ります。

　そのため、第10章でご紹介した借入金の返済能力を計算する「債務償還年数」や「EBITDA有利子負債倍率」の計算式では、減価償却費が必ず加えられています。

- 債務償還年数＝(有利子負債−現預金−経常運転資金)÷
　　　　　　　｛経常利益×(1−税率)＋減価償却費｝(年)
- EBITDA有利子負債倍率＝(借入金−現預金)÷
　　　　　　　　　　　　　　　(営業利益＋減価償却費)(倍)

　正確に返済能力を見るには、キャッシュフロー計算書のフリーキャッシュフローを計算します。しかし、中小企業はキャッシュフロー計算書を作成していない企業も多く、簡易的に計算するには「利益＋減価償却費」を用いるのです。

　銀行からすれば決算書は黒字のほうがいいに決まっています。しかし、赤字決算であっても慢性的なものではなく、かつ減価償却費を加算したキャッシュフローがプラスであれば問題ないといえます。

1. キャッシュフロー計算への影響

　次ページのAは、減価償却費を限度額まで計上し、利益とキャッシュフローもプラスで問題のない内容です。

　これを基準に売上高が減少したとしましょう。

■B：Aから売上高と原材料が10%減少

　減価償却費は限度額まで計上しています。しかし、B2は売上高減少

369

の影響を考慮して減価償却費を若干減らしています。その効果により経常利益はＢ２のほうがいい内容です。しかし、節税効果はＢのほうが高く、キャッシュフローは利益の多いＢ２よりもＢのほうが高い結果です。

◎減価償却費とキャッシュフローの関係　　　　　　　　（千円）

		A	B	B2	C	C2	D	D2
売上高		300,000	270,000	270,000	225,000	225,000	195,000	195,000
製造原価	原材料	100,000	90,000	90,000	75,000	75,000	65,000	65,000
	給与	40,000	40,000	40,000	40,000	40,000	35,000	35,000
	減価償却費	9,000	9,000	7,000	9,000	0	9,000	0
	その他費用	30,000	30,000	30,000	30,000	30,000	30,000	30,000
売上総利益		121,000	101,000	103,000	71,000	80,000	56,000	65,000
販管費	減価償却費	5,000	5,000	3,000	5,000	0	5,000	0
	その他費用	70,000	70,000	70,000	60,000	60,000	60,000	60,000
営業利益		46,000	26,000	30,000	6,000	20,000	−9,000	5,000
支払利息		12,000	12,000	12,000	12,000	12,000	12,000	12,000
経常利益		34,000	14,000	18,000	−6,000	8,000	−21,000	−7,000
法人税		11,900	4,900	6,300	0	2,800	0	0
キャッシュフロー		36,100	23,100	21,700	8,000	5,200	−7,000	−7,000

※法人税は経常利益の35％、均等割りは除く
※キャッシュフロー＝経常利益＋（製造原価・販管費）減価償却費－法人税

■Ｃ：Ａから売上高と原材料が25％減少、販管費のその他費用も減少

　減価償却費は限度額まで計上しています。その結果、法人税は０円です。しかし、減価償却費が計上されているのでキャッシュフローは800万円あります。Ｃ２は減価償却費が未計上です。それにより法人税が発生しキャッシュフローはＣよりも低い結果になりました。

■Ｄ：Ａから売上高と原材料は35％減少、製造原価の給与と販管費のその他費用が減少

　経常利益は赤字のために、法人税が発生しません。Ｄ２も減価償却費の未計上で営業利益はプラスにしていますが、経常利益は赤字なので法人税は発生せず、キャッシュフローはどちらも同額かつマイナスです。

このように決算書は赤字でも、返済能力を見る際には減価償却費を加えて計算します。仮に未計上や少額計上をしても、銀行員が注意深くチェックし、限度額まで計上したものとして決算書を分析するために影響がありません。

B2やC2のように多少調整する期が発生してしまっても、それが何期も連続するものではなく、かつキャッシュフローがプラスであれば経営は継続できるでしょう。

しかし、DやD2のような赤字決算が連続して発生してしまえば、経営を継続することはできず、銀行への返済も困難になり、倒産に向かっていくことになります。

2. それでも利益を出したい経営者

「決算書が赤字になると、銀行がこれから融資をしてくれないのでは」という経営者の不安は根強いです。従来、銀行は決算書を非常に重視する審査を続けていて、経営者にはいまだにその影響が残っているのか、銀行員が考えている以上に経営者は決算書作成時に悩んでいます。

償却限度額は1,000万円だけど400万円の赤字になる。だとしたら償却額を500万円に減額して100万円の黒字にしたいと考えるのです。

銀行員にとって減価償却費は、返済原資となるキャッシュフローを計算する際に利益に加えるため、注視するのは当然です。しかし経営者の多くは、銀行員が減価償却費を注意深くチェックすることを知りません。

赤字になったことが不安な経営者も、「減価償却費という費用は、返済能力に影響しない」という知識を持ったうえで、今期の利益予想と減価償却費の予定額を伝え、銀行担当者と話をするようにしましょう。

実際に、私の顧問先の経営者が銀行に確認したところ、4行中3行から「全額計上してください。それで赤字になっても返済能力を見るから大丈夫ですよ」といわれたようです。1行だけ「できれば調整して少しでも利益を出してほしい」といったようですが、今となってはこうしたアドバイスをする銀行員のほうが稀です。

STEP8　減価償却費の計上について

　減価償却費を計上する場合、期末に一括で計上している企業が多いです。決算書を作成する意味では、期末時点で保有している固定資産から減価償却費を計算して計上する方法で、まったく問題はありません。

　しかし、自社の経営を正確に把握するためには、期首時点での減価償却予定額を12等分して毎月にならすべきです。償却限度額が1,800万円の場合、期末だけの処理になると1,800万円が一括で計上されますが、12等分した150万円を毎月入力していきます。

　12等分したほうが、毎月の利益は減少しますが、未計上で利益が多く見える試算表は経営には役に立ちません。銀行に提出する試算表もそのほうが毎月正確な利益が計算されているとして評価されるでしょう。

◎減価償却費は毎月計上しよう

限度額を12等分して計上した場合　　　　　　　　　　　　　　　　　（千円）

	4月	5月	6月	7月	8月	9月	10月	11月	12月	1月	2月	3月	合計
売上高	25,000	25,000	25,000	25,000	25,000	25,000	25,000	25,000	25,000	25,000	25,000	25,000	300,000
原材料	8,333	8,333	8,333	8,333	8,333	8,333	8,333	8,333	8,333	8,333	8,333	8,333	100,000
給与	3,333	3,333	3,333	3,333	3,333	3,333	3,333	3,333	3,333	3,333	3,333	3,333	40,000
減価償却費	1,500	1,500	1,500	1,500	1,500	1,500	1,500	1,500	1,500	1,500	1,500	1,500	18,000
その他費用	2,500	2,500	2,500	2,500	2,500	2,500	2,500	2,500	2,500	2,500	2,500	2,500	30,000
売上総利益	9,333	9,333	9,333	9,333	9,333	9,333	9,333	9,333	9,333	9,333	9,333	9,333	112,000

期末に決算仕訳で一括計上した場合　　　　　　　　　　　　　　　　（千円）

	4月	5月	6月	7月	8月	9月	10月	11月	12月	1月	2月	3月	決算仕訳	合計
売上高	25,000	25,000	25,000	25,000	25,000	25,000	25,000	25,000	25,000	25,000	25,000	25,000	0	300,000
原材料	8,333	8,333	8,333	8,333	8,333	8,333	8,333	8,333	8,333	8,333	8,333	8,333	0	100,000
給与	3,333	3,333	3,333	3,333	3,333	3,333	3,333	3,333	3,333	3,333	3,333	3,333	0	40,000
減価償却費	0	0	0	0	0	0	0	0	0	0	0	0	18,000	18,000
その他費用	2,500	2,500	2,500	2,500	2,500	2,500	2,500	2,500	2,500	2,500	2,500	2,500	0	30,000
売上総利益	10,833	10,833	10,833	10,833	10,833	10,833	10,833	10,833	10,833	10,833	10,833	10,833	−18,000	112,000

まとめ

- 銀行員は減価償却費を限度額まで計上しているか必ず確認しています。
- 全額あるいは一部未計上は利益を出すために行なわれます。
- 減価償却費は償却限度額まで計上しましょう。銀行が重視するのは返済能力です。

索　引

数字・アルファベット

２者間ファクタリング	136
３者間ファクタリング	136
ABL	288
EBITDA 有利子負債倍率	192, 369
ROA	221
ROE	220

あ行

赤字資金	206
インタレスト・ガバレッジ・レシオ	229
受取配当金	109
受取利息	109
売上債権回転期間	124
売上債権回転率	126
売上総利益	19
売上総利益率	43
売上高営業利益率	55
売上高外注費比率	98
売上高研究開発費比率	88
売上高人件費比率	68
売上高成長率	37, 85
売上高販管費率	54
売上高労務費比率	68
運輸業	100
営業外収益	109
営業外費用	110
営業キャッシュフロー	292
営業利益	19

か行

開業費	298
開発	84
開発費	299
架空在庫	265
貸付金	271
株式交付費	298
借入金月商倍率	187
仮払金	270
完成工事未収入金	124
間接法	363
管理費	53

キャッシュフロー計算書	16, 292
給与	316
給与手当	66
業績連動給与	72, 345
繰り上げ返済	202
繰越欠損金	111, 347
経営者保証に関するガイドライン	278
経常運転資金	197, 247
経常利益	19
減価償却	283
研究	84
建設業	99
広告宣伝費	58
交際費	59
固定資産	22
固定資産台帳	366
固定資産売却益	110
固定長期適合率	157
固定費	62
固定比率	156
固定負債	22

さ行

財務キャッシュフロー	293
債務償還年数	189
債務超過	218
債務免除	335
債務免除益	110
雑給	67
雑収入	109
仕入債務回転期間	168
事業再構築補助金	112
資金繰り表	23
試験研究費	94
自己資本	215
自己資本当期純利益率	220
自己資本比率	216
資産	22
事前確定届出給与	72, 344
支払手数料	60
資本金	213

373

資本剰余金	214
社会保険料	317
社債発行費	299
収益	18
従業員1人当たりの付加価値額	78
消費税	321
情報通信業	99
賞与	67
除却	284
助成金	112
新株予約権	215
衰退期	94
税込経理方式	322
成熟期	93
正常運転資金	197, 247
製造原価報告書	68
成長期	93
税抜経理方式	322
税引後当期純利益	20
税引前当期純利益	20
製品ライフサイクル	93
設備資金	160
戦略的費用	57
増資	203
総資産経常利益率	221
創立費	298
ソフトウェア業	100
損益計算書	17
損益分岐点売上高	62, 63
損益分岐点分析	62

た行

貸借対照表	20
退職金	67
耐用年数	359
棚卸資産回転期間	254
棚卸資産回転率	255
短期貸付金	271
短期継続融資	198
長期貸付金	271
直接法	363
定額法	153, 360
定期同額給与	72, 343

定率法	154, 361
手元流動性	238
手元流動性比率	238
当座比率	314
投資キャッシュフロー	293
導入期	93
特別償却	120
特別損失	111
特別利益	110

は行

売却	284
販売手数料	60
販売費	53
費用	18
評価・換算差額等	215
ファクタリング	135, 288
付加価値	74
福利厚生費	67
負債	21
普通償却	120
不動産賃貸収入	109
フリーキャッシュフロー	292
不良在庫	258
平均借入金利子率	204
別表16	365
変動費	62
法定福利費	67
保険金の解約返戻金	109
補助金	112

ま行

ものづくり補助金	112

や行

役員報酬	67
遊休資産	202

ら行

利益剰余金	214
流動資産	22
流動比率	275, 313
流動負債	21
労働生産性	78
労働分配率	73, 74

瀬野正博（せの まさひろ）

資金繰り・経営改善コンサルタント。経営革新等支援機関。大学卒業後、地方銀行に入行し、融資課・渉外課で資金繰りに悩む中小企業向けに経営支援を行なう。4年勤務ののち税理士事務所に入社。中小企業向けの資金調達のサポートや税務業務を行なう。その後、資金調達のコンサルタント会社に入社し、コンサルタント業務を経験ののち、平成17年に有限会社エム・ヌ・コンサルを設立。首都圏の中小企業を中心に、経営サポート、経理部長代行、経営改善支援、銀行取引サポートを行なう。システム開発会社の取締役、食品販売・加工会社、製薬会社の監査役にも就任。大同生命、かんぽ生命など金融機関での取材記事や『近代セールス』『企業実務』での記事執筆などメディア露出も多数。

決算書の違和感からはじめる「経営分析」

2025年2月10日　初版発行
2025年6月10日　第2刷発行

著　者　瀬野正博　©M.Seno 2025
発行者　杉本淳一

発行所　株式会社日本実業出版社　東京都新宿区市谷本村町3-29 〒162-0845

編集部　☎03-3268-5651
営業部　☎03-3268-5161　振替　00170-1-25349
https://www.njg.co.jp/

印刷／壮光舎　製本／若林製本

本書のコピー等による無断転載・複製は、著作権法上の例外を除き、禁じられています。内容についてのお問合せは、ホームページ（https://www.njg.co.jp/contact/）もしくは書面にてお願い致します。落丁・乱丁本は、送料小社負担にて、お取り替え致します。

ISBN 978-4-534-06165-2　Printed in JAPAN

読みやすくて・わかりやすい日本実業出版社の本

下記の価格は消費税(10%)を含む金額です。

見るだけで「儲かるビジネスモデル」までわかる
決算書の比較図鑑

矢部謙介
定価 1760円(税込)

ビジネスにも投資にも効く、リアルで面白い決算書分析の入門書。50社以上の同業種または異業種の会社の決算書をシンプルな図にして、比較しながら経営の現実やビジネスモデルを直観的に読み解く方法を解説します。

銀行が貸したい会社に変わる
社長のための「中小企業の決算書」財務分析のポイント

安田 順
定価 1870円(税込)

中小企業の社長が知っておきたい、決算書の読み方、業績推移や成長の可能性の伝え方、注目すべき財務指標、財務CFに基づく中長期の資金繰り管理術などを解説。

この1冊ですべてわかる
新版　経営分析の基本

林 總
定価 1760円(税込)

ロングセラーの最新版！　用語の解説から、財務三表の見方や経営分析指標の使い方までじっくり解説します。経営、投資に携わる人だけでなく、すべてのビジネスパーソン必携の1冊。

最新版　図解
決算書を読みこなして経営分析ができる本

高下淳子
定価 1540円(税込)

貸借対照表、損益計算書などの基本的ルールから、キャッシュフロー分析、資金繰り状況の把握など、経営分析法を豊富な図とともにわかりやすく解説。会社法に対応した「経営分析」本の決定版。

定価変更の場合はご了承ください。